전자금융

Electronic Banking

유순덕 저

홍릉과학출판사

들어가며

우리의 삶은 과거, 현재, 미래의 삶으로 나누어 보면 과거의 행동, 지식과 현재의 행동, 지식의 비교만으로도 빠르게 전환되었다는 사실을 알 수 있다.

일전에 88세의 어르신이 들판에 싸여있던 볏짚을 보고 한 말이 생각난다. 6.25 피난 시절 볏짚은 난방에 사용되던 대표적인 재료 이었으며, 또한 집을 지을 때 지붕에 사용하거나 흙벽을 만들 때 없어서는 안되는 소중한 재료였다. 그 이후 벽돌로 기와집이 등장하고 더 이상 쓸모 없을 것 같았던 볏짚은 논밭의 퇴비로 사용되었다. 해외 수입 제품들이 증가하고 산업 구조가 농업에서 서비스업으로 전환되면서 퇴비로 사용될 공간이 적어지자 볏짚은 자동화된 기계를 도입으로 비닐로 포장하여 신선한 소먹이로 이용하고 있다. 이 이야기를 들으면서 내가 무심코 지나쳤던 사실들이 과거의 상황과 비교하여 쓰임새나 용도가 변화하고 있다는 것을 새삼 느끼게 되었다.

우리 주변 환경은 우리의 의사와는 상관없이 기술발달로 인해 끊임 없이 변화하고 있다. 환경은 살아있는 생명체처럼 진화하고 있는 것이며 그 속에서 우리도 변화하고 있다. 이처럼 우리가 익숙하게 사용하고 있는 금융 환경도 지속적인 변화를 하고 있는 것이다. 이 책은 그런 변화를 느끼고 환경, 기술, 국가, 인물, 인프라 측면에서 금융업무의 변화를 조명하고자 하였다. 이처럼 변화는 우리가 어떻게 대처하며 적응해야 하는지 적응하는 과정에서 주변 상황은 어떻게 변했는지 인식할 필요가 있다. 이는 변화를 빠르게 인지한 이는 이를 통해 새로운 기회를 잡고 국가는 성장하는 기회를 가지기도 한다. 우리가 당연하게 여기는 모든 것들은 과거와 현재가 있고 미래의 변화에 대한 두려움 보다는 지속적인 변화를 인지하고 미래에 더 합리적으로 이용하기 위한 방안을 고민해 보아야 한다.

이 책은 그 변화를 우리가 인식하고 있는가에 대한 생각을 해보고 그 중에서 금융 분야는 과연 어떻게 변하하고 있는지 느껴볼 수 있을 것이다. 단순히 컴퓨터, 스마트폰 등이 세상을 변화하는데 영향을 주었다는 피상적인 느낌 보다는 직접 세상이 어떻게 변화했는지에 대해 편안하게 읽어보고 공감을 할 수 있을 것이다.

지금도 그 누군가는 이런 변화를 빠르게 인지하고 새로운 경제적, 환경 속에 새로운 서비스를 제공하여 경제적 부를 누리고 있을 것이다. 그 누군가는 많은 사실을 알고 있다고 착각하고 살고 있다. 금융지식의 변화를 생각해보고 지식을 가짐으로써 착각이 아닌 사실로 바꾸는 게 이 책이 주는 의미가 될 것이다.

목차

제2장 [기술] 전자금융을 탄생시킨 기술들

제5장 [인프라] 지구를 도와주는 전자금융에 숨겨진 도우미들

제 1 장

[환경] 우리 삶의 일부가 되는 전자금융

제 1 절 입력에서 교환까지 금융의 전자화

제 2 절 지난 밤에 내가 한 일을 알고 있는 너, 사생활 침해

제 3 절 지키고 싶지만 지킬 수 없는 나의 정보, 정보유출

제 4 절 터질 듯한 지갑에서 날씬한 지갑으로, 화폐의 추상화

제1장 [환경]
우리 삶의 일부가 되는 전자금융

1. 입력에서 교환까지 금융의 전자화

필자는 운동화를 사기 위해 집 근처 백화점에 들렀다. 백화점에 마련된 여러 스포츠 브랜드 매장을 둘러보고 마음에 드는 운동화를 발견했다. 그 자리에서 구매하지 않고 스마트폰을 꺼내 마음에 든 제품번호를 검색했다. 검색 결과를 비교해보니 백화점 가격보다 20% 이상 저렴하게 판매하는 소셜커머스 사이트가 있다. 곧바로 스마트폰으로 운동화를 구매했다. 돌아오는 길에는 문득 집근처 맛집을 검색 후 만족스럽다는 후기가 많은 맛집에 들러 식사를 했다.

앞의 장면에서 필자는 총 몇 번의 입력을 하였을까? 만약 필자가 집 근처 백화점에 가는데 대중교통을 이용해야 하는 거리이고 기다리는 것을 싫어한다면, 스마트폰으로 현 정류장에서의 대중교통 도착 시간을 확인했을 것이다. 그리고 버스 카드 혹은 핸드폰의 결제 칩을 이용해 결제를 하면서 입력이 발생하였을 것이다. 그렇게 백화점에 도착하여 마음에 드는 운동화를 발견하고 제품을 검색할 때 제품명을 입력하였을 것이다. 입력한 결과 나온 여러 사이트와 구매 의견을 비교하면서 여러 사이트를 보았을 것이고 그 안에서 최소한 2번 이상 클릭했을 것이다. 또한 모바일로 바로 구매하면서 결제 수단을 선택했을 것이고, 전화번호 혹은 계좌번호와 같은 개인정보를 입력했을 것이다. 집으로 오면서 맛집을 검색하고, 다양한 맛집 중 돌아오는 길에 있는 맛집을 찾기 위해 스마트폰의 GPS를 이용하거나 직접 검색을 통해 본인의 위치를 입력하였을 것이다. 만약 맛집이 포인트를 쌓아주는 곳이라면 NFC 기능이나 포인트 전용 앱을 통해 포인트를 적립하였을 수도 있다.

스마트폰, 테블릿 PC 등 이동 가능한 IT 기기가 발전하면서 수많은 입력이 발생한다. 우리가 이 글의 앞부분을 읽은 이 짧은 순간에도 구글에서는 694,440개가 넘는 검색어가 검색되고 유튜브에서는 600개 이상의 동영상이 업데이트된다.

페이스북에서는 약 510,000개의 댓글이 달리며, 트위터에는 320개의 계정이 등록된다. 사람들은 지금 이 순간에도 200개 이상의 앱을 다운로드받고, 300개에 가까운 스크립트를 읽고 있다. 2,800,000개의 이메일이 전송되고, 1분 동안 유튜브에 올라오는 동영상을 다 보기 위해서 25시간이 걸린다고 한다.

이전에는 정하지 않던 비구조 비정형 데이터, 이를테면 심박수와

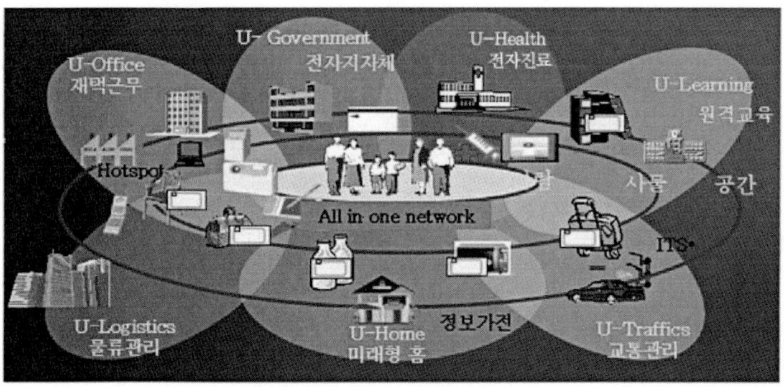

[그림 1-1] 네트워크의 연결

출처: http://gspress.cauon.net/news/articleView.html?idxno=16452

같은 것들이 정보화되면서 개인이 제공하는 데이터 양이 증가한 것이다. 넘쳐나는 정보를 분석하기 위해 빅데이터 분석가라는 신종 직업이 생기고, 새로운 소비 패턴이 발생하며, 파레토 법칙[1]이 성립하는 지금은 바야흐로 '정보의 홍수' 시대이다.

이와 같은 IT와 타 산업이 융합되는 경향은 금융 또한 예외가 아니다. 금융(Financial)과 기술(Technique)이 결합된 핀테크(FinTech)가 등장한 것이다. 금융 서비스와 관련된 소프트웨어를 새롭게 만들거나 운용성과를 향상시키기 위해 IT 기술을 도입하면서 의사결정, 위험관리, 포트폴리오 재구성, 준법관련 업무, 성과관리, 시스템 통합, 온라인 이체와 지불 등 금융 업무 전반에 영향을 주고 있다. 이에 따라 은행으로 대표될 수 있는 전통적인 금융회사가 모바일 시장에 진입하거나 반대로 모바일 회사가 금융에 손을 뻗치고 있는 일이 비일비재해지면서 모바일 결제 시장이 새로운 시장으로 주목받고 있다. 2014년 기준 영국의 핀테크 산업 성장률은 전년보다 600% 성장하였고, 미국 실리콘밸리의 핀테크 산업 성장률 또한 190%로 연일 상승하는 추세이다. 이렇게 주목받는 핀테크 기술은 최근에 들어 갑자기 등장한 기술은 아니다. 현재보다는 미흡하지만 금융과 IT의 결합은 전산화라는 이름 아래 지속적으로 진행되어 왔던 기술인 것이다. 그렇다면 금융은 언제부터 입력되어 온 것일까?

1.1 초기의 계산 장치

입력이란 데이터를 컴퓨터나 주변 장치에 저장하는 것을 말한다.

1) 파레토 법칙(Pareto 法則) 또는 80 대 20 법칙은 '전체 결과의 80%가 전체 원인의 20%에서 일어나는 현상'을 말한다.

그러면 우리는 왜 입력하는가? 수많은 이유가 있겠지만 가장 큰 이유는 아마도 기억하고, 대신 처리하게 하기 위함이다. 금융이란 이자를 받고 자금을 융통하여 주는 것, 즉 돈을 빌려주는 것이다. 자본주의를 근간으로 하는 사회에서 살아가고 있는 우리들에게 화폐는 중요한 재화 중의 하나이므로 철저하고 정확하게 다루어져야 한다. 하지만 거래대상이 많아지고 계산 방법이 다양해지자 계산하고 기억하는 것에 한계를 느꼈을 것이다. 그런 상황에서 입력을 통해 거래 기록들을 영구적으로 보존하고 필요할 때에는 그것을 계산할 기기가 필요하다는 생각은 매우 자연스러운 것이다. 하지만 사람은 글을 쓸 수 있었으므로 입력을 통해 계산을 쉽게 하는 주판이 먼저 등장하였다. 주판은 기원전 3,000년경 고대 메소포타미아 인들이 사용했다고 전해지나 정확하지는 않다. 하지만 주판의 역사가 매우 오래되었다는 것은 확실하다. 주판은 고대의 어느 날 때부터 17세기까지 계산을 위한 단 하나뿐인 도구였다. 그러다가 1642년 프랑스의 수학자이며 철학자인 B. 파스칼이 톱니바퀴를 이용한 수동계산기를 도입하였다. 그러나 이 최초의 디지털 계산기는 톱니바퀴라는 한계 때문에 덧셈과 뺄셈만이 가능하였다. 1671년에는 독일의 G. W. 라이프니츠가 이를 개량하여 곱셈과 나눗셈도 가능한 계산기를 발명하였다. 또 라이프니츠는 십진법보다 기계장치에 더 적합한 진법을 연구해시, 17세기 후반에 이진법을 창안했다. 이진법은 0과 1만을 사용하며, 이들을 배열해서 모든 숫자를 표시한다.

1.2 천공카드 계산 장치

1823년, 수학자 찰스 배비지가 삼각함수를 유효숫자 5자리까지 계산하여 종이에 인쇄하는 차분기관(Difference Engine)을 만들었다. 또한 그는 1830년대에 방정식을 순차적으로 풀 수 있도록 고안된 기계식 계산기 해석기관(Analytical Engine)을 설계하였는데, 오늘날의 자동 컴퓨터의 기본적 요소인 기억, 연산, 제어의 요소를 모두 갖추고 있었으나 그 당시의 기계제작 기술상의 한계로 실물을 만들어내지는 못했다.

1.3 전자컴퓨터의 태동

사실상 현대적인 의미의 컴퓨터는 제2차 세계대전 때에 전자회로가 기계식 연상장치를 대체하고, 디지털 회로가 아날로그 회로를 대체하면서 급격히 발달하였다. 이러한 변화는 연대에 따라 조금씩 이루어졌기 때문에 '최초의 컴퓨터'가 무엇이라고 정하는 것은 어려우나 초기 컴퓨터의 발전은 크게 세 가지 흐름으로 나눌 수 있다. 첫 번째 흐름은 독일의 공학자 콘라트 추제의 연구인데, 그의 연구는 오랫동안 학계의 주류인 미국에 잊혀져 있었다. 두 번째 흐름은 영국의 콜로서스 컴퓨터이나, 군사적인 이유로 수십 년간 기밀에 붙여져 있었다. 그래서 앞의 두 흐름은 미국의 연구에 영향을 미치지 못했다. 이와 같은 이유로 컴퓨터의 발전은 미국에서의 연구 흐름이 가장 큰 영향을 미쳤다. 1944년 IBM사와 하버드 대학의 하워드 에이킨은 전자회로에서 신호를 보내 1초에 덧셈을 3번 할 수 있는 전자디지털 컴퓨터 MARK-I을 만들었다. 이는 배비지의 해석기관 설계를 구현한 것인데, 3,000여 개의 부품으로 만들어 천공기(키보드 상의 키를 누름으로써 종이 카드, 종이 테이프 등의 데이터 매체에 구멍 패턴(Hole Pattern)을 여는 장치)로 제어되었다. 그러나 기계적 제약 때문에 처리속도가 매우 느렸다.

1.4 다용도 디지털 컴퓨터

1946년 미국 펜실베이니아대학 에거트와 J. W. 모클리는 에니악(ENIAC : Electronic Numerical Integrator And Computer)이라는 다용도 디지털 컴퓨터를 개발했다. 그러나 에니악은 30t이나 되는 무게에 150kw의 전력을 소비하는데다, 외부 프로그램 방식이었으므로 문제가 발생할 경우 배선판을 직접 교체해야 하는 문제가 있었다.

이런 에니악의 단점을 보완하기 위해 1945년 존 폰 노이만이 기억장치에 컴퓨터의 명령이나 데이터를 모두 기억시키는 프로그램 내장방식을 제안하였다. 1949년 영국 케임브리지대학에서 세계 최초로 이 프로그램 내장방식을 채택하여 에드삭(EDSAC)을 개발하였다. 1951년에는 최초의 상업용 컴퓨터인 유니박 I(UNIVAC-I)을 상품화하였다. 또한 반도체 기술과 전자기술의 발달로 컴퓨터의 크기가 점점 작아지고, 연산속도도 피코초(ps) 단위로 빨라졌으며, 이용범위가 확대되어 개인이 컴퓨터를 소유하게 되면서 가정은 물론 산업의 여러 분야에서 다양하게 이용되었다. 또한 제1세대인 진공관, 제2세대인 트랜지스터, 제3세대인 IC, 제4세대인 초 LSI와 같이 대략 10년마다 집적도를 높여 고속화, 대용량화하였고, 슈퍼 컴퓨터가 출현하였다.

1.5 다함께 즐기자, 아르파넷

제록스 파크 연구소의 해커들은 PDP-7 컴퓨터를 이용해서 우주전쟁을 테마로 한 텍스트 게임인 스페이스 워 게임을 개발한다. 게임을 여러 사람이 동시에 즐기기 위해 네트워크가 필요했고, 이때 이용한 네트워크가 오늘날 인터넷의 효시인 아르파넷(ARPANET, Advanced Research

[그림 1-2] 인터넷 상의 주요 IP주소를 연결해 구현한 인터넷 지도

출처:http://m.blog.daum.net/winsys777/105

Projects Agency Network)이 되었다. 미국은 군사에 응용할 수 있는 과학기술 부문에서 주도권을 잡기 위해서 국방부(DoD, United States Department of Defence)내에 선진연구 사업국(ARPA)을 설치했으며, 아르파라는 이름은 미국의 고등연구계획국(DARPA, Defense Advanced Research Projects Agency)의 약자에서 따온 것이다. DARPA는 미국이 1957년 소련(구 러시아)이 세계최초의 인공위성 스푸트니크(Sputnik)를 쏘아 올린 다음 해인 1958년에 첨단기술 연구를 위해 설립한 곳으로, 제2차 세계대전 당시 활약했던 군과 대학을 포함한 민간연구기관의 협력 체제를 다시 부활시킨 것이다.

아르파넷은 DARPA가 연구비를 투자한 여러 연구기관을 연결하면서 시작되었는데, 최초 노드간의 상호연결은 1969년 10월 29일 UCLA(University of California, Los Angeles)와 SRI(Stanford Research Institute) 사이에서 발생하였다. 따라서 10월 29일을 인터넷 탄생일로 간주하기도 한다. 이와 같이 메인프레임 컴퓨터와 단말기 간의 점대점 통신과 더불어 개시된 인터넷은 패킷 교환 방식으로 확장되었다. 1960년대 말과 1970년대 초에 아파넷, 영국 NPL의 마크 I, CYCLADES, 메리트 네트워크, 타임넷, 텔레넷과 같은 패킷 교환망이 다양한 프로토콜을 이용하여 개발되었다. 1970년대에 아르파넷은 처음으로 전국 횡단 연결을 실현하였다. 특히 아파넷으로 말미암아 개발된 인터넷 네트워킹을 위한 프로토콜이 주요한 영향을 미쳐, 서로 떨어진 망들이 한 네트워크로 결합될 수 있었다. 1972년에는 "@"이 "at"의 의미로 채택되고, BBN사의 래이 톰린슨에 의해 e-mail이 창안되었다. 1981년 미국 국립과학재단(NSF)이 CSNET(컴퓨터과학망)을 개발하면서 아파넷으로의 접속이 확장되었으며, 1982년에는 TCP/IP 네트워크에 월드 와이드 네트워크의 개념이 등장하였다. 1990년대 중순 이후로 인터넷은 문화와 상업에 엄청난 영향을 제공하였다. 이는 전자메일, 인스턴트 메신저, VoIP 전화, 화상 통화뿐 아니라, 토론 포럼, 블로그, 소셜 네트워크, 온라인 쇼핑 사이트를 포함하고 있다. 원격통신 기술이 발달함에 따라 모든 나라의 대학 · 기업 · 개인 이용자들이 하나의 통신망 속에 있게 됨으로써 인터넷은 전 세계적인 통신망이 되었다. 인터넷을 통해 중요한 화젯거리에 대한 여론이 형성되기도 하는데, 여기에 참여하는 사람들은 지리상으로는 서로 멀리 떨어져 있지만 신속하게 정보를 공유할 수 있기 때문에 영향력을 크게 발휘했다.

1.6 가상물물거래, e-commerce

e-commerce 관련 미국의 메일링리스트에도 메일링리스트가 만들어지던 1994년 초부터 관련 분야에 대한 연구를 하는 워킹그룹이 만

들어졌다. 대표적인 우리나라 워킹그룹은 KRNET '94 BoF, WWW-KR 등이다. 가상 공간(假想空間) 또는 사이버 공간 혹은 사이버스페이스(cyberspace)는 현실세계가 아닌 컴퓨터, 인터넷 등으로 만들어진 가상의 공간을 의미한다. '사이버 스페이스'라는 용어는 윌리엄 깁슨이 1984년에 쓴 과학 소설(사이버펑크)《뉴로맨서》에서 최초로 등장했다. 인공두뇌학(Cybernetics)을 뜻하는 Cyber와 공간을 뜻하는 Space의 합성어로서 현실이 아니라 두뇌 속에서 펼쳐지는 또 다른 우주를 뜻한다. 이러한 사이버스페이스라는 용어는 John Perry Barlow가 의사전달의 공간(Communication Space)라는 개념으로 사용하면서부터 일상적인 용어가 되었다.

사이버스페이스는 국경과 이념의 한계가 없으며, 지리적 위치, 시간, 신분상의 제한을 받지 않고 누구에게나 실시간 또는 비실시간으로 정보의 선택 및 송수신이 가능하다. 사이버스페이스에서는 다양한 활동이 이루어질 수 있는데, 사이버 교육은 이러한 사이버 공간 내에서 이루어지는 교육의 한 예이다. 컴퓨터나 인터넷상의 데이터 영역을 다수의 이용자가 자유롭게 정보를 주고받는 곳이며 최근에는 컴퓨터 네트워크상에서 행해지는 범죄를 사이버범죄라고 부르는 등 컴퓨터 네트워크상에 구성된 사회, 즉 사이버스페이스에 대한 인식이 정착되었다. 가상 세계(假想世界)는 컴퓨터 안에서 3차원 동영상을 통해 생활하면서 마치 현실 세계와 같은 느낌을 느끼게 하는 것이다. 인공현실(artificial reality), 가상환경(virtual environment), 합성환경(synthetic environment), 인공환경(artificial environment) 등이라고도 한다.

대표적인 예로 세컨드 라이프가 있다. 어떤 특정한 환경이나 상황을 컴퓨터로 만들어서, 그것을 사용하는 사람이 마치 실제 주변 상황 · 환경과 상호작용을 하고 있는 것처럼 만들어 주는 인간-컴퓨터 사이의 인터페이스를 말한다. 가상현실 세계의 사용자는 주로 아바타를 통해 이동하고 소통한다. 아바타는 텍스처, 2D, 3D 형태로 보이곤 하며 대부분이 다중 사용자 형태이다. 가상 현실게임은 현실 생활과 유사한 형태를 띠기도 하며 판타지 세계를 구현하기도 한다. 가상현실 세계는 중력, 운동, 지지, 커뮤니케이션과 같은 현실의 법칙을 따른다. 유저들 간의 커뮤니케이션은 텍스트, 그래픽 아이콘, 비주얼 제스처, 소리, 또는 드물게 접촉이나 감각으로 이루어지기도 한다. MMORPG는 대표적인 가상현실로서 실시간 액션과 커뮤니케이션을 기본으로 한다. 그러나 가상현실은 게임에만 한정되어 있는 것이 아니라 다양하게 이용될 가능성이 있다. 일반적으로 가상세계(사이버스페이스)는 다음과 같은 특징을 가지고 있다. 첫째, 사이버스페이스는 정보의 근원이다. '정보의 바다'라는 표현은 온라인상에 존재하는 데이터베이스(database)'로서의 역할을 제공하고 있다. 수직적이고 폐쇄적 이였던 정보의 흐름은 수평적이고 개방적인 인터넷으로 전환되었다. 인터넷을 사용하는 네티즌들은 스스로가 정보의 소비자이며 동시에 생산자이다. 공개된 디지털 데이터는 순식간에 무한 복제가 가능하기 때문에 복제된 데이터는 세포분열처럼 다시 자가 증식인 형태인 복제되고, 이러한 수많은 데이터들은 복잡하게 얽혀있는 네트워크 속으로 흩어져 버린다. 둘째, 사이버스페이스는 쌍방향 매체이다. 현실에서는 대중매체가 지배계급에게 독점되어 있어서, 대중은 그들의 메시지를 일방적으로 수용할 수밖에 없다. 그러나 사이버스페이스에서는 힘없는 일반 대중들이 기존 매체에 의존하지 않고도 얼마든지 자신의 생각과 메시지를 쉽게 전파하고 여론을 형성시킬 수 있다. 사이버스페이스는 상업적, 정치적 영향력으로부터 자유롭기 때문에 잘 알려지지 않은 사건이나 기존의 매체가 보도가 안된 내용도 얼마든지 제공되어 인터넷 상에서 보도가 될 수 있다. 셋째, 사이버스페이스는 개개인을 연결 시켜주는 '네트워크(network)'이다. 네티즌들은 인터넷을 통해 서로 의사를 전달하고 토론하고, 채팅 등을 통해 실시간으로 대화를 나눈다. 사이버스페이스에는 이렇게 디지털 데이터뿐만 아니라 인간들의 감정과 정서, 의견과 사상까지도 비트 단위로 흘러다니고 있다. 네트워크로서의 사이버스페이스에서는 자유로운 의사를 내놓을 수 있어 자발적인 여론이 형성될 수 있다. 또한 현실 세계의 현안이 아무런 제약 없이 공론화되며 성별, 연령, 인종 등의 사회적 조건을 초월해 개개의 관심과 이해로 사이버 공동체가 만들어진다. 넷째, 사이버스페이스의 또 하나의 특징은 삶의 터전일 수 있다는 것이다. 사람들은 사이버스페이스를 통해 비즈니스와 쇼핑을 하고 교육을 받는가하면 영화나 음악 감상 혹은 게임을 즐기면서 휴식을 취하기도 한다. 이제는 오프라인의 현실 세계와 온라인의 사이버스페이스를 구분하는 것조차 이미 낡은 것이 되어버렸다. 즉, 이제는 현실과 가상의 경계마저 무너지기 시작했음을 의미한다.

2. 지난 밤에 내가 한 일을 알고 있는 너, 사생활 침해

2.1 트루먼쇼

1998년에 개봉한 영화 트루먼쇼는 코미디 영화의 일인자라고 할 수 있는 짐캐리 주연의 영화이다. 30년째 방송중인 리얼리티 쇼 〈트루먼 쇼〉, 본인을 평범한 샐러리맨으로 알고 있는 '트루먼 버뱅크'는 하루 24시간 생방송되는 쇼의 주인공이다. 전 국민은 TV를 통해 그에 대해 잘 알고 있다. 트루먼 버뱅크 자신은 모르고 있지만 전 세계 시청자들이 그의 탄생부터 삶의 전체를 시청하고 있다. 그리고 트루먼이 알든 모르든 그의 사생활은 24시간 생방송으로 진행된다. 우연히 대학시절 이상형이었던 실비아를 만난 트루먼은 자신 주변의 모든 것이 가짜라는 말을 듣게 되고 그러던 중 자신이 '공개된 삶'을 살고 있었다는 사실을 늦게나마 깨닫고 그 삶에서 벗어나는 선택을 하게 된다. 그녀가 피지섬으로 떠난다는 얘길 듣고 그녀를 찾아 떠나기로 결심하게 되며 본인의 진짜 인생을 찾아 나서게 된다는 이야기이다.

[그림 1-3] 트루먼쇼

그런데 '공개된 삶' 과연 트루먼의 이야기일까? 우리는 본인의 삶을 공유하고 동시에 타인의 삶을 지켜보는 환경에서 살고 있다. 이것은 TV에서 진행하는 관찰예능 프로그램에 나오는 연예인만의 일은 아니다. 정보공개는 누군가에게 도움이 될 수 있으며 이를 자발적으로 공개할 수 있도록 하는 도구가 소셜 네트워크이다. SNS(Social Networks System: 소셜 네트워크)를 통하여 보통사람도 그 대상이 되고 있다.

이제 일반대중의 삶도 모두에게 공개되는 세상, 포털사이트와 SNS 상에 올라온 내 사진과 신상정보, 금융사가 유출한 내 금융정보, 네티즌의 묻지마 신상털이로 공개되는 정보들로 인해 우리의 삶이 공개되고 있다. 현실이 된 영화 트루먼쇼처럼 인터넷을 통한 전 세계 사람들의 검색 구글 일일 검색량 약 60억 건, 네이버 일일 검색량 약 3억 건으로 내 관심사와 흥미는 이미 노출되었다. 전 세계 페이스북 사용자 약 13억 명, 트위터 사용자 약 2억 5천명으로 한국의 한 달간 트윗수는 약 1억 4천만 개이며 이는 각자의 삶에 대해서 정보를 공유할 수 있도록 공개하고 있다는 것을 보여주는 사실이다. 그리고 다양한 업체들이 수집하는 회원들의 정보와 사진을 통해 우리는 관리되고 있다.

2010년 칠레 무너진 산호세 광산에 갇힌 33인의 광부들 지상과 그들을 연결하는 튜브에 가장 먼저 들어갔던 물건은 바로 카메라였다. 그들이 지상에 나올 때까지 지하에 갇힌 광부들의 생활은 보호, 소통이란 이름으로 공유되었다. 24시간 생중계된 보통 사람들, 만인에 대한 만인의 공개가 익숙해진 시대이지만 평균적으로 10명 중 7명 정도의 대다수가 자신의 개인정보 유출을 우려한다. 실제로 SNS에서 개인정보 노출문제는 심각한 수준이다. SNS 사용자의 약 50%는 이름과 학력만으로 식별이 가능하다. SNS 계정에 올라온 개인정보를 조합하면 신상 털기까지 가능하다. 모두에게 자신을 공개할 생각이 없었던 보통사람들이지만 온라인상에 나를 알리고 타인을 알고 싶은 사람들은 결국 스스로 없는 소통과 사생활 공유를 즐긴 이들에게 돌아온 모두에게 공개된 일상이 되었다. www가 본격적으로 사용된 1992년 이래 벌어진 일이다.

소셜네트워크 뿐만 아니라 우리의 삶에 깊게 자리잡고 있는 CCTV를 통해 우리의 생활은 개인의 의지와 상관없이 편리성과 안정성을 위해 녹화되고 있다. 한국의 길거리 CCTV는 약 450만대로 우리는 교통사고 등이 발생하면 가장 먼저 추적하는 것이 근처에 부착되어 있는 CCTV 등에 기록된 정보이다. 또한 공개적으로 근처 차량에 녹화된 블랙박스 정보를 통해 분석하는 것이 당연한 일상이 되고 이를 기반으로 지난밤에 한 일과 사고와 비슷한 시간대에 일어난 일을 빠르게 추적한다. 또한 범죄자 혹은 자살자를 추적하는 경우 그가 사용한 컴퓨터를 가장 먼저 확인한다. 컴퓨터를 통해 입력한 글과 사이트에 사용한 검색어 등을 추적하여 당사자가 한 일을 추적하는데 이용한다. 이렇듯 우리의 일상생활은 쉽게 추적될 수 있으며 이를 통해 삶의 질 향상에 도움이 된다.

2.2 인터넷, 잊혀질 권리

영화 "소셜 네트워크(The Social Network)"는 facebook이 이런 명성을 얻기까지의 과정을 담은 영화이다. 즉, 이 영화의 내용상 결론은 '우수한 프로그래머가 만든 사이트가 인기를 끌게 되면서 지금의 facebook이 되었고, 이 회사가 있기까지 여러 에피소드를 영화에서 보여주고 있다. 이 영화에는 우수한 프로그래머 '마크'가 등장한다. 마크는 전형적인 엔지니어 모습인 48시간 코딩을 하고 피곤한 얼굴과 후줄근한 츄리닝 차림으로 프로그램 명령어를 치고 트랙픽을 계산한다. 주된 대화의 소재는 오로지 자신의 관심 분야이며 그가 어울리는 장소는 '컴퓨터 앞'일 뿐이다. 마크가 여자 친구와 결별한 후 만든 사이트가 학생들에게 인기를 끌게 된다. 그리고 윈클보스 형제를 만나 Social Network라는 새로운 형태의 인적교류에 대한 영감을 얻은 후 우리가 알고 있는 facebook이 탄생하게 된다. "페이스북에서 얘기하자."라는 말이 삽시간에 유행어가 되고 하버드 대학에 한정되던 사이트가 확산되면서 결국 오늘의 페이스북 모습에 이른다.

[그림 1-4] 소셜 네트워크(The Social Network, 2010) 영화

외국인 친구를 사귀고 싶으면 facebook에 가입하라는 말을 많이 듣는다. 또, 실제로 많은 이들이 facebook을 통해 외국인 친구를 사귀고 정보와 사생활을 공유하며 다각도로 인간관계를 형성해 나간다.

페이스북은 인적교류 네트워크 형성이라는 장점과 동시에 사생활 침해라는 어두운 면을 가지고 있다. 영화에서 세브게이 브린의 여자친구가 "왜 싱글이라고 해놨어?"라고 말하는데 facebook, twitter, myspace 등 SNS를 한다는 것은 '내 삶의 일부를 사람들에게 공개하겠다.'는 암묵적 동의이다. 그러나 이 SNS에 드러내는 '나'에 관한 모든 것이 인터넷이라는 정보의 바다에 유포되어 언제, 어떻게 내 발목을 잡을지 모른다는 것이 존재하기 때문이다.

이 영화에서 에리카의 "*인터넷에는 영원히 남아.*"라는 말처럼 대부분의 사람들이 이미 이 사실을 알고 있음에도 자신의 정보를 교류라는 의도로 공개하고 있다. 다양한 SNS를 통해 각종정보를 수집 후 애인을 구박하는 경우이거나 또는 이로 인해 내가 구박당하는 경우가 흔해졌다. 또한 취업하기 전에 블로그를 관찰해서 지원자의 성향부터 파악한 후 면접을 요청하는 것이 일반적인 관행이 되어가고 있다. 이런 문제로 인해 유럽에서는 "*잊혀질 권리*"라는 말이 등장했다.

아날로그 시대에는 잊혀질 권리에 대한 문제가 상대적으로 적었다. 인간의 기억력에는 한계가 있고, 정보를 저장하는 거의 유일한 수단이었던 종이는 폐기되거나 분실될 수 있기 때문이다. 물론 신문 등 특수하게 보관되어오는 정보들도 있지만, 이런 정보는 그 양과 질에서 한계를 가지고 있고 실시간으로 정보를 공유하는 데에도 한계가 있었기 때문이다. 그러나 오늘날은 어떠한가?

우리는 언제 어디서 내가 원하는 경우 내 정보를 인터넷에 남기고 타인이 올린 정보를 손쉽게 찾을 수 있다. 따라서 우리는 우리가 우리 손으로 인터넷에 남기는 정보에 대해 신중하게 생각해 볼 필요가 있다.

2.3 좀비 PC는 당신을 노린다

여러분은 컴퓨터가 고장이 났을 때 원격제어를 통해 수리를 한 경험이 있을 것이다. 이처럼 원격제어는 생활에서 편리하게 이용될 수 있는 기능이다. 그러나 좀비 PC는 이 원격제어 기능을 악용하여 사용하는 경우이다.

그럼 좀비 PC란 무엇일까? 좀비 PC란 해커가 웹사이트나 스팸 메일들을 통해 악성코드를 심어놓은 PC를 말하며 악의적인 목적으로 해당 PC를 원격으로 조종하는 PC를 말한다. 마치 좀비처럼 자신의 의지와 상관없이 해커의 명령대로 움직인다고 하여 좀비 PC라고 불린다. 좀비 PC는 악의적인 목적을 가진 사람의 지배를 받는 컴퓨터를 의미하며 또 다른 용어로는 로봇의 줄임말인 "봇"이라는 용어로 불리운다. 좀비 PC의 경우 부팅을 하는데 필요한 파일이 삭제되어 컴퓨터 시스템이 로딩되지 않거나 인터넷 연결이 차단되는 등의 현상이 발생한다. 해커들은 수천대의 좀비 PC로 특정 사이트를 동시에 공격할 뿐만 아니라 PC 사용자의 아이디를 절도하거나 조정하여 대량 스팸메일을 전송하여 수많은 사이버 범죄를 진행한다. 이를 통해 기업과 정부주요기관, 개인에 이르기까지 광범위한 피해를 제공한다.

인류에게 불이 문명의 발달의 기반을 제공했다면, 인터넷은 세상과 빠르게 소통할 수 있는 편리함을 제공했다. 따라서 인터넷의 발달은 정보교환을 빠르게 하여 우리 삶의 질을 향상시켜주고 있다. 정보교환의 신속성을 제공한 대표적인 기기인 스마트폰은 손안에 있는 PC로서 여러 가지일을 이동중에 할 수 있게 해 준다. 이미 우리의 삶 깊숙한 곳까지 스며들어 있는 인터넷 기기들이 없는 삶을 상상할 수 없게 한다. 우리는 스마트폰으로 세상과 소통하고 사랑하는 사람과 대화를 나눈다.

연예인A의 경우는 동료들 사이에서 스마트폰 등 각종 기기들의 사용법을 잘 알려 주는 역할을 한다. 또한 소셜 네트워크 등 다양한 채널을 이용하여 팬들과 의사소통을 한다. 그는 스마트폰을 사용하여 연예인이 특별하지 않고 친근감 있는 존재라는 이미지를 만들어냈다. 인터넷으로 세상과 소통하는 것이다. 주부 B씨는 마트의 상품 진열대에 배치된 제품의 바코드를 스마트폰으로 스캔하여 인터넷 사이트에서 제품가격을 비교한 후 생필품을 최저가에 구매하여 생활비를 절약하고 있다. 또한 스마트워킹 시스템은 필요시 회사에 가지 않고 집에서 가까운 스마트워킹 사무실에서 화상회의 등 각종 업무를 할 수 있게 돕는다. 워킹맘 또는 불가피하게 아이를 돌보아야 하는 상황에 처한 사람들에게, 아이를 챙기면서 시간을 절약하고 효율적으로 일하는 것이 가능하게 한다. 그러나 인터넷의 발달은 빛과 그림자의 모습을 모두 가지고 있다. 삶의 질을 증진시키는 동시에 감수해야 하는 어두운 측면도 존재한다. 우리는 흔히 주변에서 인터넷 뱅킹 해킹사고 등이 이와 같다.

인터넷 뱅킹은 본인의 동의 없이 내 계좌에서 타인이 돈을 인출해가는 것인데 금융위원회에 따르면 인터넷 뱅킹 사고등 전자금융사기는 2012년말 기준 5,700건이며 피해 규모 약 595억원으로 추정되었다. 이는 탈취한 개인정보를 가지고 은행계좌에 가서 돈을 인출하거나 그 정보를 이용하여 스토킹하거나 신체를 위협하는 일들이 우리 주변에서 자주 발생하고 있다는 뜻이다. 하지만 개인의 기본정보를 탈취하는 1차 공격뿐만 아니라 이를 기반으로 2차 공격에 사용한다는 점을 기억해야 한다.

국외에서도 악성코드를 통한 사이버 범죄인 인터넷 해킹사고가 빈번히 발생하고 있다. 이는 기술 발달과 함께 해킹기술도 발달하고 있기 때문이다. 국제적으로 해킹 사고기 발생하는 원인에 대해 살펴보면, 인터넷을 통해 많은 개인정보가 인터넷이라는 공간에 노출되기 때문이다. 해커들은 과거보다 더 쉽게 정보를 얻을 수 있고, 보안을 해제할 수 있다. 보안탐지 기업들은 해킹을 방지하기 위해 매일 등장하는 수많은 악성 코드[2]를 확인하여 분석하는 전쟁을 벌이고 있다. 시만텍[3]에 따르면, 2014년 동안 새롭게 등장한 악성코드가 전년 대비 26% 증가한 3억1700만 개였다고 분석했다. 악성코드는 숨겨진 웹사이트가 방문하거나, 출처가 불분명한 Email 또는 첨부파일 등을 클릭하는 경우에 자동 설치되어 누군가의 원격제어를 받게 되는 경우가 발생할 수 있다. 따라서 내 컴퓨터의 모든 정보가 외부에 노출된다.

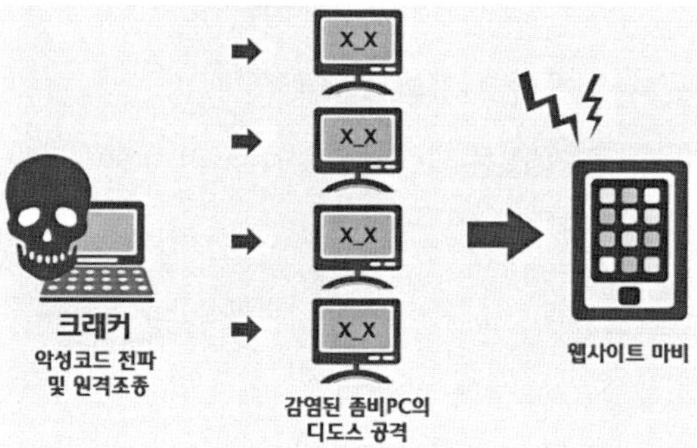

[그림 1-5] 좀비 PC

출처 : SKbroadband 사이트

두 PC 모두 악성코드가 감염된 것은 동일하나 일반 악성코드가 감염된 컴퓨터와 좀비 PC와의 차이는 좀비 PC의 경우 악성코드에 감염되어 외부의 조종을 받는 것이다. 좀비 PC 사용자 입장에서는 본

---

2) 악성코드란 컴퓨터에 부정적인 영향을 줄 수 있는 모든 소프트웨어로 악의적인 목적을 위해 작성된 실행 가능한 코드를 총칭한다.

3) 시만텍코리아는 시만텍의 한국 지사로서 시만텍은 보안, 스토리지 및 시스템 관리 솔루션을 제공하는 세계적 선두 기업으로, 기업 및 개인이 정보를 보호하고 관리할 수 있도록 지원

인이 동작을 하는 것이 아니기 때문에 상대방이 보고 있다는 것을 인지하지 못한다. 좀비 PC 이용자가 컴퓨터 사용을 중단하거나 사용화면에서 사라지면 원경조정을 통하여 좀비 PC의 다양한 정보를 획득한다. 예를 들어 사용자가 컴퓨터를 통하여 컴퓨터 작업을 하는 것을 본다든지 또는 사용자의 중요한 금융정보와 개인정보를 탈취한다거나, 하드 디스크의 중요한 정보를 삭제할 수도 있다. 따라서 외부에서 좀비 PC의 모든 기능을 자유롭게 사용할 수 있어 굉장히 위험하다. 컴퓨터가 어디에 있는지와 상관없이 상대방 컴퓨터의 정보를 마음대로 조종할 수 있으며 좀비 PC에서 일어나는 모든 정보를 볼 수 있어서 클릭 한 번으로 훔쳐보기가 가능하다.

A씨의 경우는 좀비 PC를 이용한 사이버 스토킹에 시달리고 있다. 어느 날 개인 PC에 저장된 정보를 이용해 위협을 하고 지난밤에 PC를 통해 관찰된 사적인 정보를 보내며 만나줄 것을 협박했다. 전에는 친구들과 의사소통을 하고 친근감과 각종 학교에서 일어나는 일들을 웹상에서 자연스럽게 나누었는데, 이때 했던 말들이 협박의 구실이 되어 일상생활에 지장을 받고 있었다. 스토커는 A씨가 어디에 가 있고 무슨 생활을 하고 있고 어떤 사이트에 접속하는지 모두 알고 있었다. 그녀는 평범하게 인터넷을 즐기던 수많은 사람들 중의 하나였다. 그러던 중 자신의 모습을 촬영한 동영상 파일을 수령하게 되면서 충격에 빠졌다. 스토커는 신고하겠다는 그녀의 말에 사진과 동영상을 유포하겠다며 협박을 했다. 이는 한 순간에 타인의 인생을 완전히 망가지게 할 수 있는 일이다.

이런 일들은 성인들 뿐만 아니라 청소년에게도 적지 않게 발생하고 있다. 중학생인 B군은 해킹 실력을 자랑하기 위해 좀비 PC를 만들고 좀비 PC에 저장된 파일을 삭제하기도 한다. 이런 경우는 아무런 죄의식없이 가해자로 둔갑한다. 좀비로 만든 컴퓨터에서 아이디와 비밀번호를 탈취하여 원하는 이에게 제공해주고 그 댓가로 게임머니(아이템)를 받거나 온라인 머니를 받아서 게임을 한다. B군은 남의 개인정보를 가로채어 악용하는 인터넷 가해자이자 이런 행위가 죄가 된다는 것을 모르고 진행하는 범죄자가 되는 최대의 피해자가 되어 버렸다.

남의 컴퓨터를 마음대로 사용한다는 것은 단지 한 개의 컴퓨터뿐만 아니라 수십 개 또는 수백 개의 컴퓨터를 동시에 사용할 수 있다는 것이다. 즉 악의적인 이용자의 의도대로 수만 대의 컴퓨터를 이용할 수 있다는 것이다. 2009년 7월 7일 오후 6시 30분에 국내에서 수만대의 컴퓨터가 접속이 안 되는 일이 발생했다. 사상초유의 사이버테러가 국내에서 발생하였으며 이로 인한 피해는 엄청났다. 국내의 주요 24개 사이트의 접속이 원활하지 않았으며 국외의 백악관 등 12 정도의 사이트도 접속불능 상태였다. 이 원인을 제공하는 사이버 공격은 DDos(Distributed Denial of Service) 공격이었으며 일반적으로 한길로 원활하게 통신이 이루어지는 상황을 해커가 좀비 PC를 이용하여 특정 서버에 집중적으로 많은 신호를 보내어 통신신호의 장애를 제공하여 홈페이지를 마비시킨 사례이다. DDoS 공격은 수십만 대의 컴퓨터가 동일한 시간에 특정 웹사이트에 접속을 시도했다는 것이다. 이는 아주 정교한 공격으로 불특정 다수가 아닌 특정 다수를 공격하여 시한폭탄 투하 방식으로 제공하는 것이다.

국내외 공공기관 홈페이지, 금융기관, 백신업체 등에 장애를 제공한 77 DDoS는 국내 주요 36개 사이트의 접속을 마비시켰다. 이를 통해 국내 경제에 혼란을 제공할 수 있다는 것을 경고한 사건이다. 현대경제 연구소에 따르면 이 사고는 최소 363억 원에서 최대 544억 원 정도의 경제적 피해를 제공했다고 평가했다. 또 다른 개인적 피해사례를 보면, 쇼핑몰 사이트를 운영하던 C대표는 해커의 공격으로 쇼핑몰이 한 달 동안 폐쇄되어 소비자로부터 민원으로 거의 사업을 못하게 되는 상황에 이르렀다. 그리고 쇼핑몰을 운영하기 위해서는 돈을 입금해달라는 협박 메일을 받게 되었다. 돈을 보내지 않자 수 주간의 협박 메일까지 받게 되었다. 이 공격으로 C대표는 누군지 모르는 해커 때문에 쇼핑몰을 포기하게 되었다. 결국 누가 이런 공격을 하는지를 살펴보면, 인터넷에서 쉽게 DDoS 공격을 해준다는 글과 함께 이를 대가로 제공하는 가격을 쉽게 찾아 볼 수 있다.

해킹정보와 개인정보를 사고파는 시장인 사이버 블랙마켓에서 보면 좀비 PC의 거래가 공공연하게 이루어지고 있다. DDoS 공격은 통로를 통해 이루어지고 좀비 PC는 전 세계적으로 사고 팔리고 있으며, 국가별 좀비의 수가 많을수록 인터넷 속도가 빠를수록 그 판매가격이 저렴하게 거래되고 있다. 좀비 PC는 거래자가 있어서 체계적인 마케팅 채널을 통해 판매가 이루어지고 이들 거래가 이루어지고 있다. 사이버 거래는 기술발달에 따라 진화되고 있다. 무분별하게 거래되는 것으로 좀비 PC의 개인정보를 사고 팔기도 한다.

앞에서 몇 가지 이야기를 통해 좀비 PC의 피해를 경험했다. 좀비 PC를 없애는 것은 정부의 노력만으로 되는 것은 아니다. 좀비 PC를 퇴치하기 위해서는 개인의 습관이 매우 중요하다. 안전한 PC 이용

방법 중의 하나는 운영체제의 보안 패치를 최신으로 업데이트 및 자동 보안 업데이트를 실행한다. 또한 백신 프로그램을 설치하여 정기적으로 검사하는 것이다. 스팸메일의 첨부파일은 열어보지 않고 삭제하는 것이다. 인터넷에서 다운로드받은 파일은 백신을 통해 감염 여부를 점검 후 실행하는게 현명한 방법이다.

2.4 사생활 침해

사실 좀비 PC가 아니더라도 세상은 다양한 방법으로 현대인들의 24시간 사생활 침해의 위험성에 노출시킨다. 우리가 약간의 관심만 가지면 타인의 활동에 대해 쉽게 알 수 있다. 예를 들면 헤어진 남자 친구의 근황이 궁금하면 각종 SNS(Social Networks System)에 등록된 정보를 통하여 현재의 활동 내역을 쉽게 파악할 수 있다. 사생활 침해는 1890년 하버드 법학대학원 로 리뷰 논문(Law Review : 로스쿨 학생 발간 법률 간행물)에서부터 출발한 개념으로 개인의 사생활영역에서 인간의 존엄성 유지를 위한 주거의 자유, 사생활의 비밀과 자유, 통신의 비밀과 자유 등을 본인의 동의 없이 타인이 침해하는 것으로 명시하고 있다. 침해는 개인정보의 유출, 오용, 남용 등을 모두 포함한다.

사생활 침해 범위에 대하여 살펴보면, 사생활의 자유는 주거의 자유, 사생활의 비밀과 자유, 통신의 비밀과 자유로 나누어진다. 주거는 주택, 호텔의 객실, 상점, 공장, 학교 등의 생활공간을 포함하는 것으로 **주거의 자유**는 개인이 사생활을 공간적으로 보호받을 수 있는 권리를 의미하고 **사생활의 비밀과 자유**는 인간 행복 최소한의 단위인 '나만의 영역'을 갖는 것을 말한다. 예를 들어 본인의 허락 없이 사진을 촬영하거나 공개 사용하는 것은 인간의 존엄성을 침해하는 것이라고 할 수 있다. **통신의 비밀과 자유**는 편지, 전화, 소포 등의 합법적 통신수단의 이용이 자유롭고 통신형태, 내용, 배달 방법 등이 본인의 의사에 반하여 공개될 수 없는 것이다. 그러나 공공의 이익을 위해서 법률에 의해 보호가 제한되며 공인(정치인, 연예인, 체육인 등의 유명인사), 법인 등 사생활이 공적인 관심사가 된 경우 개인의 사생활과 비밀이 침해될 수 있다.

개인정보보호법에 따르면, 공공기관뿐만 아니라 비영리단체 등 업무상 개인정보파일을 운용하기 위해 개인정보를 처리하는 자는 모두 이 개인정보보호 규정을 준수하도록 하고 전자, 수기 문서도 개인정보의 보호범위에 포함시키고 있다. 그리고 타인에게 계속적으로 전화를 하거나 망원경으로 집안을 관찰하는 것은 사생활 침해에 해당하지만 채무 독촉을 이유로 여러 차례 전화를 걸거나 보험사 직원이 상해보험금 지급을 위해 상해자의 사진을 찍는 등의 행위는 사생활 침해로 간주하지 않는다. 사생활 침해의 심각성을 논의하면, 사생활 침해는 단순히 정보가 노출되는 것이 아니다. 개인이 생각하는 것보다 심각한 일을 불러일으킬 수 있다. 명예를 잃고 공동생활에서 배제되기도 하고 서로 간에 생긴 오해로 인해 가족, 친구관계가 파괴되고 재산상의 손해를 입은 경우도 있다. 기술이 지속적으로 발전하고 변화하는 사회에서 인간에 대한 도덕적 예의와 존엄성은 존중되어야 한다. 재미삼거나 또는 악의적인 목적으로 타인의 사생활을 공개하는 것은 인생을 파괴하는 행위가 될 수 있기 때문이다.

그렇다면 개인정보 관리를 어떻게 해야 할까? 먼저 가장 중요한 것은 개인정보 관리를 철저하게 하는 것부터 시작해야 한다. 현대사회는 정보량에 따라 개인의 경쟁력이 달라지는 사회이고 정보를 얻기 위해서는 자신의 정보를 공개해야 하는 경우도 있다. 즉 원하는 정보를 얻기 위해 회원가입이 필요한 경우가 있다. 따라서 자신이 꼭 필요한 곳에만 가입을 해야 하고 불필요한 곳에는 자신의 정보보호를 위해 가입하지 않는 것이 좋다. 이를 위해서는 첫째, 신뢰할 수 없거나 사용자수가 적은 웹사이트 방문을 자제한다. 둘째, 철저한 비밀번호 관리로 온라인 게임, SNS, 메일 등의 비밀번호를 영문/숫자/특수문자 조합하여 8자리 이상 설정하고 최소 3개월 주기로 변경한다. 또한 로그인 아이디와 비밀번호를 동일하게 설정하지 않는다. 셋째, 확인되지 않은 파일에 대한 실행을 금지한다. 메신저나 메일로 URL이 첨부되어 올 경우 함부로 클릭하거나 실행하지 않는다. 넷째, 정품 소프트웨어를 사용한다. 인터넷 또는 P2P 사이트에서 불법 소프트웨어를 다운로드하는 경우 악성코드가 함께 설치될 수 있기 때문이다. 다섯째, 보안 소프트웨어를 설치한다. 설치 이후에는 항상 최신 버전으로 유지될 수 있도록 자동 업데이트될 수 있게 한다. 또한 수시로 보안 경고 메시지를 잘 살펴보아야 한다.

사생활 침해 예방책으로는 이메일, 인터넷 사이트, 신용카드 등의 비밀번호를 수시로 변경하고 신분증 관리를 철저히 해야 한다. 영수증마다 개인적인 정보가 공개되기 때문에 특히 각종 청구서와 우편물 관리를 철저히 하고 영수증이나 청구서 폐기 시 결제 후 바로 쓰레기통에 버리지 말아야 한다. 따라서 소각하거나 분쇄기를 이용해 완전히 없애는 것이 안전하다.

3. 지키고 싶지만 지킬 수 없는 나의 정보, 정보유출

3.1 나의 수 많은 아이디와 비밀번호

나름대로 빠르게 업무를 처리해보려고 컴퓨터로 업무처리를 하기 시작했는데 왜 이렇게 기억해야 할 게 많은지 또 들어가는 사이트마다 회원가입을 하라고 하니 사이트를 이용하려면 회원가입은 하는데 자꾸 가입한 사이트가 많아 지다보니, 어쩌다 가끔씩 들르는 사이트의 아이디와 비밀번호는 제대로 기억을 할 수가 없다. 은행, 쇼핑몰 , 카페, 동창사이트, 종교 사이트까지 회원가입을 요구한다. 그래서 가능한 동일한 아이디와 비밀번호를 사용하려보니 영문과 숫자를 조합해야 한다는 사이트부터 대문자와 소문자, 숫자까지 조합해야 하는 사이트까지 보안문제가 생긴다. 보안이 까다로워질수록 아이디와 비밀번호는 늘어만 가고, 이를 전부 기억하지 못하는 자신을 발견한다.

어떤 분들은 컴퓨터가 바이러스에 감염된 건 아닌데 너무 느려졌다고 하셔서 쿠키와 인터넷 임시파일을 삭제해 보시라고 했더니 그동안 이메일을 누르면 자동으로 아이디와 비밀번호를 채워줘서 좋았는데 쿠키를 다 지우고 난후부터는 비밀번호가 자동으로 채워지지 않아 비밀번호를 도저히 기억해 낼 수가 없다고 한다. 이는 내 컴퓨터를 열어보는 누군가가 내가 접속하는 웹사이트의 정보를 쉽게 열어 볼 수 있다는 뜻이며, 컴퓨터가 고장이 나서 새 컴퓨터를 샀을 때는 이메일을 열어볼 수조차 없다는 말이 된다.

인터넷이라는 공간에서 정보와 가치를 얻기 위해 우리는 수많은 문을 만들어 왔다. 문을 열 때마다 열쇠인 아이디와 비밀번호를 등록하고 이를 위해 주민번호 등 각종 정보를 입력했다. 그 집을 자주 방문하지 않기 때문에 자주 아이디와 비밀번호를 잃어버리고 찾는 일을 수 없이 반복하고 있다. 이점이 우리가 페이스북 아이디로 로그인을 편리하게 여기는 이유일 것이다. 여기에는 새로운 사이트에 맞는 새로운 아이디를 만들거나 추가로 회원 가입할 필요도 없고 문을 하나만 관리해도 되는 편리함이 묻어 있다. 나도 사이트마다 등록한 아이디와 비밀번호를 잃어버리지 않도록 별도로 관리하고 있다. 하지만 수많은 아이디와 비밀번호를 꼭 외우지 않아도 해결할 수 있는 방안인 아이디와 비밀번호를 관리해주는 시스템을 이용하는 방법도 있다. 이런 시스템은 인터넷에서 비밀번호 관리 앱 또는 시스템을 입력하면 쉽게 찾을 수 있다.

3.2 나인 듯한 나 아닌 너

인류의 역사에는 어느 시대에든 존재하는 사기꾼들은 인터넷 시대로 접어들자 웹에서 선량한 온라인 고객을 노리고 있다. 며칠 전 아시는 분으로부터 전화를 받았는데 최근에 보낸 메일이 도용되어 발송되었다고 한다. 홈페이지에 대해 구축 홍보를 하지 않는다고 했다. 항상 바쁘게 보내는 분이라 홈페이지 구축 사이트 홍보 메일이 있어 그런 일을 하고 있구나라고 생각하고 무심코 지나쳐 버렸다. 내용에는 역시 영어로 '제 친구가 쇼핑몰을 운영하는데 가격이 너무 싸고 질이 좋아서 여러분께 추천해 드리고 싶어서 이 메일을 보냅니다. 꼭 방문해 보세요.'라는 내용과 함께 그럴듯한 웹사이트 주소가 있었는데 알고 보니 그분의 Email이 도용되어 지인들에게 Email을 통해 타인이 홈페이지 구축 광고를 했던 것이다. 어떨 때는 가짜 자선 단체에서 기부 권유 이메일을 받기도 한다. 안타깝게도 많은 범죄자는 사용자의 호의를 악용한다. 그러나 피싱(Phishing) 공격은 점점 더 지능화되고 있기 때문에 일반 사용자가 사기성 메시지를 구별하기는 매우 어렵다. 피싱(Phishing)의 성공률이 높고 범죄자들 사이에 널리 확산되는 것도 바로 이 때문이다. 예를 들어 대부분의 가짜 전자 메일 메시지는 잘 알려진 브랜드의 실제 회사 로고와 연결된다. 그러나 다음과 같은 경우에는 사기성 전자 메일이 아닌지 의심할 수 있다. 전자 메일 메시지로 개인 정보 요청한다던지 긴급한 어조를 사용한 내용 등이다. 예를 들면 "존경하는 고객님 지금 고객님의 계좌의 개인정보가 유출될 가능성이 있습니다. 그러므로 귀하의 계좌 정보를 업데이트해야 합니다. 기록을 업데이트하지 않으면 계좌가 말소됩니다. 아래 링크로 클릭하여 귀하의 데이터를 확인하시기 바랍니다." 등이다. 피싱(Phishing) 수법에 사용되는 가짜 전자 메일 메시지 본문에는 대개 스팸 필터로 검색되지 않도록 텍스트 대신 이미지가 사용됩니다. 사용자가 받은 스팸 메시지에 실제 텍스트가 사용된 경우에는 대부분 정크 메일 필터가 메시지를 정크 메일 폴더로 옮기기 때문이다.

로그인 계정을 수집하는 일종의 피싱 사이트 주소가 Daum 메일을 통해 경험한 적이 있다. Daum 메일로 전달되는 이 주소는 참으로 다양하며, 클릭하면 Daum의 아이콘처럼 생긴 이미지와 'Please Login with your Daum to continue'라는 문장, 이메일과 비밀번호를 입력하는 로그인창으로 연결이 된다. 여기에 정보를 입력하면 누군가가 본인의 이메일과 비밀번호로 Daum에 로그인해 대화 상대에게 같은 수법으로 정보를 입력하게 한다. 이는 Daum 계정 수집을 목적으로 한 일종의 피싱 페이지이다. 해당 피싱 페이지에 정보를 입력한 경우 컴퓨터에 별다른 이상 증상이 나타나지는 않지만, 누군가 본인의 정보로 Daum에 로그인하여 위에서 얘기한 것 같은 피해를 볼 수 있다. 이런 종류의 의심되는 이메일의 링크는 절대로 클릭하지 말고 보내오신 이메일의 주소로 피싱에 걸렸다고 알려주어야 한다. 피싱에 걸렸다는 주위 분들의 말씀을 듣게 되면 그 즉시 사용하시던 Daum 계정의 비밀번호를 변경해야 한다.[4)]

3.3 개인정보유출, 나의 소중한 정보가 새고 있다.

보통때와 마찬가지로 메일을 열었는데 반송된 메일이 엄청나게 있었다. 내 메일로 누군가가 타인에게 메일을 발송하고 있었다. 일단 침착하게 메일을 비밀번호를 바꾸고 관련기관에 항의 전화를 했지만 별다른 답을 받지 못하였다. 그리고 비밀번호가 변경된 이후에는 정상적으로 되었다. 그 뒤에 비밀번호를 변경하는 것에 신경을 쓰게 되었다. 이렇듯 개인정보는 관리가 필요하다. 개인정보 보호지침에 나온 정확한 개인정보의 의미를 살펴보면 이렇게 설명하고 있다. 개인정보란 '인종 및 민족, 사상 및 신조, 출신지 및 본적지, 정치적 성향 및 범죄기록, 건강상태 및 성생활' 등의 정보를 말하며, '개인의 기본적 인권과 관련된 모든 정보가 포함한다.'고 명시하고 있다.

개인정보 침해 사건이 얼마나 자주, 얼마나 많이 우리 주변에서 일어나는 것일까. 2008년 정보보호 실태조사에 따르면, 거의 30%에

---

4) 출처 : http://www.2gosoo.com/articles/547

해당하는 사람이 개인정보 침해를 경험해 보았으며 피해 횟수도 4.73회로 꽤 높은 빈도수를 보여준다. 그렇다면, 그 피해 유형에는 어떤 것이 있을까? 개인정보 또는 프라이버시 침해로 인한 피해를 경험했다는 개인 인터넷 이용자들은 개인 정보/프라이버시 침해의 주된 유형으로 '사업자의 관리소홀로 개인정보가 유출된 경우(75.2%)'를 꼽는 응답이 가장 많았다. 그리고 특히 전년도 대비 사업자의 관리 소홀로 개인정보가 유출된 경우가 많았다.

2013년 6월 경 KCB 신용평가사 직원 한 명이 카드사로 파견을 나가 주요 카드사(국민, 롯데, 농협)의 고객 개인정보를 유출시켜 대출광고업자와 대출모집인에게 정보를 판매하였다. 이로 인해 대한민국 국민 2명 중 1명꼴로 개인정보가 유출되는 큰 피해가 발생하였다. KB국민카드 5,300만 건, 롯데카드 2,600만 건, NH농협카드 2,500만 건 유출로 중복을 제외한 피해 고객 수는 2,000만 명으로 사실상 우리의 고유정보가 노출된 셈이다. 카드사들은 즉시 사과문을 올리고 개인정보 유출 여부를 확인할 수 있게 하였으며, 카드사들은 부정 사용될 시 전액 보상을 하겠다고 발표하였다. 또, 금융감독원은 비 카드사인 16개 금융회사로부터 불법유출된 것으로 의심되는 개인정보 건수는 127만 건이며, 중복을 제외한 고객 수는 약 65만 명 수준이라고 발표했다.

발급된 주민등록증은 4,200만 건으로 기재사항이 오래되면서 흐릿해지고 정확하게 식별하기가 어려워지고, 미성년자들이 술을 마시거나 담배를 피우기 위해 변조를 서슴지 않으면서 보안성이 취약해졌다는 문제가 꾸준히 제기되면서 만 17세 이상의 주민등록증을 전면 교체하는 방안을 추진하는 것을 논의한 적도 있다. 그러나 이러한 교체로 개인의 고유번호인 주민등록번호를 바꾸지 않고 지켜줄 수 있을지는 미지수라고 생각한다. 실제로 개인정보 유출 침해 경험을 겪은 이용자를 대상으로 개인정보 침해에 대해서 관련기관 문의를 해봤는지에 대해 물어 보니, 무려 73.9%가 비 경험을 한 것으로 나타났다. 다들 개인정보 침해를 경험만 했지, 어떻게 대처 하는지 대응법과 예방법에 대한 인식이 필요하다는 것을 말해준다.

다음은 아미존의 창업자 베조스의 인터뷰 내용이다.

Q: 웹상의 사생활 보호에 대해 얘기해주세요.

A: 인터넷의 사생활 보호는 중요합니다. 많은 회사들이 허락도 없이 여러분에게 메일을 보냅니다. 우리는 언제나 보내기 전에 고객들에게 의향을 물어보죠. 그리고 절대 고객의 이름을 외부에 알리지 않아요. 그건 고객과 우리만의 관계로 신용을 갖고 지켜야 하죠.

Q: 베조스 씨, 사생활 문제에 관한 겁니다. 아마존닷컴에서 몇 분쯤 지나 물건을 사고 나면 제가 좋아할 책을 추천하더군요. 그렇다면 고객에 대해 안다는 뜻이죠. 하지만 고객의 정보를 모으는 데 있어 어떤 문제점이 생기지 않을까요?

A: 아직은 사생활 문제보다 신용카드 정보가 온라인 쇼핑의 공포라고 봅니다. 사람들은 인식의 문제인데도 불구하고 아주 불안해합니다. 21세기에는 사생활이 가장 큰 화두일 거예요. 단지 인터넷뿐만이 아니죠. 기술력이 가져다준 달라진 생활 모든 면에서 문제가 될 거예요. 기업은 개인에 대해 잘 알면 알수록 더 좋은 서비스를 할 수 있어요. 옛날의 작은 동네 가게처럼 말이죠. 작은 동네에서는 사생활이 없었죠. 다들 무슨 일이 일어나는지 알아요. 고객이 존 그리샴 같은 작가를 좋아하는지 알 수 있다면 나은 서비스를 할 수 있어요. 물론 판매자는 사생활을 침해하는 게 아니라 이런 방법으로 고객의 신뢰를 얻어야 해요. 신뢰를

얻고 나면 보다 나은 서비스를 위해 고객 정보를 써도 된다는 허락을 얻게 되죠. 그렇게 되면 고객이 찾지 못했던 물건을 찾도록 도와줄 수 있어요."

이 내용을 보면 사생활 보호와 기업의 입장에서는 고객과의 신뢰와의 연관성에 대해 이야기를 하고 있다. 결과적으로 각 고객의 정보를 이용하여 고객들이 원하는 것을 쉽게 할 수 있도록 할 수 있다는 것이다. 이것도 개인에게는 매우 중요한 일이다. 따라서 기업 또는 조직이 보유하고 있는 개인 정보가 안전하게 관리되고 그 정보는 해당 고객을 위해 사용되어야 한다는 것이다.

3.4 분실된 구글 안드로이드 스마트폰의 초기화 방법

항상 손에 쥐고 다니는 스마트폰, 그렇기에 밖에 꺼내두는 일이 다반사이다. 얼마 전에 남편이 휴대전화를 잃어버린 적이 있다. 술집에서 술을 마시고 지갑에서 술값을 계산한 것까지는 기억이 나지만 집에 와서 그 다음날 아침에 휴대전화가 없어진 것을 확인했다. 어디서 언제쯤 잃어버린 것인지 도통 감이 잡히지 않았다. 휴대전화 가격이 비싼 것뿐만 아니라 그 속에 저장된 정보의 분실이 더 큰 일이다. 어디에서 잃어버렸는지 알 수가 없어 고민하던 차에 구글 안드로이드 위치 추적에 대해 알게 되었다.

전자지도를 통해 현재 휴대전화가 있는 위치의 반경 2km를 표시해 주고 있었다. 사용방법은 아주 간단하였다. 구글 위치추적 이용하기 위해서는 휴대폰에 입력되어 있던 구글 아이디를 기억하고 있어야 하며 분실된 휴대폰이 켜져 있어야 한다. 위치 추적하기 위해서는 사이트(https://www.google.com/android/devicemanager)에 접속하여 몇 가지 위치

추적에 동의하냐는 입력창이 뜨고 바로 수락을 누르면 기기에 연결 중이라며 위치추적이 시작된다. 그러나 이미 누가 들고 가서 휴대폰을 꺼버리거나 할 경우에는 추적이 안 된다. 위치추적해서 휴대폰을 찾은 것은 아니지만, 나름 이것의 정확도의 신뢰도가 믿을만한 것이라는 것을 알 수 있다.

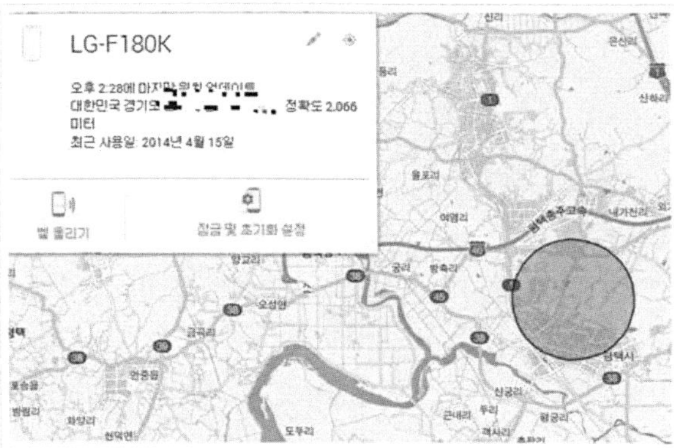

[그림 1-6] 구글 안드로이드 폰의 위치 추적

이 경우에 잃어버린 휴대전화를 조절할 수 있는 특수한 기능 2가지가 있다. 첫째 벨 울리기 기능으로 근처에 폰이 있다면 원격으로 조종하여 벨을 최대음량으로 울리게 할 수 있다. 두 번째 기능으로는 휴대전화를 초기화할 수 있는 기능이다. 휴대전화를 찾지 못하는 경우에 휴대전화에 저장된 정보가 외부로 유출될 가능성이 있어 이를 차단하기 위해 초기화 기능이 가능하다. 나는 결국 잃어버린 휴대전화의 반경은 추적을 했지만 휴대전화를 찾을 수가 없었다. 그래서 결국은 새 휴대전화로 개통 후 기존 전화기에 정보가 남아있다는 사실을 깨닫고 초기화 기능을 수행했다. 그러나 아뿔싸 신규로 기기 변경한 휴대전화가 초기화되어버렸다. 아주 우스운 해프닝이었다. 휴대전화 번호를 신규 번호로 진행하기 이전에 진행했어야 하는데 신규 전화기로 바꾼 다음에 진행한 것이 시행착오였다. 여러분들은 이런 시행착오를 겪지 말고 휴대전화를 찾을 수 없을 경우 신규 휴대전화로 변경하기 전에 휴대전화에 보관된 정보를 구글 안드로이드의 기능을 활용하여 초기화하는 것을 권장한다.

3.5 정보 유출에 주의! 내 손으로 지키는 개인정보

주민등록번호 13자리에는 생년월일, 성별 그리고 출신지 등 한 개인의 많은 정보가 담겨 있다. 우리나라의 주민등록번호를 살펴보면 첫 6자리는 출생신고를 한 생년월일을 담고 있으며 뒷자리 첫 번째 숫자는 성별을 나타내는 것으로 1은 남자, 2는 여자를 의미한다, 2000년 출생자부터는 남자는 3, 여자는 4로 시작되며 그 뒤의 4자리 숫자는 출생 지역의 조합 번호로 출생신고를 한 지역을 나타내며, 그 다음 자리는 출생신고 한 곳에서 몇 번째로 접수된 것인지, 그리고 마지막 숫자는 앞 12자리 숫자를 특정 공식에 대입해 산출된 숫자로 오류 검증을 위한 것이다. 주민등록번호에는 이와 같이 많은 정보가 담겨 있기 때문에 주민등록번호가 노출되면 온라인상에서 나의 명의를 도용당하는 것이 쉬워진다.

신용카드 개수는 되도록 줄이고 주거래 은행을 정해 이용하는 것이 좋다. 또한 카드명세서나 은행 명세표는 계좌 내용 및 개인 정보를 포함하고 있기 때문에 반드시 알아볼 수 없도록 찢어서 버려야 한다. 신용카드나 체크카드를 많이 만들게 되면 그만큼 본인의 개인정보를 많이 노출하게 되는 것이기 때문에 가능한 적게 만드는 것이 좋다.

좋은 선물의 경품 응모는 요구하는 정보가 많기 때문에 응모를 자제하는 것이 가장 좋다. 특히 주민등록번호 입력을 요구하는 온라인 이벤트는 신중하게 참여하는 것을 권장한다. 이벤트 참여로 인한 이메일 노출은 스팸 메일의 원인이며 스팸 메일로 인한 악성코드는 금융사기로까지 이어질 수 있다. 또한 휴대전화 번호를 입력해야 하는 이벤트에 참여한 경우, 노출된 휴대전화 번호로 인해 스미싱 피해를 입을 수 있고 각종 텔레마케팅 전화와 스팸 문자를 받을 수도 있다.

스마트폰으로 SNS에 올리는 나의 위치, 친구들과 찍은 사진 등으로 타인이 나를 알게 되도록 지원하는 것이다. 평소의 일상을 아무렇지 않게 이야기하고 사진까지 올리는 SNS는 얼굴을 모르는 새로운 사람과의 인연을 만들어주기도 하지만 너무 많은 사생활이 노출되어 피해를 입을 수도 있다. 특히 최근에는 빅 데이터와 같은 데이터 분석 기술의 발달로 SNS 상의 정보를 수집하여 다양한 정보를 생성, 활용하고 있기 때문에 타인이 나의 사생활을 알게 되는 건 매우 쉽다. 따라서 개인정보를 지키고 싶다면, SNS를 통한 사생활 노출에 대한 주의가 필요하다.

안드로이드 기반의 스마트폰을 사용하고 있다면 애플리케이션 설치에도 주의해야 한다. 이는 악성 애플리케이션의 설치로 스마트폰이 스미싱 범죄의 대상이 될 수 있기 때문이다. 스미싱 피해에서 벗어나기 위해서는 스마트폰용 백신을 설치해 실시간 검사 기능을 사용하거나 차단 앱을 설치해 두는 것이 필요하다. 또한 환경 설정에서 보안 〉 기기 관리 〉 알 수 없는 소스에 체크를 해제하여 출처가 확인되지 않은 애플리케이션이 설치되지 않도록 관리해야 한다.

어떠한 금융기관도 전화로 개인 정보를 요구하거나 돈을 입금하라는 요구를 하지 않는다는 것은 상식이다. 이는 금융감독원, 검찰, 은행 모두 마찬가지이며 나에 대해 아무리 상세하게 알고 있다고 하더라도 전화로 개인정보를 요구하는 경우에는 일단 의심부터 하고, 개인정보를 알려주지 말아야 한다. 금융사기는 112에 신고하거나 1332에 신고하고, 검찰을 사칭한 피해를 봤다면 1301로, 은행사기를 당했다면 신속하게 해당 은행 콜 센터에 연락해야 한다.

3.6 개인정보 보호를 위한 수칙 5 Do와 5 Do not

먼저 스마트폰 개인정보 실천수칙 5가지 해야 할 일을 소개 하고자 한다. 첫째 나만의 비밀번호 설정해야 한다. 패턴, PIN, 비밀번호 등을 설정해 나의 소중한 스마트폰의 정보를 타인으로부터 보호해야 한다. 단말기를 분실 혹은 도난당했을 때 개인정보가 유출되는 것을 방지하기 위하여 단말기 비밀번호(패턴, PIN, 비밀번호) 등을 설정하여 타인이 접근하지 못하도록 해야 한다. 또한 비밀번호를 주기적으로 변경하는 것이 좋다

두 번째는 앱 설치 전 접근권한을 확인하는 것이다. 물건을 구입하고 결제하는데 서비스와 관계없는 개인정보 수집을 요구하는 경우, 설치하지 말아야 한다. 스마트폰에 앱 설치 전 필요 이상의 개인정보를 수집하는지 꼭 확인해야 한다. 이런 경우 불필요한 개인정보 제공으로 인하여 피해가 발생할 수 있다. 세 번째는 백신 앱은 꼭 설치한 후 사용해야 한다. 백신 앱 외에도 스팸 차단 앱, 스미싱 차단 앱 등을 활용하면 스마트폰을 안전하게 사용하는 데 도움이 된다. 설치한 백신 앱은 주기적으로 업데이트하여 점검이 필요하고 스팸 차단

앱, 스미싱 차단앱 등을 함께 활용하면 스마트폰을 안전하게 사용할 수 있다. 네 번째는 공식 앱 마켓에서만 다운로드하고, 알 수 없는 출처에서 앱을 다운로드할 경우 악성코드 감염의 우려가 있다. 구글 플레이스토어, 이통3사 앱마켓 등 공식앱 마켓의 경우 악성코드 감염 여부 등을 모니터링한 후 앱을 공개하므로 상대적으로 안전하다. '알 수 없는 출처'의 앱 설치를 허용하고 있지 않은지 다시 한 번 확인해야 한다.

다섯 번째는 스마트폰 교체 전 나의 개인정보는 완전하게 제거해야 한다. 스마트폰 교체 시 '공장 초기화', 'Wiping 앱' 등으로 개인정보를 깔끔히 삭제한다. 개인정보 유출 방지를 위해, 스마트폰 교체(폐기)전 저장된 연락처, 사진, 공인인증서 등 개인정보는 '공장초기화'나 'Wiping 앱' 을 통해 반드시 삭제하여야 한다.

다음은 스마트폰 개인정보 실천수칙으로 반드시 하지 말아야 할 것 5가지를 소개하고자 한다.

첫 번째는 스마트폰 기본 운영체제(iOS, 안드로이드)를 변경하지 않아야 한다. 스마트폰 플랫폼 구조를 변경(예: iOS[탈옥], 안드로이드[루팅])하여 사용할 경우, 기본적인 보안기능 등에 영향을 주어 개인정보 유출 등의 문제가 발생할 수 있다. 두 번째는 금융정보 등 중요한 정보는 스마트폰에 저장하지 않아야 한다. 보안카드나 신분증 사본, 계좌번호, 계좌비밀번호 등 보안카드나 신분증 사본, 계좌번호, 계좌비밀번호 등 금융정보를 스마트폰에 저장할 경우, 스마트폰 분실 · 바이러스 감염 시 해당 정보가 유출될 수 있다. 세 번째는 출처를 알 수 없는 문자나 메일 속 인터넷 주소(URL)는 클릭하면 안 된다. 지인에게 온 SNS, 카카오톡이라도 개인정보나 금전적인 요구 시 반드시 본인인지 확인해야 한다. 문자나 이메일 내의 첨부파일과 인터넷주소(URL)를 통해 악성코드가 유포되고 있기 때문이다. 출처가 확인되지 않은 문자나 이메일의 첨부파일과 인터넷주소는 클릭하지 말고 삭제해야 한다. 또한 지인의 SNS나, 카카오톡이라도 개인정보나 금전적인 요구 시 먼저 음성통화 등을 통해 본인인지 확인하는 것이 좋다. 네 번째는 카페 등 공공장소의 와이파이(Wi-Fi) 사용을 주의해야 한다. 금융정보 등 중요한 정보를 전송할 때는 이동통신망(3G 혹은 LTE 등)을 사용하는 것이 안전하다. 금융정보 등 중요한 정보를 전송할 때는 출처가 불분명하거나 보안설정이 되어있지 않은 무선랜(Wi-Fi)은 사용하지 말고 이동통신망(3G 혹은 LTE 등)을 이용하는 것이 안전하다. 마지막으로는 블루투스와 와이파이는 사용할 때만 켜고 평상시는 꺼야 한다. 악성코드로 인한 피해를 예방하기 위해 블루투스(Bluetooth)나 와이파이(Wi-Fi)는 사용할 때만 켜고 평상시에는 꺼야한다. 스마트폰 악성코드의 대부분이 블루투스(Bluetooth) 기능을 통해 유포된 것으로 조사되고 있다.

4. 터질 듯한 지갑에서 날씬한 지갑으로, 화폐의 추상화

영화 '남자가 사랑할 때'에서 극 중 태일의 역을 맡은 황정민은 사채업자의 역할에 충실한 의상으로 나타난다. 약간은 껄렁껄렁한 듯 보이는 삐딱하게 선 자세, 현란한 무늬와 패턴으로 도배되어 있는 화려한 셔츠, 한쪽 옆구리에 늘 덜렁덜렁 끼고 다니는 일수가방으로 그 당시 사채업자의 이미지를 만들어냈다. 여기서 일수가방은 황정민을 조폭이 아닌 사채업자로 만들어주는 가장 큰 포인트이다. 이 시대의 사채업자들은 일수를 찍는 돈을 현금으로 회수하였기 때문에 현금이 많이 들어가는 가방이 필요하게 되었고 그래서 큰 가방을 가지고 다녔던 것이다. 하지만 요즘은 어떠한가. 스마트폰으로 3분이면 신용조회부터 대출까지 모두 가능하고, 사채업자가 돈을 받으러 다닐 필요가 없게 되어 일수 가방은 더 이상 필요하지 않게 되었다. 이처럼 화폐는 점점 더 작아지고 가벼워지고, 한 장이 여러 장을 대신하고, 심지어 그러한 대체품조차 없어지고 있다. 그럼 화폐의 추상화과정에 대해 살펴보자.

4.1 화폐의 발전과정

화폐의 역사는 구체적인 상품화폐의 생성에서 시작되어 이것이 점차 추상적인 신용화폐로 발전하여 가는 과정이다. 자연화폐란 원시적인 물품 교환경제에 있어서는 가장 빈번히 교환되고, 더욱이 일반적인 수용성(受容性)이 인정될 수 있는 것이 자연발생적으로 화폐의 기능을 수행하게 되었던 것이다. 화폐로 선정된 것은 시대와 지역에 따라 각각 다르나 역사적인 기록으로 남아있는 것은 조개 껍데기, 베와 비단, 가축, 피혁, 주옥, 소맥 등이 화폐적 상품이었다. 이런 것을 총칭하여 자연화폐라고 한다. 금 · 은은 가치가 높고 훼손 · 감멸이 적으며, 품질이 일정하고 또한 생산량이 비교적 안정되어 있으므로 그 지니고 있는 가치의 변동이 적으며 이러한 여러 이유에서 금속화폐를 대표하기에 이르렀다. 금 · 은이 그 소재가치에 의거하여 주조됨에 따라 본위화폐의 기능을 보충하는 보조화폐가 생겨났다. 즉 소액의 본위화폐의 주조는 양이 적어지므로 기술적으로 곤란해져 그 결과 금 · 은 이외의 동(銅), 알류미늄, 니켈, 주석 등의 소재가 선정되어 보조화폐로 주조되었다. 이들은 본위화폐와는 달라 소재가치 이상의 액면가치가 부여되어 있는 점이 있다.

4.2 대체 화폐

본위화폐의 대용물로서는 보조화폐 외에 정부지폐, 은행권, 어음, 수표가 있다. 이 중에서 정부지폐란 정부 재정의 적자보전(赤字補塡)을 목적으로 정부에 의해 발행된 유통경제상 하등 실체가 없는 지폐인 것이다. 이에 대해서 은행권, 어음, 수표는 상품거래를 밑바탕으로 하는 유통경제상의 합리성을 갖고 있어 이 점에서 그 성격은 정부지폐와는 큰 차이가 있다. 먼저, 어음은 신용거래의 결제수단으로서 발행된 소위 상인의 화폐라고 생각할 수 있다. 이 상인의 화폐인 어음이 신용력(信用力)이 월등히 높은 은행신용에 의해 대체됨으로써 수표 또는 그 모체(母體)인 당좌예금 및 은행권이 생산된다. 수표와 은행권의 구별은 그 채무자가 시중금융기관이냐 중앙은행이냐의 차이에서만 기인되는 것으로서 그 선택은 주로 사회적인 거래관습에 기인하는 것이라 할 수 있다. 보조화폐, 정부지폐, 은행권, 수표(내지는 당좌예금)는 다 같이 신용화폐(信用貨幣)라 불린다. 전자화폐(이머니, 전자캐시, 전자통화, 디지털화폐, 디지털캐시, 사이버화폐, 가상화폐, 가상캐시)는 전자적으로만 교환되는 돈이나 증서다. 보통, 컴퓨터 네트워크, 인터넷, 디지털 선불카드 시스템에서 통용된다. 전자송금, 지로, 디지털 금통화, 가상화폐는 전자화폐의 사례이다. 또한 전자화폐는 관련된 금융 암호학과 기술을 집합적으로 나타내기도 한다.

4.3 신용카드

종이화폐를 사용하던 시기를 거쳐 플라스틱 카드인 신용카드를 사용하던 시대가 도래하였다. 신용 카드(信用) 또는 크레딧 카드(영어: credit card)는 소비자 신용의 일종이다. 카드 발행사와 계약을 체결한 회원은 가맹 소매점 등에서 상품을 현찰 없이 구매할 수 있다. 가맹점은 백화점, 전문점, 레스토랑 등이 있다. 은행계 카드의 경우에는 해당 은행계좌를 연결하여 현금카드 겸용으로도 사용할 수 있다.

신용카드, 어떻게 시작되었을까? 신용카드라는 개념은 1887년에 에드먼드 벨라미가 발표한 소설 Looking Backward에 처음으로 등장했고, 오늘날과 같은 신용카드가 등장한 건 1951년 미국 뉴욕에서 프랭크 맥나마라 등이 설립한 '다이너스 클럽'의 신용카드가 시초이다.

1949년 어느 날, 시카고의 사업가 프랭크 맥나마라는 미국 뉴욕의 한 레스토랑에서 손님들을 초청하여 저녁식사를 대접하고 일어섰다. 음식 값을 내려고 지갑을 찾았으나, 깜빡 잊고 지갑을 집에 두고 나왔음을 알게 되었다. 크게 망신을 당한 맥나마라는 부인이 와서 음식 값을 지불한 뒤에야 레스토랑을 나올 수 있었다. 자신을 믿어주지 않은 레스토랑을 보고 현장에서 현금을 지불하지 않고도 음식을 먹을 수 있는 방법을 궁리하게 된 그는 이듬해인 1950년 그의 동료 친구들 200명과 함께 돈을 내지 않고도 레스토랑을 이용할 수 있는 단체인 '다이너스 클럽(Diner's Club)'을 만들고, 회원임을 증명하기 위해 플라스틱 카드를 나눠줬는데 바로 이것이 현재 신용카드의 효시이다. 이후 1951년 카드 전문회사인 다이너스 카드가 설립되면서 비로소 신용카드가 본격적으로 출현되었다.

이후 1951년 뉴욕의 프랭클린 내셔널 은행이 카드를 발급했으며, 1959년에는 아메리카 은행이 다목적 카드인 '뱅크 아메리카드(Bank Americard)'로 본격적인 대중 신용카드 시대를 여는데 이것이 오늘날의 비자카드이다. 그 이후 캘리포니아 은행들이 캘리포니아 은행카드 협회를 설립하고 'Master Charge'를 발행하기 시작했고 1969년에는 '인터뱅크카드협회(Interbank Card Association)'와 통합했다. 1966년, 영국의 바클레이즈 은행은 뱅크 아메리카드와 제휴하여 바클레이 카드를 발행, 본격적인 신용카드 국제화 시대가 열렸다. 1977년 아메리카은행은 비자 인터내셔널을 설립하고 1979년에 카드 명칭을 '비자카드'로 바꾸게 되며, 같은 해 인터뱅크 카드협회도 카드 명칭을 '마스타카드'로 바꾼 후 오늘날까지 전 세계 카드시장의 양대 산맥을 이루고 있다.

처음 신용카드를 발급받는 것이 미국 비자를 발급 받는 것만큼이나 힘들었던 1970년대에 반해 이제는 국민들의 지갑마다 2~3개의 카드가 들어 있을 정도로 신용카드는 생활의 필수품으로 이용된다.

이 후 1999년 말 세법이 개정되어 2000년부터 신용카드 사용금액이 소득공제되고 신용카드 영수증 복권제[5], 리볼빙 제도[6] 등 다양한 제도를 선보이며 신용카드의 활황기로 접어들게 되었다.

경제발전으로 소비생활 변화로 인해 은행권 중심 영업이 시작되었으며 1987년 법 제정 후 전문카드사 출현하여 시장 인프라가 확대되

5) 신용카드영수증 복권제는 신용카드 사용 활성화를 통하여 유흥음식점 등 자영사업자의 과세표준 현실화를 자연스럽게 도모하기 위하여 2000년 1월부터 시행하였음.

6) 리볼빙 제도(Revolving system)는 신용카드 연체자가 아닌 신용이 양호한 회원을 대상으로 카드이용 대금의 일정 비율을 결제하면 나머지 카드 이용 대금은 다음번 결제대상으로 연장되며 카드는 잔여 이용 한도 내에서 계속 사용할 수 있는 제도이다.

었다.

신용거래가 발달한 미국이나 일본의 경우, 소비자 신용제도는 상품이나 서비스를 판매하는 회사의 판매촉진 수단 또는 은행의 거래선 확보수단으로 일찍부터 발달했다. 그러나 우리나라는 경제발전의 역사도 길지 않고 특히 소비자신용 및 신용카드의 도입, 발전사는 매우 짧다. 그 이유는 1962년부터 1971년까지의 제1, 2차 경제개발 5개년 계획의 추진과 더불어 부족한 재원을 산업부문에 치중해 우선 배분하고 남는 재원을 소비자 신용부문에 배분했기 때문이다. 또 소비자신용이 확대되기 위해서는 유통산업의 발달이 필수적이지만 이 시기에는 시장가격 메커니즘이 제대로 형성되지 않았고, 특히 우리나라와 같이 현금 선호사상이 강한 풍토에서는 신용거래가 통용될 범위가 상대적으로 부족하여 소비자신용의 활성화를 하는데 시간이 걸렸다. 그러나 1960년대 고도성장 즉, 경제개발 5개년 계획이 성과를 나타내면서 우리나라 경제규모가 급속하게 팽창하는 등 많은 변화가 나타나게 되었다. 이에 힘입어 개인소득 증대에 따른 구매력의 향상과 더불어 소비자의 기본적인 수요가 생활필수품으로부터 내구소비재로, 다시 건강, 교육, 여가 등 생활의 질적 향상에 기여하는 방향으로 전환되는 등 구매 패턴에 획기적인 변화를 가져왔다.

도시와 농촌 간 소득격차 완화 및 교통, 통신의 발달로 소비확대가 이루어지고 신용카드를 이용한 할부판매제도가 도입되어 소비생활에 영향을 제공했다. 이와 같은 영향으로 인해 금융 산업에서도 소매금융(Retail Banking)에 관심을 갖게 되었고 신용카드 제도가 첨단 소비자금융기법으로 도입되었다.

우리나라 신용카드 역사와 현황을 살펴보면, 1969년 7월 신세계 백화점이 삼성그룹 관계회사 임직원을 상대로 자사카드를 발급한 것이 우리나라 신용카드의 시초이며, 이후 유통업체들이 고정고객 확보와 판매촉진을 위한 소매점 카드 용도로 발행했다. 1978년 다양한 가맹점을 갖춘 전문 신용카드 회사인 코리안 익스프레스 카드가 국내에 처음 등장했고, 외환은행이 Visa International에 가입하면서 국내 최초의 신용카드인 외환 VISA카드를 발급했다. 1980년 국민은행이 카드영업을 개시하고, 1982년 조흥은행 등 5개 은행이 공동 출자해 은행신용카드협회(BC카드)를 설립하면서 은행권을 중심으로 카드영업이 본격화되었다. 그 이후 국민은행(1980년), 비씨 카드사(1982년)에서 카드를 발행하면서 본격적인 신용카드 시대가 열렸다.

카드산업이 본격적으로 성장하게 된 것은 1987년 '신용카드업법'이 제정되어 은행에서 자회사의 형태로 카드사가 분리하게 되면서부터이다. 이때 LG카드(1987년), 국민카드(1987년), 외환카드(1988년), 삼성카드(1988년) 등 전문 카드사가 설립되었고, 이때부터 카드가 은행계 카드와 전문기업 카드로 분류되었다. 즉 은행에서 카드영업부문을 분리해 국민카드 및 외환카드 등 카드 자회사를 설립하면서 은행계 카드사가 나타나게 된다. 이 시기부터 은행 중심의 신용카드 운영 시대를 마감하고 전문계 카드사와 은행계 카드사의 양자구도를 이루면서 신용카드 결제 인프라의 확충이 본격화되었다.

신용카드 산업이 발달한 미국 등 선진국가의 연구결과에 따르면, 일반적으로 신용카드업의 특징을 다음과 같이 정리하였다. 첫째, 신용카드업은 시장에서 지급결제 서비스를 효율적으로 제공하기 위한 각종 인프라 설치와 우수한 정보기술(IT) 등 거액의 인프라 투자를 필요로 하는 장치산업이다. 따라서 정보 시스템 등 네트워크와 사업의 노하우를 갖추면 규모의 경제(Economies of Scale)가 적용될 수 있는 대표적인 산업이다. 둘째, 신용카드업은 가격 비탄력적(Price Inelastic)인 시장구조를 갖고 있다. 즉 신용카드 이용자들은 신용카드 서비스가격에 대해 민감도가 떨어지는 가격 비탄력적인 행태를 보이는 경향이 있다. 그 이유는 신용카드 고객이 신용카드사를 선택하는 탐색 비용이 높고, 신용카드사를 바꾸는 데 따르는 교환비용이 크기 때문이다. 그리고 신용카드를 이용하는 주 고객이 대체로 신용도가 낮고 위험이 높은 계층이기 때문에 신용도가 우량한 고객보다 비교적 높은 대출금리에도 상대적으로 민감도가 낮다. 또 신용카드 회원과 가맹점에 대해 부과하는 수수료(서비스가격)는 서로 독립적으로 결정되기보다는 상호 보완적으로 결정되는 경향이 있다. 이에 따라 회원에 대한 리볼빙 수수료(금리) 수입 비중이 큰 미국의 은행 계카드사들은 가맹점 수수료 의존율이 낮은 편이지만, 리볼빙 업무에 크게 의존하지 않는 미국의 아메리칸 익스프레스나 일본 및 국내 신용카드사들의 경우 가맹점 수수료에 대한 의존도가 비교적 높은 편이다.

셋째, 신용카드 업은 기술적 발전의 속도가 매우 빨라서 개인 소비지출의 신용결제 중 신용카드결제로 대체해 가는 비중이 급속히 증가되었다. 소비자 신용거래를 광범위하게 네트워크화해 그 사용범위가 급속히 확대되고, 신용카드 자체의 개념이 전자화폐로 확대되는 추세이다.

4.4 인터넷 뱅킹

지금은 인터넷 컨텐츠가 많아서 다양한 용도로 인터넷을 사용하지만, 처음에 사람들로 하여금 인터넷을 많이 쓰게 한 원인은 인터넷 뱅킹과 인터넷 증권 트레이딩이었다.

우리나라에서 인터넷 뱅킹의 시작도 빠르고 비교적 빨리 다수의 사람들이 많이 사용하게 되면서 일반인들이 인터넷으로 금융활동을 하는 계기를 마련했다. 우리나라는 인터넷 보안 제품 등이 1997년도부터 판매가 되면서 1999년도에 최초로 인터넷 뱅킹 서비스가 시작되었다. 국민은행, 신한은행이 1999년부터 인터넷 뱅킹을 시작했다. 이후 1998년 초고속 인터넷이 등장하면서 인터넷 쇼핑몰이 크게 성장했다. 인터넷에서 쇼핑몰을 운영하기 위해서는 금융 인프라가 필요했기 때문에 전자지불 결제의 필요성이 등장했다. 1996년 데이콤은 미국의 사이버캐쉬라는 회사와 조인트 벤처를 설립해서 해외 프로그램을 들여올 계획을 가지고 있었으나 사이버캐쉬와 데이콤의 계약이 진행되지 않았다. 국내에 자체적으로 개발한 전자지불 시스템은 1996년 11월에 "데이콤 페이 1.0"이라는 이름으로 서비스를 먼저 개시하게 되었다. 또 다른 전자지불 서비스를 개발하던 경쟁사 중 가장 큰 회사는 KICC라는 신용카드 VAN(결제대행) 사업자였다. 오프라인 신용카드 결제 회사였기 때문에 온라인 결제에도 관심이 있어서 개발을 진행했고, 또 하나는 삼보컴퓨터의 자회사였던 메타랜드였다. 메타랜드는 자기 자신이 쇼핑몰도 운영하면서 다른 쇼핑몰들과 함께 전자지불도 개발을 진행하였다.

전자결제의 핵심은 암호기술인데, 미국의 암호제품은 수출금지법 때문에 개방이 되지 않았다. 그래서 국내 자체 기술 개발로 암호 인증과 보안을 개발하여 이용하였다. 1997년도에 설립된 이니텍이 성장하게 된 배경이었다. 이니텍은 급속도록 성장하여 2001년인 벤처붐이 활성화되었을 때 코스닥에 상장하면서 시장에 많은 벤처 1세대의 성장이라는 영향을 제공하였다.

다행이 국민은행, 신한은행이 1999년부터 인터넷 뱅킹을 시작했다. 인터넷 뱅킹은 처음부터 공개키 암호기술을 기반으로 하는 보안시스템을 탑재해 시작했다. 국내에서 인터넷 뱅킹의 활용이 보편화되면서 일반인들이 인터넷으로 금융활동을 하는 계기를 마련했다. 이는 보안시스템을 개발하던 회사들에게도 도움이 되었다. 1999년에 인터넷 뱅킹 서비스를 시작 후 보안 제품은 1997, 1998년부터 판매되기 시작한 것이다.

4.5 모바일 결제

PC에서 하는 모든 결제방식을 휴대전화인 모바일에서 구현이 가능하면 모바일 결제라고 한다. 결제수단과 방식측면에서 전혀 달라지는게 없다. 초기에는 PC에서 구현했던 결제 환경을 모바일에서 동일하게 구현하였다. 그래서 작은 화면에 플러그인을 통해 구현하는 방식으로 다양한 플러그인 설치로 소비자의 이용이 불편하게 되어 초기 시장에서는 소비자의 외면을 받았다.

모바일 결제는 비스 방식에 따라 다양한 종류가 있다. 모바일 결제 방식에는 NFC(근거리 무선통신방식), 비NFC 결제 방식이 존재한다. 비

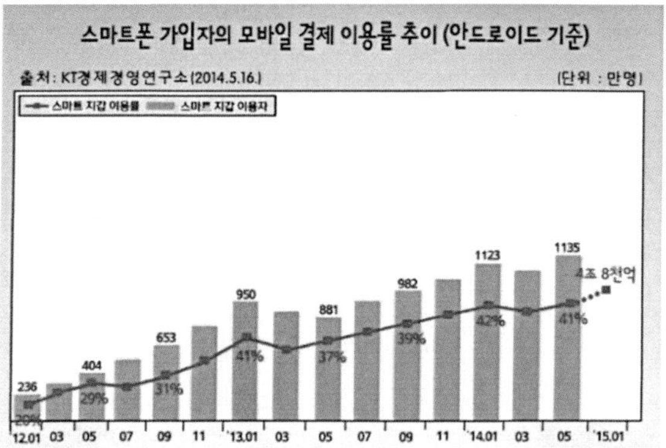

[그림 1-7] 스마트폰 가입자의 모바일 결제 이용률 추이(안드로이드)

NFC 결제 방식은 앱카드, 바코드, QR코드를 이용하는 방식 등이 있다. 국내의 경우 NFC를 제일 잘하는 곳이 모바일 T-money이다. 사람들이 지하철을 타거나 버스를 탈 때 신용카드 대신 모바일 T-money를 사용하여 결제하거나 편의점 등에서 사용이 가능하다.

대부분 소비자들이 모바일 결제 서비스에서 원하는 것은 자기가 신용카드를 들고 다니지 않고 스마트폰으로 결제하기를 원하는 경우여서 등장한 것이 QRCode와 바코드 방식의 앱을 서비스이다. 이 경우에 설치된 휴대전화 앱에 신용카드 정보를 저장한다. 결제시 신용카드 정보를 바코드 또는 QRCode로 표시를 해 준다. 이 방식을 채택한 가맹점에서 바코드 또는 QRCode를 인식하면 결제가 이루어진다. 이 결제 방식의 한계는 거래를 이용할 수 있는 가맹점수가 적다는 것이다.

다른 방식으로는 앱카드가 있으며 신한카드, 롯데카드, 삼성카드, 현대카드 등 국내 카드사 6곳이 모바일 기기에서 결제를 최적화할 수 있는 앱카드를 제시하였다. 각 카드사에서 정보를 내려 받아 설치를 한 후 신용카드 정보를 등록하고 이 카드를 불러오기 위한 비밀번호를 설정한다. 기존 방식은 쇼핑몰에서 물건을 구매 후 공인인증서를 불러와야 했지만 이 경우는 앱카드를 자동 실행 후 결제 버튼을 누르면 결제가 완료된다. 이 두 가지의 경우 소비자는 기본적으로 신용카드와 모바일 신용카드 두 개가 생성되는 형태이다 그러나 현실은 쇼핑센터에서 물건을 구매 후 휴대전화를 만지작거리며 클릭하고 있는 것은 쉽지 않은 일이다.

카카오페이도 앱카드와 비슷한 형태로 LG CNS에서 존재하는 M Pay서비스를 이용하여 만든 방식이다. 휴대전화에 카카오페이를 등록하고 신용카드 정보를 등록한 후 비밀번호를 설정한다. 카카오픽 즉 카카오에서 운영하는 쇼핑몰에서 이용하기 편리한 툴이다.

해외 결제 서비스와 국내 결제 서비스의 가장 큰 차이는 공인인증서의 사용 유무이다. 2015년 5월에 국내에서 30만원 이상의 경우에도 공인인증서 없이도 결제될 수 있도록 허가하였다. 현재 제도적 측면에서 보면 공인인증서 유무와 상관이 없다. 그러나 일반 은행들이 보안 사고를 우려하기 때문에 공인인증서를 보유하면서 추가적인 인증수단을 제공하고 있다.

애플페이의 경우는 서비스 과정이 매우 간단하다. 애플페이는 스마트인식 기능에 지문인식, NFC를 탑재하였다. 애플페이는 전세계 시장 카드 구매량의 약 83%를 차지하는 Bank of America, 시티은행, 캐피탈온뱅크, 체이, Wells Fargo 뿐만 아니라 비자, 마스터, 아메리칸 익스프레스 등의 참여를 이끌어 내었다. 애플페이는 전 세계에서 지원하는 은행, 카드 사등 거의 모두 연동되어있는 셈이다.

애플페이의 이용 방법은 매장 단말기에 스마트폰을 가져다 대고 자동으로 휴대전화에 카드가 팝업을 등장하고 그리고 지문 인식을 하면 된다. 미국 정부는 2015년까지 강화된 포스기기로 변경하도록 지침을 내렸다. 따라서 NFC 등 기능을 내장하는 최신 포스기기 덕분에 애플페이는 시장의 많은 기대효과를 가지고 있다.

과거에 구글 월렛이 시장에 나왔을 때 안드로이드 폰을 해킹한 후 비밀번호를 탈취하는 사고로 구글 월렛 서비스를 중단한 적이 있었다. 따라서 애플의 경우 신용카드 정보를 사용할 때마다 일회성 새로운 코드로 생성하여 전송하는 방식을 택하여 보안을 강화하였다.

4.6 전자지갑

전자지갑은 근거리 무선 통신 시스템(NFC)을 휴대전화에 탑재하고 가맹점이나 금융기관 등에서 비접촉 방식으로 실제 신용카드처럼 사용할 수 있는 모바일 지불결제 서비스로 여러 신용카드를 통합 저장해 전자상거래시 사용할 수 있는 시스템이다. 편의점이나 빵집에서 사람들이 지갑대신 스마트폰으로 물건 값을 결제하는 모습을 본 적이 있을 것이다. 이게 '전자지갑'이라고 하는 새로운 결제 시스템이다. 전자지갑이란 쉽게 말해 스마트폰에 모바일 신용카드 · 멤버십카드 · 쿠폰 · 전자화폐 등을 담아두고 결제 · 관리하는 전자 지불 시스템이다. 각종 카드 · 쿠폰의 기능을 디지털화(化)해 스마트폰에 탑재시킨 것이다.

전자지갑의 가장 큰 장점은 각종 결제를 관리가 편리하다는 점이다. 전자지갑이 결제는 물론 쿠폰, 포인트 적립, 할인 혜택까지 알아

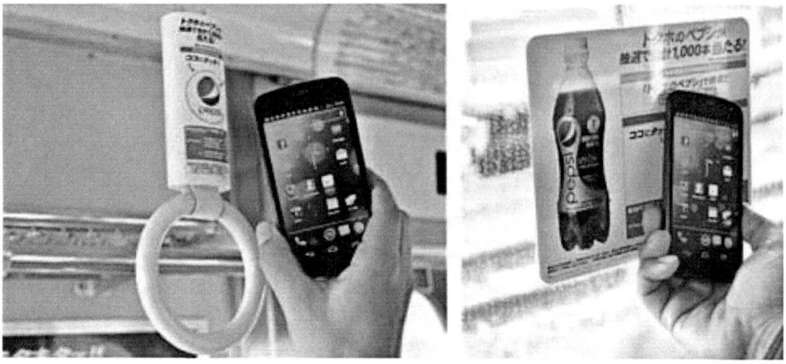

[그림 1-8] 코카콜라 NFC 적용 사례

서 처리해 주기 때문이다.

한 여성이 커피를 주문하면서 매장 직원에게 현금 대신 스마트폰을 제시한다. 직원이 전자지갑에 등록한 모바일 카드를 인식시키자 휴대전화 화면에 커피 값 4,500원, 쿠폰할인 1,000원이 표시된다. 여성은 이를 적용받아 3,500원을 결제하고 커피를 받아간다. 이 여성은 전자지갑 덕에 따로 쿠폰을 관리하지 않고도 할인혜택을 받을 수 있었던 것이다. 적립 · 할인 혜택을 받기 위해 카드를 따로 챙겨 다녀야 하는 불편도 줄어든다. 또 전자지갑을 활용하면 지갑을 집에 두고 왔더라도 스마트폰만 있으면 물건을 살 수 있고, 지갑을 두툼하게 만들던 각종 플라스틱 카드 등을 정리할 수 있는 등 장점이 여러 가지가 있다. 이런 편리함 때문에 가입자는 점점 늘어나고 있다. 2014년 SK 플래닛의 전자지갑 '스마트 월렛'은 이용자 수가 1000만 명을 돌파했고, 모바일 결제 시장 규모는 2조 8000억 원이다.

실제 기업 입장에서도 전자지갑은 매력적인 상품으로 멤버십이나 쿠폰을 어느 장소에서 얼마나 쓰는지 파악할 수 있어 개인 맞춤형

전자지갑 선점하라 ··· 통신·금융·유통업 무한경쟁 자료: 각 사

회사	상품	장점 및 특징
SK플래닛	스마트월렛	가입자, 제휴 업체수 최다
KT	모카	QR코드·NFC·바코드 등 다양한 결제방식 지원
LG유플러스	스마트월렛	각종 멤버십, 쿠폰, 티켓 제공
하나은행	하나N월렛	개인 간 충전금액 송금 기능
신한카드	스마트월렛	현재 위치에서 이용 가능한 가맹점, 할인쿠폰 정보 제공
신세계백화점	S-월렛	신세계백화점 결제와 포인트 적립 등을 동시에 관리
삼성전자	삼성월렛	한 번의 패스워드 인증을 통해 편리하게 결제

모바일 카드는 '유심 VS 앱' 표준 대결 자료: 여신금융협회

모바일카드 구분	유심(USIM)형	앱형
대표 카드사	하나SK, 비씨	신한, 삼성, 현대, KB국민
등록 절차	모바일카드 신청 후 유심에 저장	기존 신용카드를 앱에 등록
결제방식	단말기 접촉으로 결제	앱 실행한 뒤 결제 비밀번호 입력
사용 가능한 휴대전화	NFC기능이 있는 휴대전화(아이폰 불가)	모든 스마트폰
사용 인프라	'동글' (NFC 전용 단말기) 설치	바코드 리더기 설치

[그림 1-9] 전자지갑 거래

마케팅이 가능하고, 계열사 연계 영업 등 시너지 효과도 크다. 따라서 통신 · 금융 · 보안산업 등과 융합되어 다양한 서비스가 창출될 것이다.

전자지갑을 얘기하다 보면 빼놓을 수 없는 것으로 '바늘과 실' 같은 존재가 '모바일 신용카드'이다. 스마트폰으로 결제하는 시스템을 어떤 사람은 '전자지갑', 또 다른 사람은 '모바일 신용카드'라고 해서 구분이 어렵다. '모바일 신용카드'는 '전자지갑'의 핵심인 결제기능을 담당하는 도구이다. 예를 들면 가죽지갑에 어떤 신용카드를 넣고 다니느냐 고민하는 것처럼 전자지갑에 어떤 모바일 카드를 탑재하느냐와 같은 원리인 것이다. 모바일 카드는 크게 근거리 무선통신(NFC) 기반의 '유심(USIM)형'과 바코드 중심의 '애플리케이션(앱)형'으로 나뉜다. 유심형은 카드 정보를 스마트폰에 있는 유심칩에 저장하는 방식이다. 스마트폰을 결제 단말기에 접촉하기만 하면 결제가 이뤄지고, 스마트폰 전원이 나간 상태에서도 이용이 가능하지만 아이폰은 사용할

수 없고, 가맹점에 결제 단말기인 '동글'이 설치돼 있어야 한다는 게 단점이다.

앱형은 신용카드 정보를 바코드 · QR코드 등으로 변환해 결제하는 방식으로 보유중이던 기존 카드를 앱에 등록시키기만 하면 사용이 가능하다. 모든 스마트폰에서 이용 가능하고 유심형보다 결제 가맹점이 많다. 그러나 결제할 때마다 앱을 실행시키고 일회용 카드번호를 입력하거나 새 결제용 바코드를 생성해야 하는 등의 번거로움이 있다. 그 대표적인 사례가 현대카드 앱카드(간편결제)이다. 온라인에서 결제하는 가장 편리한 방법으로 현대카드 앱카드(간편결제) 현대카드 회원이 스마트폰에 앱을 설치하고 보유한 카드정보를 등록해두면 복잡한 카드정보 입력없이 온라인 결제가 가능한 신규 결제 서비스이다. 앱카드(간편결제)의 장점은 첫째 편리성이다. 복잡한 절차(카드번호, CVV, 아이디 등 입력) 없이 앱카드(간편결제) 비밀번호 6자리 입력만으로 간편하게 결제 가능하고 실물카드 없이 스마트폰 앱 구동으로 결제 가능하다는 것이다. 둘째, 보안성 확보이다. 스마트폰 내 신용카드 정보를 저장하지 않아 보안성 우수하고 오프라인 가맹점에서 매 거래시 일회용 카드번호(One Time Card number)를 생성하여 사용하기 때문에 카드번호 유출 가능성 없다. 셋째, 차별성이다. 온라인 쇼핑시 앱카드(간편결제) 비밀번호 6자리 또는 QR코드(숫자코드) 만으로 빠르게 쇼핑을 완료할 수 있다. 앱카드(간편결제)로 결제하는 방법은 모바일쇼핑의 경우 앱카드(간편결제) 비밀번호 6자리 입력만으로 결제완료한다. PC쇼핑의 경우는 QR코드 스캔 또는 숫자코드 입력 후 앱카드(간편결제) 비밀번호 6자리 입력만으로 결제완료가 가능하다. 오프라인 가맹점을 이용하는 경우는 앱 실행하여 앱카드(간편결제) 비밀번호 6자리 입력한 후 결제수단을 선택(바코드/QR코드/NFC)한다.

국내 모바일 카드 시장은 하나SK · BC카드가 유심형을 먼저 선보인 가운데 후발 주자인 신한 · 삼성 · 현대 · KB국민카드 등이 공동으로 앱형을 개발했다. 유심형 영역은 통신사 계열, 앱형 영역은 비통신사 계열로 구분된다. 하나SK카드는 SK텔레콤 계열, BC카드는 KT계열로 이들 카드사는 통신사의 축적된 NFC기술을 모바일 카드와 연계하고 있다. 전자지갑이나 모바일 카드 사용에 따른 효과는 매우 다양하다. 소비자의 경우 카드 사용 및 관리가 손쉬울 뿐 아니라 카드를 쓰지 않아 적립이나 할인 혜택을 받지 못하는 경우가 줄어든다. 서비스 제공자는 스마트폰을 활용한 실시간 마케팅이 가능하고, 장당 평균 200원 정도인 플라스틱카드 발급 비용도 절약할 수 있으며 한해 발급된 신용 · 체크카드를 모두 모바일카드로 바꿨다고 가정하면 약 400억원의 비용을 줄일 수 있다.

<출처: 구글 이미지>

[그림 1-10] 전자지갑 거래

출처: http://blog.whois.co.kr/483

4.7 암호학의 관심거리 전자화폐

전자화폐란 범용성 선불카드로서 전자적인 매체(컴퓨터, IC카드, Network 등)에 화폐적 가치를 저장한 후 물품 및 서비스 구매시 활용하는 결제 수단이다. 전자화폐는 컴퓨터 네트워크, 인터넷, 디지털 선불카드 시스템에서 통용되고 전자송금, 지로, 디지털 금 통화, 가상화폐는 전자화폐의 일종으로 볼 수 있다.

전자화폐(이머니, 전자캐시, 전자통화, 디지털화폐, 디지털캐시, 사이버화폐, 가상화폐, 가상캐시)는 전자적으로만 교환되는 돈이나 증서이다. 보통 컴퓨터 네트워크, 인터넷, 디지털 선불카드 시스템에서 통용된다. 전자송금, 지로, 디지털통화, 가상화폐는 전자화폐의 실례다. 또한 전자화폐는 관련된 금융 암호학과 기술을 집합적으로 나타낸다.

국내 전자화폐는 대부분 앞서 언급한 IC카드형 · 폐쇄형 전자화폐이다. 따라서 다수의 인터넷 업체가 네트워크형 · 폐쇄형 전자화폐로 인터넷상의 소액결제 수단을 제시하였다. 신용 · 직불카드와의 차이에 대해 살펴보면, 신용 · 직불카드는 은행의 결제계좌를 통한 자금이체 방식인 반면 전자화폐는 매체나 네트워크상에 저장된 가치로 결제하는 방식이다. 상품권과의 차이는 상품권은 대부분 가치 저장이 일회성이고 용도가 제한적인데 반해 전자화폐는 재충전이 가능하고 범용성을 가진다. 수표와 비교를 해보면, 지급매체에 가치가 부여된다는 점에서 공통적이나 수표는 전자적 매체를 이용하지 않고 발행인이 지급인에게 지급을 위탁하는 후불식 결제 수단이다.

홍콩의 옥토퍼스 카드 시스템은 드문 성공사례인데, 교통 지불 시스템으로 시작해서 널리 사용되는 전자화폐가 되었다. 런던 트랜스포트의 오이스터 카드 시스템은 비접촉 선불 여행 카드로 남아 있다. 싱가포르도 공공 교통 체계에 펠리카(FeliCa)와 같은 형식 시트템 기반의 전자화폐를 사용한다. 네덜란드는 국가 차원의 범용적 목적의 칩크닙(Chipknip)이란 것과, 오베칩카르트(OV-Chipkaart)라는 운송 요금 징수

표 1-1 | 전자화폐와 유사결제 수단 비교

구분	전자화폐	신용카드	직불카드	상품권	수표
사용 공간	온라인, 오프라인		오프라인		
가치 저장	가능	불가능	불가능	가능	불가능
가치 부여	가능	불가능	불가능	가능	가능
가치 이전	불가능	불가능	불가능	가능	가능
결제 방법	선불	후불	직불	선불	후불
범용성	일부사용	가능	가능	불가능	가능
반복 사용	가능	가능	가능	불가능	불가능

목적의 전자화폐를 사용한다. 벨기에에서는 60개 벨기에 은행이 소유한 프로톤이라는 회사에서 발행하는 선불카드가 1995년에 개발되었다. 많은 수의 전자화폐가 쉽고 정확하게 지불하기 위해 비접촉 지불 시스템을 사용하고 있다.

4.8 가상화폐

기술 발달로 인해 지속적으로 전자화폐와 다른 디지털 방식의 화폐의 시도가 있었지만 2000년대 중반까지 시장에 두각을 나타내지 못하고 대부분이 시장진입에 성공하지 못하였다. 그러나 2000년 후반에 일부 디지털 화폐들이 시장진입에 성공하면서 가상화폐로서 관심을 이끌고 있다.

가상화폐의 개념에 대해 살펴보면, 유럽중앙은행(ECB : European Central Bank)에 따르면 가상화폐는 온라인 커뮤니티와 같은 가상세계에서 이용되고 가상화폐 발행기관이 관리하는 디지털화폐의 한 유형으로 법적규제가 거의 없는 화폐이다. 따라서 가상화폐는 강제적 통용성이 없다는 점에서 민간화폐로 인식되고 실물이 존재하지 않는다는 측면에서 디지털화폐로 취급되고 있다. 민간화폐는 공식적인 화폐로 인정되지는 않지만 현실 세계에서 유통 및 지불 수단으로서 기능한다는 점에서 넓은 의미로서 화폐에 포함될 수 있다.

표 1-2 | 물리적 형태와 법적지위에 따른 화폐의 분류

구분		물리적 형태	
		실 물	디지털
법적 지위	법화(法貨)	은행권, 주화	전자화폐(K–CASH*)
	예금 화폐	수표, 어음	전자수표, 전자어음
	민간 화폐	상품권, 지역화폐	가상화폐

출처 : 국내 가상화폐의 유형별 현황 및 향후 전망, 현대경제연구원, 2014

가상화폐의 특징을 전자화폐와 비교를 통하여 설명하고자 한다. 전자화폐와 가상화폐의 공통점은 첫째, 온라인을 통해 사용할 수 있고 둘째, 온라인 거래를 이용함에 따라 사이버 범죄에 취약하고 셋째, 시장 수요에 따라 존폐가 결정된다.

표 1-3 | 전자화폐와 가상화폐의 차이점

구분	전자화폐	가상화폐
적용법규(법적기반)	존재함	없음
발행허가	필요	불필요
계산단위	법정화폐	가상화폐
화폐공급	안정적	불안정적
자금보호	보호 가능	보호안됨
위험요소	운영리스크	법률, 신용, 운영리스크 등

가상화폐는 전자화폐와 다음과 같은 차이가 있다. 첫째, 가상화폐는 발행, 유통, 가치보장 등에 관한 법적 기반이 충분히 갖추어져 있지 않은 반면 전자화폐는 관련 법규에 따라 정부의 엄격한 감시와 감독을 받는다. 가상화폐는 사전 허가 없이 단지 등록만으로 발행할 수 있지만 전자화폐는 법에서 정한 기준을 충족하고 정부의 허가를 받아야 발행할 수 있다. 전자화폐는 가맹점수, 자본규모 등 엄격한 기준을 충족시켜야 하므로, 전자화폐는 가치가 안정되고, 발행 기관에 대한 신뢰가 상당히 높지만 가상화폐는 그렇지 못하다.

둘째, 가상화폐는 화폐가치를 법정화폐가 아닌 가상화폐의 단위로 표시하는 반면 전자화폐는 화폐가치를 법정화폐로 표시한다. 예를 들어 가상화폐인 Bitcoin과 Linden Dollar(이하 'L$')는 화폐가치를 BTC와 L$로 표시하지만 전자화폐는 화폐가치를 이용하는 국가의 법정통화로 표시한다. 예를 들어 우리나라의 전자화폐인 K-CASH는 법정통화인 원화를 이용하여 화폐가치를 나타낸다. 따라서 전자화폐의 가치는 쉽게 파악할 수 있지만 가상화폐의 가치는 가상화폐와 법정화폐간 환율로 환산하여야 알 수 있다.

셋째, 가상화폐는 법률 · 신용 · 운영 등과 관련된 다양한 리스크에 직면하지만 전자화폐는 주로 운영 리스크에 국한되어 노출되어 있다. 가상화폐는 법적 기반이 갖추어지지 않아 법률 리스크가 상당히 크다. 일반적으로 이용자는 가상화폐 발행기관의 낮은 신뢰도로 인한 신용 리스크와 시스템 장애 등으로 서비스가 중단될 수 있는 운영 위험에 직면하고 있다. 이에 반해 전자화폐는 공고한 법적 기반을 갖추고 있고 발행기관의 신뢰도가 높아 법률 및 신용 리스크가 상당히 낮다. 그러나 사이버 테러나 시스템 장애 등으로 인하여 서비스가 중단 또는 지연되는 운영위험에 직면할 수 있다.

4.9 제3의 통화 비트코인

대표적인 가상 화폐를 꼽는다면 비트코인(Bitcoin)을 빼놓을 수 없을 듯하다. 영국 타임스는 '추상적인 관점에서 비트코인은 가장 완벽한 돈'이라고 평가했고, 독일정부를 비롯해 국가적으로 비트코인을 화폐나 금융상품으로 공식인정하는 곳들도 속속 등장했다. 미국 연방준비은행 벤 버냉키 의장역시 비트코인을 긍정적으로 인정하는 발언을 했다. 비트코인의 가치가 빠르게 오르며 관심의 대상이 되기도 했다. 그렇다면 비트코인이 뭘까? Bitcoin은 현재 가장 주목받고 있는 양방향 가상화폐로서 2009년 도입되어 빠르게 시장에서 주목을 받고 있는 디지털 통화이다. Bitcoin은 2009년 일본의 소프트웨어 엔지니어이자 수학자인 나카모토 사토시(Nakamoto Satoshi)가 개발한 것으로 알려져 있다.[7] 2009년에 'Bitcoin: A peer-to-peer electronic cash system'이라는 보고서를 통하여 금융기관 개입 없이 개인 간에 직접 자금을 주고받을 수 있는 가상화폐 개념을 제시하였으며 암호 통화(Cryptocurrency)인 b-money[8]의 개념에 기반하고 있다. 흔히 디지털 가상화폐라고 하는데, 기존의 가상화폐와는 달리 발행하는 곳이 따로 존재하지 않는다는 것이 가장 큰 차이이다.

현재 비트코인을 얻는 방법은 두 가지다. 첫째, 고성능 컴퓨터를

7) 나카모토 사토시는 실명이 아닌 가명으로 정확한 개발자는 알려져 있지 않다.

8) 1998년 암호학자인 웨이다이(Weidai)가 구상한 원리이다.

돌려 복잡한 수학 연산 문제를 풀어 비트코인을 얻는 것이다. 이를 인터넷 용어로 '발굴'이라고 한다. 둘째, 상거래를 통해 비트코인을 구입하는 방법이 있다. 비트코인은 2140년까지 2,100만 비트코인으로 발행량이 제한돼 있어서 기존 화폐의 가장 큰 약점인 인플레이션이 일어날 가능성이 이론적으로 없다. 게다가 강력한 암호화 기반기술을 중심으로 설계가 돼 기술적으로 매우 안전하다는 장점이 있다. 그렇다면 우리가 사용하는 화폐의 총액은 얼마나 될까? 니알 퍼거슨에 따르면 2006년 전 세계에 존재하는 현금의 규모는 473조 달러 정도라고 한다. 아마도 현재는 500조 달러가 넘었을 것으로 추정된다. 만약 실제 전 세계에 유통되거나 보관된 동전과 지폐를 모두 모아보면 얼마나 될까? 따라서 비트코인 시스템은 기본적으로 특정 서버 혹은 네트워크에 의존하지 않는 P2P(Point-to-point) 네트워크에서 분산 데이터베이스 구조로 이루어져 있다. 일반통화는 각국의 중앙은행에서 발행하는 형태로 진행되고 있으나 비트코인의 통화생성원리와 발행방법은 시스템에 의해 이루어지고 있다. 비트코인 시스템을 구성하고 있는 컴퓨터는 해시(hash)라 불리는 특정한 조건을 만족시키는 패턴을 찾아내기 위해 경쟁하며 이를 가장 먼저 찾아낸 컴퓨터(노드)에게 비트코인이 생성된다. 새롭게 생성된 비트코인은 다른 노드의 인증과정을 거치면 이용이 가능하게 되고, 이 패턴을 찾아낼 수 있는 가능성은 컴퓨터의 연산능력에 비례하며, 비트코인을 획득한 컴퓨터는 그 대가로 생성한 비트코인에 대한 모든 거래기록을 관리하고 있다. 따라서 Bitcoin은 발행기관이 없으며 중앙통제 관리 형태가 아닌 암호시스템을 통하여 화폐를 발행하며, 네트워크를 통하여 개인 간(Peer-to-Peer, 이하 'P2P')에 화폐를 환전할 수 있어 금융기관과 같은 중계기관이 없다.

놀랍게도 불과 50조 달러 정도에 불과하다고 한다. 450조 달러가 넘는 돈이 단지 은행의 계좌에 표시만 되는 것들이다. 컴퓨터 스크린과 컴퓨터 서버에 가상적인 형태로 존재하고 있는 양이 전체 화폐의 90%인 셈이다. 달리 말해 90%의 화폐는 사실 비트코인과 큰 차이가 없다. 비트코인의 미래는 전 세계에서 얼마나 많은 사람들이 그 가치를 믿어주고 원하느냐에 달렸다. 개인적으로 현재의 비트코인의 상태는 짐바브웨나 동유럽 국가의 중앙화폐의 신뢰수준은 넘어섰다고 본다. 물론 달러나 금에 대한 믿음의 수준에는 아직 미치지 못한다. 하지만 단점을 보완하는 인터넷의 또 다른 혁명적인 변화가 될 가능성은 충분하다.[9)]

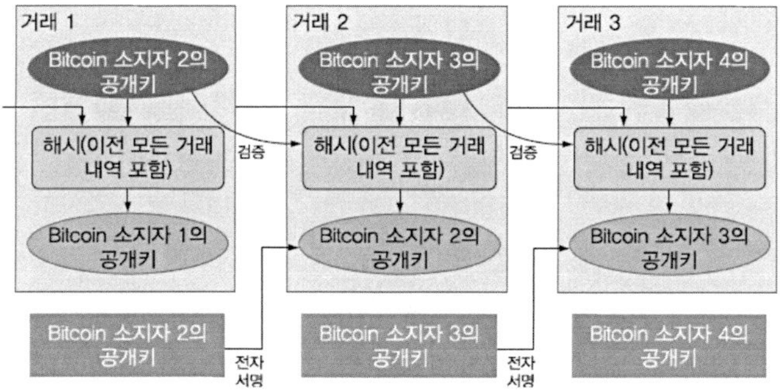

[그림 1-11] Bitcoin 거래 절차

출처 : Nakamoto Satosh(2009) 수정

Bitcoin은 디지털 비트로 되어 있기 때문에 복사나 위 · 변조되어 이중 이용(Double spending)될 수 있는 리스크가 존재한다. Bitcoin은 이중 이용에 대응하기 위하여 타임스탬프(Timestamp) 방식을 이용하고 있다.

---

9) 출처 : http://www.docdocdoc.co.kr/news/newsview.php?newscd=2014021200023

타임스탬프(Timestamp) 방식은 거래시점에 Bitcoin이 존재하고 있으며, 마지막 거래 이후에 Bitcoin의 거래정보를 저장한 블록체인이 변경되지 않았다는 것을 확인해 주는 원리로 작동된다. 따라서 타임스탬프를 이용하여 블록체인의 Bitcoin과 관련된 모든 거래 이력을 확인하고 문제가 없는 경우에만 Bitcoin거래를 승인한다. 그리고 거래가 승인되면 해시는 거래정보가 담긴 블록체인과 타임스탬프의 확인 내역을 저장하여 거래를 승인한다.

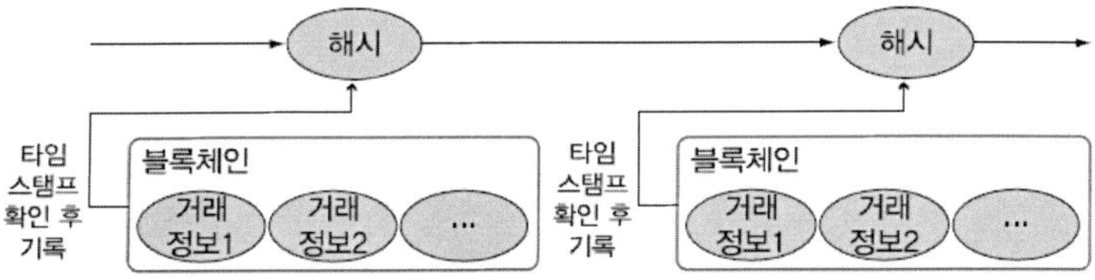

[그림 1-12] Bitcoin 타임스탬프

출처: Nakamoto Satosh(2009)

비트코인은 4년마다 새로운 통화 공급량이 줄어들어 궁극적으로는 통화량 증가가 중지되도록 설계되어 있으며 다음과 같은 특징을 가진다.

첫째, 2009년 도입 초기에는 10분당 50개, 2013년도는 10분당 25개의 속도로 비트코인이 생성되고 있으며 2140년에 총 2,100만개의 비트코인만이 유통되는 시점에서 통화량이 증가하여 중지하는 것으로 되어 있다. 따라서 비트코인과 관련된 경제 규모가 커짐에 따라 통화가치가 상승하게 되는 디플레이션이 발생하는 구조를 보유하고 있다. 그리고 사용자가 많아질수록 통화량 제한으로 유동성이 커지므로 초기에 생성한 비트코인을 8분의 1로 분할하여 사용할 수 있도록 설계되어, 이를 보유한 이는 사용자 확대를 통해 가치증가 수익을 통해 시장보급을 위한 촉진제 역할을 수행할 동기를 제공하고 있다.

둘째, 비트코인은 일반 통화처럼 거래소 개념에 기반으로 거래를 위해 인터넷 거래상에서 구매와 판매가 이루어지고 있다. 비트코인을 이용하는 이용자는 비트코인 주소라고 불리는 공개키를 획득한다. 획득된 비트코인 주소는 '지갑'이라 불리는 프로그램 혹은 비트코인 이용 서비스 제공 사이트에 저장되며, 이용자는 '지갑'에 접근하기 위해서 추가적인 인증과정을 수행해야 한다.

셋째, 인터넷을 통해 거래되는 가상화폐로서 익명성이 보장되고 있다. 따라서 부정적인 측면으로 금지된 약물 등 블랙머니 거래에 이용되는 부정적인 영향을 주었다.

넷째, 가장 중요한 점은 비트코인이 비정부 기관은 물론 단일 운영주체에 의존하지 않으므로 특정 국가와 무관한 통화 시스템의 가능성을 제시한 것이다. 따라서 통화 정책 및 운용상에서의 국가의 신용을 대신할만한 신용도가 존재하며 이를 기반으로 명목화폐가 등장할 경우 얼마든지 시장에서 통용될 가능성을 제시하고 있는 것이다.

비트코인의 시장 도입현황을 보면, 구글의 Bitcoin 지역별 검색 트렌드에 따르면 Bitcoin은 2013년 6월에 북미와 유럽 지역에서 다른 지역보다 높은 검색수준을 제공하고 있다. 일부 연구학자들은 이 원인을 미국 서브 프라임 사태와 유럽 재정위기 등으로 북미와 유럽의 법정화폐에 대한 신뢰가 약해지자 Bitcoin의 활용가치 가능성에 대한 관심이 증가하는 것에서 기인한다고 주장하였다. Bitcoin은 다양한 온라인 사이트에서 지급수단으로 이용되고 있으며, 일부 오프라인 상점에서는 실제 물품이나 서비스를 구매할 수 있는 환경이 조성되고 있다. 2010년도에 본격적으로 알려진 비트코인의 가치는 14센트 정도(미국 1달러 기준)이었으나 2011년 초반에는 1달러, 2011년 중반에는 27달러, 2013년 초반에는 100달러로 증가하면서 전체 시장이 10억불로 지속적으로 성장하고 있다.

표 1-4 | 비트코인의 가치 증가 현황

구분	2009	2010	2011	2012	2013
미국 1달러 기준	14 센트	50센트	27 USD	50 USD	100 USD

비트코인 가격은 지속적으로 변화하고 있어 해당년도 초반에 등장한 예상 평균치를 적용하였다. Bitcoin은 2013년에 발행 가격이 56배로 최대 1,000달러에 도달했다. 그 이후에 실크로드[10]라는 부정적인 거래에 사용되는 것으로 확인되어 일부 사용이 줄어들었다.

---

10) 실크로드는 비트코인을 쓰는 온라인 암시장을 일컫는 말이다.

제 2 장

[기술] 전자금융을 탄생시킨 기술들

제2장 [기술]
전자금융을 탄생시킨 기술들

1. 운동부족을 유발하는 전자금융

1.1 전자상거래 시장의 태동기

기억을 더듬어 보면 1996년 경에 인터파크가 서비스를 시작했을 즈음 인터넷에서 물건 구매 신청을 하고 나면 일단 은행으로 달려가서 구매대금을 입금해야 했다. 지금 생각하면 말도 안 되는 웃긴 이야기겠지만, 당시에는 직접 현장에서 물건을 보지 않고도 쇼핑을 할 수 있는 것만으로 좋았고, 편리하고 신속해서 새로운 경험이 주는 신기함까지 받았다.

1997년부터는 신한은행, 한미은행(현 시티은행) 등이 인터넷 뱅킹을 시작했다. IMF가 터져서 은행들이 비용을 절감하는 차원에서 더욱 가속화하고 기술과 편리성을 맛보면서 급속도로 시장이 발달했다. 시장 초기에는 인터넷으로 돈을 주고받는다니 무서워서 못쓰겠다는 사람들이 대다수였지만 이제는 몇십 조의 돈이 인터넷 뱅킹을 통해 움직이고 있다.

컴퓨터 환경에 익숙하지 않은 이들은 은행업무가 필요한 경우에는 직접 은행 지점을 찾아서 관련 서류를 작성하고 번호표를 뽑아서 기다려서 업무를 처리한다. 따라서 은행 업무를 위해서는 은행지점을 찾아가기 것이 필수요건이어서 기본적인 운동을 유발했다. 그러나 현재 컴퓨터에 익숙한 세대들은 어떠한가? 저자인 나도 은행지점에 방문하는 경우는 오프라인 통장을 변경하는 경우 등 아주 특별한 경우에 1년 중에 1~2번 정도이다.

인터넷뱅킹서비스 이용실적

(일평균 기준)

(천건, 십억원, %)

	2012				2013	2013
	1/4	2/4	3/4	4/4	1/4	2/4
이 용 건 수	45,232 (9.5)	44,245 (-2.2)	45,730 (3.4)	47,683 (4.3)	52,847 (10.8)	53,992 (2.2)
조회서비스	40,251 (10.8) <89.0>	39,065 (-2.9) <88.3>	40,421 (3.5) <88.4>	42,138 (4.2) <88.4>	47,201 (12.0) <89.3>	48,157 (2.0) <89.2>
자금이체	4,979 (-0.0) <11.0>	5,178 (4.0) <11.7>	5,308 (2.5) <11.6>	5,542 (4.4) <11.6>	5,644 (1.8) <10.7>	5,834 (3.4) <10.8>
대출신청1)	1.5 (-4.8) <0.0>	1.6 (4.8) <0.0>	1.7 (6.2) <0.0>	1.8 (10.5) <0.0>	2.1 (12.0) <0.0>	1.4 (-32.8) <0.0>
이 용 금 액	33,181.4 (0.5)	33,122.8 (-0.2)	33,182.9 (0.2)	33,467.5 (0.9)	33,080.4 (-1.2)	33,341.9 (0.8)
자금이체	33,172.7 (0.5)	33,112.4 (-0.2)	33,171.9 (0.2)	33,457.1 (0.9)	33,069.0 (-1.2)	33,329.6 (0.8)
대출신청1)	8.7 (-43.9)	10.4 (19.6)	11.0 (6.4)	10.4 (-5.7)	11.4 (9.6)	12.2 (7.4)

주 : 1) 전자외상매출채권담보대출, 기업구매자금대출 제외
2) 2012년 1/4분기 수치는 일부 은행의 이용실적 수정에 따라 이를 반영한 수치임
3) ( )내는 전분기대비 증감률, < >내는 전체 이용건수에서 차지하는 비중

[그림 2-1] 인터넷 뱅킹 서비스 이용실적

언제 어디서나 은행 업무를 PC 또는 모바일을 통해 지점에 방문하지 않고 쉽게 처리할 수 있어서 얼마나 편리한 세상인가? 따라서 편리성은 우리의 운동신경은 상대적으로 사용량을 줄이고 있다. 그리고 다람쥐처럼 어느 한편으로는 운동을 하기 위해 러닝머신 위를 달려야 하는 우리의 삶이 애처롭게 느껴지기도 한다.

1.2 세상 참 많이 좋아졌다.

일하는 직장인어서 개인적인 일로 움직이는 게 여유롭지 않다. 부동산 구매 등 움직여야 하는 업무가 발생하면 필자의 경우 개인 사

업을 하는 남편이 개인적인 업무 처리를 주로 맡아서 한다. 그러나 요즘은 업무로 인해 상대방을 만나는 경우가 줄어들고 있다. 부동산 소개소에서 화상채팅을 통해 연결해서 처리하고 또는 휴대전화 화상 통화를 해서 처리하고 있다. 항상 송금 등 관련 업무는 주로 내가 맡아서 한다. 집을 구매하기 위해서는 송금 등을 위해 여러 은행을 방문하기 위해 예전에는 회사에서 휴가를 내고 일을 처리해야 하는 상황이었다. 이제는 상대방 계좌만 알고 있으면 사무실에서 온라인 뱅킹과 모바일 뱅킹으로 실시간으로 처리하고, 처리된 내역이 상대방에게 문자 메시지 또는 카카오톡 메시지로 자동 전송되어 상대방도 실시간으로 확인을 할 수 있다. 따라서 은행에 가서 번호표를 뽑고 오랫동안 기다릴 필요 없이 타 은행 계좌 송금으로 수천원에 해당하는 수수료를 낸 필요도 없다. 그만큼 시간과 비용이 절약되고 있다. 이사를 후 집들이 하는 경우에도 방문 시 물건을 들고 오는 경우도 있지만 전화나 메신저로 주소를 알려달라고 한 후 지인들이 인터넷으로 쇼핑한 물품들인 화장지, 세제 등을 배송해 준다.

모바일의 발달은 팩스 사용량도 줄이고 있다. 증명자료 등 각종 자료는 예전에는 팩스로 보내기 때문에 집에 팩스를 보유하고 있지 않은 나는 항상 팩스를 찾으러 다녀야 하는 불편함이 있었고 팩스 송신 비용도 몇 백원에서 몇 천원까지 지불하곤 했다. 그러나 요즘은 어떠한가? 그저 휴대전화롤 찍어서 보내면 상대방이 언제든지 쉽게 확인하고 처리할 수 있다. 팩스로 송신했을 때 까맣게 되어 보이지 않던 것도 해결되고 화질 좋은 사진으로 선명하게 볼 수 있다. 단순히 정보를 전송하는 것에만 그치지 않고 이제는 각종 금융거래 시 처리 결과 후에 보내는 문자 서비스를 보면 타인이 나 몰래 거래되는 것을 방지할 뿐만 아니라 안심하고 거래됨을 확인할 수 있는 척도가 된다. 물론 이면에는 이런 시스템을 운영하고 관리하기 위해서 은행에서 많은 비용을 지출하고 있다.

이런 세상에 살고 있는 우리는 참 많이 편리해 졌다. 물론 이런 일들이 다음 세대인 우리 자녀들에게 당연한 일로 받아들여지고 있다.

1.3 운동부족

우리나라 직장인 10명 중 8명은 자신이 운동부족이라고 인식한다는 조사 결과가 나왔다. 취업포털 잡코리아(www.jobkorea.co.kr)에 따르면 '직장인 운동 상태'에 관한 설문조사에 따르면 남녀 직장인 758명을 대상으로 진행한 결과 전체 응답자의 85.6%가 '평소 운동부족을 느끼고 있는지'라는 질문에 '그렇다'고 답했다. 반면 '운동부족을 느끼지 않는다'고 답한 직장인은 14.4%에 불과했다.

조사에 응한 직장인들이 운동부족을 느낄 때는 '살이 쪘다고 생각했을 때'가 36.2%로 전체 질문 중 가장 높았고, '쉽게 피곤함을 느낄 때'가 25.9%로 그 뒤를 이었다. 이 외에도 몸이 예전 같지 않을 때(21.6%), 운동신경이 둔하다고 느낄 때(9.1%), 잔병치레가 늘었을 때(4.2%), 아침에 일어나기 힘들 때(2.5%) 등의 순이었다. 또한 '현재 하고 있는 운동이 있느냐'는 질문에 전체 응답자 중 41.4%가 '운동을 아예 하지 않는다'고 답했다. 충분한 운동을 하지 못하는 이유에 관해 묻자 '업무 과다로 운동할 시간이 부족하다'는 직장인이 전체 36.1% 비율로 가장 높았고, '단순한 게으름 때문에'가 33.9%로 두 번째로 높았다.

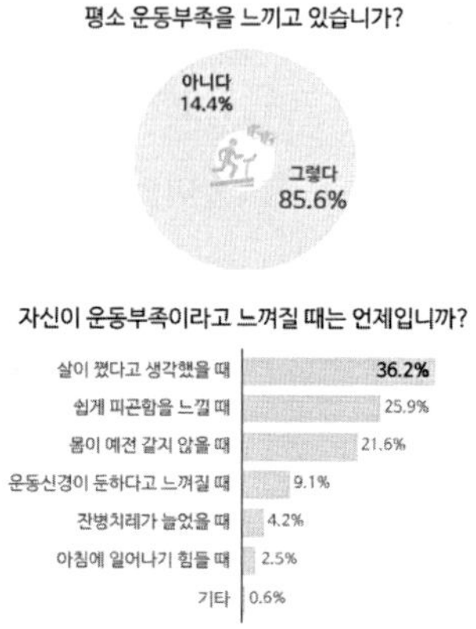

[그림 2-2] 운동부족에 관한 자료

출처: 잡코리아(www.jobkorea.co.kr)

우리는 본인의 의지에 따라 누구나 자유롭게 게으를 수 있는 세상을 살고 있다. 우리는 무능력과 게으름을 죄악으로 취급하는 현대사회에서 게으름에 대한 찬양은 이상한 이야기로 들릴 수 있다. 버트런드 러셀의 "게으름에 대한 찬양"이라는 책을 보면 우리가 더 많은 일을 해야 한다는 태도가 변하게 된 이유는 합리주의에만 있는 게 아니라 인공조명도 영향을 주었다고 한다. 이는 수많은 도시의 조명이 있어 현대 도시의 거리를 걸어보면 밤하늘의 별을 보기가 힘들다. 그의 주장 따르면 우리가 인공조명을 활용함으로써 생긴 일로 이젠 몇몇 과학자들만이 변함없이 별과 행성과 운석과 혜성들을 지켜볼 뿐이다.

우리의 일상 세계는 과거 그 어느 때보다 과학적 산물을 이용하고 있다. 이로 인해 얻은 것도 있지만 잃은 것도 많다. 안전한 자신의 영토 안에서 인간은 점점 더 사소해지고, 교만해지고, 약간씩 미쳐간다.

– 혜성의 비밀, 게으름에 대한 찬양_버트런드 러셀 –

이런 기술의 발달로 사는 우리는 언젠가부터 아날로그 감성을 그리워하고 지나친 디지털 세상으로부터 지쳐 있는 모습을 발견하곤 한다. 그러나 기술이 발전하고 삶의 편의성이 증가함에 따라 우리가 잃는 것도 있다. 그중의 하나가 운동량 부족이다. 일반적으로 많은 사람들이 하루에 정해져 있는 업무시간에는 특별히 신체활동을 할 수 없어 운동부족을 호소하는 경우도 많다.

건강하게 오래 사려고 갖가지 건강법이 등장하고 있다. 그런데도 건강에 관한 정답은 아직도 '풀고 있는 중'일 뿐이다. 어쩌면 영원히 풀리지 않을지도 모른다. 하지만 의학 분야의 연구개발로 건강문제의 원인은 많이 밝혀져 있으며 운동부족도 그 대표적 원인 가운데 하나이다. 운동부족은 수명을 단축시키고 또한 장수의 가장 큰 적이며, 가장 좋은 것은 걷는 것이라고 생각한다. 이를 통해 스트레스를 해소하고 근육을 강화시켜 체중을 줄일 수 있다. 따라서 운동, 즉 걷기는 인간이 오래살기 위한 필수 요소이다. 그리고 하루 30분 가벼운 운동은 필수다. 전문가들은 매주 5일 이상, 하루에 30분 이상 빨리 걷기나 4000 걸음 정도의 운동을 하면 건강을 유지하기 쉽다고 조언한다. 이를 위해 먼저 일상적인 보행속도로 매일 1,000 걸음씩 걷는 것을 권장한다. 또한 장소나 방법을 고집하지 않는 것도 중요하다. 편안한 일상생활 속에서 자유롭게 걷거나, 자전거를 타는 것이 가장 좋은 기초 운동법이다. 그리고 조금씩 운동 강도와 시간을 늘리면 좋다. 반드시 지켜야 할 점은 자신의 체력에 맞게 '적당히' 운동하는 것이다. '과하면 안 하는 것보다 못하다'라는 말에도 주의를 기울여야 한다. 물론 자동차의 발달이 인간의 운동부족에 가장 크게 기여했다고 주장할 수도 있다.

전자금융의 발달도 그에 못지않게 운동부족 유발에 기인하고 있다. 우리가 은행에 갈일도 점점 없어지고 예전에는 종이 통장을 사용하여 지속적으로 은행에 가야 하지만 이제는 아예 방문하는 은행이라는 지점이 없는 인터넷 은행이 등장했다. 이는 우리가 어쩔 수 없이 운동할 수 있는 기회를 박탈한 것이다.

1.4 전자금융

금융(金融)은 경제생활 중 은행, 증권 또는 보험업자가 시장 주체(예를 들어 예금자, 증권 투자자 또는 보험자 등)로부터 자금을 모집하고, 다른 시장 주체에 빌려주는 역할을 한다. 쉽게 설명하면 돈을 모아서 돈을 필요로 하는 이에게 연결해 주고 이에 따른 수수료를 받는 일이다. 이러한 서비스업에 종사하는 사람을 금융업자라고 하며, 금융과 관계된 학문 분야를 금융학문이라고 한다. 그리고 정부, 개인, 조직 등의 시장 주체가 자금모집을 통하여, 자금을 활용하여 생산하는 모든 자본유입을 모두 일컬어 금융이라고 한다. 따라서 금융업자뿐만 아니라 정부의 재정과 관계있는 기업의 행위, 개인의 재정 관리도 금융의 일부분이라 할 수 있다

1997년부터 등장한 인터넷 뱅킹을 기반으로 은행업무가 전자적으로 처리되기 시작했다. 1998년 IMF를 겪으면서 은행들이 생존을 위한 전략으로 은행 전산화 시스템 도입을 추진하기 시작했기 때문이다. 직접 매장에서 소비자를 응대하기 위해 사용되는 비용을 줄이는 차원으로 인터넷을 통한 서비스를 확대하였다. 초기에는 많은 사람들이 컴퓨터에 대한 사용부족과 돈을 인터넷으로 보낸다는 두려움이 있었지만 시간이 지날수록 컴퓨터의 보급이 증가하고 젊은 세

대들은 인터넷의 편리성과 적응력이 증가되어 점진적으로 사용자가 증가되어 오늘날에 이르고 있다. 이제는 PC 기반이라기 보다는 모바일 기반으로 이동하면서 은행 업무를 처리하는 환경에 살고 있다. 인터넷 뱅킹 시스템이 진화하여 전자금융 형태로 진행되었다. 즉 은행업무 등 금융 업무가 전자적으로 처리되어 진행되는 것으로 은행 업무 처리의 간편성과 시간 절약 및 처리의 신속성으로 우리 삶의 많은 변화를 제공했다.

이런 금융을 지점에서 대면하는 형태로 처리하는 경우와 인터넷 기반, 즉 비대면 형태로 처리하느냐에 따라 대면거래는 오프라인 거래로 설명하고 비대면 형태를 온라인 거래로 언급한다. 전자금융 거래는 온라인 거래를 기반으로 운영되고 있는 서비스들이다.

국내 전자금융 거래법에서는 전자금융 거래를 금융기관 또는 전자금융업자가 전자적 장치를 통하여 금융상품 및 서비스를 제공하고, 이용자가 금융기관 또는 전자금융업자의 종사자와 직접 대면하거나 의사소통을 하지 아니하고 자동화된 방식으로 이를 이용하는 거래로 정의하고 있다. 따라서 전자금융이란 은행, 증권회사 및 보험회사 등의 금융기관이 컴퓨터, 정보통신 기술 등을 활용하여 금융업무와 관련한 시스템을 전산화하고 금융상품 판매, 금융 서비스 채널 제공, 지급결제 등 금융업무 및 관련 업무를 전자적 방식에 의해 처리하는 것을 말한다.

전자금융과 유사하게 사용되고 있는 용어로는 Virtual Banking, Cyber Banking, Remote Banking 등이 있다. Virtual Banking 또는 Cyber Banking은 인터넷뿐만 아니라 전용선 등으로 금융기관에 접속하여 금융 거래를 수행하는 것으로 인터넷 뱅킹에 PC 기반으로 이루어지는 뱅킹을 포함시킨 개념이다. 또한 Remote Banking은 ATM, 전화, TV, 인터넷 등의 접근장치를 이용하여 금융기관 창구 외의 장소에서 금융 서비스를 이용하는 것으로 주로 직접적인 대면 거래가 아닌 비대면 거래 개념으로 사용되고 있다. 전자금융에 이용되고 있는 접근장치는 전화, 현금자동지급기(CD : Cash Dispenser), 현금자동 입 · 출금기(ATM : Automated Teller Machine) 등 전통적인 전자매체에서부터 PC, 휴대전화, 전자화폐 등을 통해 이루어지고 있다. 새로운 접근장치의 등장으로 전자상거래 대금의 지불, 무형의 콘텐츠 사용료 지불, 전자인증, 공과금의 전자고지 및 납부(EBPP : Electro-nic Bill Presentment & Payment), 개인 간 송금(P2P: Person-to-Person) 등 다양한 금융 서비스가 제공되고 있다.

2007년 재정된 전자금융 거래법에서 전자금융업을 6가지로 정의하여, 관련 업무에 대한 규제 및 감독기준을 마련하였는데 전자금융업은 다음과 같다.

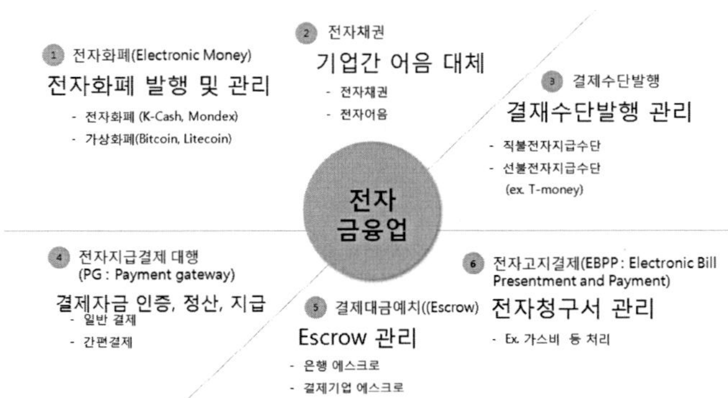

[그림 2-3] 전자금융업 분류

이 전자금융업의 종류별 개념에 대하여 살펴보면 첫째, 전자화폐란 범용성 선불카드로서 전자적인 매체(컴퓨터, IC카드, Network 등)에 화폐적 가치를 저장한 후 물품 및 서비스 구매시 활용하는 결제 수단이다. 신용카드와 직불카드는 은행의 결제계좌를 통한 자금이체 방식인 반면 전자화폐는 매체나 네트워크상에 저장된 가치로 결제하는 방식이다. 둘째, 전자채권이란 기업 간 상거래에서 사용되고 있는 어음의 위변조, 연쇄부도 등 종이 어음제도의 단점을 보완하기 위한 새로운 결제 수단으로 구매 기업이 B2B(Business to Business) 거래 등을 통한 물품구매대금을 지급하기 위해 판매 기업을 채권자로 지정하여 발행하는 지명채권이다. 셋째, 결제 수단(직불전자지급수단, 선불전자지급수단)의 발행 및 관리가 있다. 직불전자지급수단 발행 및 관리는 이용자와 가맹점 간에 전자적 방법에 따라 금융기관의 계좌에서 자금을 이체하는 등의 방법으로 재화 또는 용역의 제공과 그 대가의 지급을 동시에 이행할 수 있는 증표 또는 그 증표에 관한 정보를 발행하는 업무이다. 선불전자지급수단 발행 및 관리는 이전 가능한 금전적 가치가 전자적 방법으로 저장된 증표 또는 그 증표에 관한 정보를 발행하는 업무를 말한다. 선불전자지급수단의 발행 및 관리는 T-money, 선불카드 등 선불 지급수단을 발행 및 관리하는 것이다.

넷째, 전자지급결제대행(PG : Payment Gateway)은 인터넷 쇼핑몰 등 전자상거래 공급업체와 수요자 사이의 자금거래(신용카드 결제, 가상계좌 결제, 통신과금 서비스 등)를 중계하고 정산하는 서비스이다. 다섯째, 결제대금예치(Escrow)는 구매자에게 물품 등이 제대로 전달되었는지를 확인한 뒤 구매자로부터 받은 결제대금을 전자상거래 공급업체 등에 지급하는 서비스를 말한다. 여섯째, 전자고지결제는 물품 공급업자를 대행하여 수요자에게 전자고지서를 발부하고, 대금을 직접 수령하고 공급자에게 지급하는 서비스이다.

표 2-1 | 전자금융의 분류

<table>
<tr><th>구분</th><th colspan="2">내용</th><th>비고</th></tr>
<tr><td>전자화폐발행 및 관리</td><td colspan="2">이전 가능한 금전적 가치가 전자적 방법으로 저장된 증표 또는 그 증표에 관한 정보를 발행하는 업무</td><td>허가 대상</td></tr>
<tr><td>전자채권</td><td colspan="2">기업 간 상거래에서 사용되고 있는 어음의 위변조, 연쇄부도 등 어음제도의 단점을 보완하기 위한 새로운 결제 수단으로 구매 기업이 B2B (Business to Business) 거래 등을 통한 물품구매대금을 지급하기 위해 판매 기업을 채권자로 지정하여 발행하는 지명채권이다.</td><td rowspan="6">등록 대상</td></tr>
<tr><td rowspan="2">결제 수단 발행자</td><td>직불전자지급 수단 발행 및 관리</td><td>이용자와 가맹점 간에 전자적 방법에 따라 금융기관의 계좌에서 자금을 이체하는 등의 방법으로 재화 또는 용역의 제공과 그 대가의 지급을 동시에 이행할 수 있는 증표 또는 그 증표에 관한 정보를 발행하는 업무</td></tr>
<tr><td>선불전자지급 수단 발행 및 관리</td><td>이전 가능한 금전적 가치가 전자적 방법으로 저장된 증표 또는 그 증표에 관한 정보를 발행하는 업무</td></tr>
<tr><td>전자지급결제대행</td><td colspan="2">전자적 방법으로 재화의 구입 또는 용역의 이용에 있어서 지급결제정보를 송신하거나 수신하는 것 또는 그 대가의 정산을 대행하거나 매개하는 업무</td></tr>
<tr><td>결제대금예치</td><td colspan="2">전자상거래 등에서의 소비자보호에 관한 법률 제13조 제2항 제10호에 의거 안전한 구매를 위해 재화 등의 배송 확인시점까지 결제대금을 예치받는 업무</td></tr>
<tr><td>전자고지결제</td><td colspan="2">수취인을 대행하여 지급인이 수취인에게 지급하여야 할 자금의 내역을 전자적인 방법으로 지급인에게 고지하고 자금을 직접 수령하여 정산을 대행하는 업무</td></tr>
</table>

이제는 PC 뿐만 아니라 모바일 서비스로 소비자에게 좀 더 편리한 서비스가 시장의 경쟁력을 가지고 있어서 금융과 기술이 결합되는 서비스가 등장하고 있다. 이게 바로 핀테크 서비스이다. 이제 금융은 더 이상 금융 업무만으로 생존이 어렵고 기술이 경합되어 소비

자에게 접근성과 편리성을 제공해야만 하는 시대가 도래했다.

우리나라는 2014년 중반부터 '핀테크'란 용어가 일반인에게 알려지기 시작하였고, 2015년 초 '핀테크'가 정부, 금융기관, IT업계 전반의 화두가 되고 있다. 핀테크는 뒤에 더 자세히 다루었으니 더 궁금한 부분들은 뒤에서 보기로 하자.

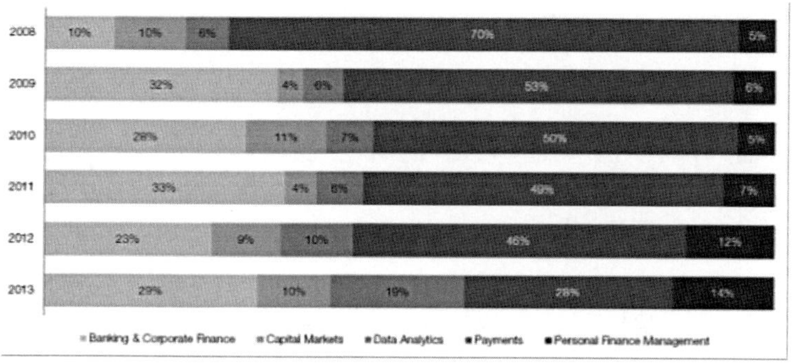

[그림 2-4] 소비자의 전자금융업무 사용 현황

출처 : The FinTech Investment Landscape, Fintech Innovation Lab, Accenture, CB Insights

핀테크 투자가 이루어지는 분야의 변화에서도 흥미로운 결과를 유추해볼 수 있다. 2008년경 글로벌 핀테크 기업들의 투자는 지급결제(Payment) 분야에 집중되었으나, 최근에는 데이터 분석과 개인 자산 관리 등의 영역으로 확산되고 있다. 지급결제 분야에 대한 관심과 투자가 높아지고 있는 우리나라와 차이점을 다시 한 번 확인할 수 있는 부분이다. 2009년부터는 뱅킹 분야에도 상당한 투자가 이루어지기 시작했으며, 2013년에 이르러서는 지급결제 분야를 제치고 가장 많은 투자가 이루어졌다. 이것이 의미하는 바는 초기 지급결제 분야를 중심으로 시작된 핀테크 경쟁이 뱅킹을 포함한 금융 전 영역으로 확대되고 있으며, 2013년부터는 빅데이터 분석과 개인 자산 관리 등을 통해 보다 고도화된 금융 서비스를 제공하는 쪽으로 관심이 모아지고 있다는 것이다.

그러나 금융과 IT의 결합을 통해 새로운 금융 서비스가 제공될 수 있는 기회는 매우 폭넓으며 이미 해외의 경우 핀테크를 활용한 다양하고 혁신적인 금융 서비스들이 제공되고 있다. 우리나라에서도 보다 다양하고 혁신적인 금융 서비스가 제공되기를 기대해본다.

2. 껌 딱지처럼 나를 귀찮게 하는 전자금융 인감, 공인인증서

2.1 분리불안증

유난히 엄마 치맛자락을 붙잡고는 졸졸 따라다니는 아이들이 있다. 혹시 아이에게 문제가 있지는 않은지 걱정이 앞선다. 아이가 '껌딱지 기질'을 보이면 육아 이외에 집 안 일도 해야 하고 외출도 해야 하는 엄마로선 괴롭기 짝이 없다. 이렇듯 우리는 분리 불안을 겪는 대상들을 껌딱지라고 표현한다.

우리는 껌딱지를 당연하게 여기보다는 껌딱지가 된 원인을 찾기 위한 노력이 필요하다. 만약, 평소에는 그럭저럭 잘 지내던 아이가 갑자기 껌딱지처럼 엄마에게 달라붙는다면 원인을 찾아야 한다. 최근 들어 스트레스를 받을 만한 환경적 변화가 없었는지 살핀다. 갑자기 어린이집을 옮겼다거나, 주 양육자가 바뀌게 될 경우 아이는 정서적 안정감을 찾고자 엄마에게 더 집착한다. 혹은 동생이 태어났다거나, 몸이 아파 병원에서 장기간 지낸 상황도 아이에게는 불안한 환경 변화 요인으로 꼽힌다. 어른에게는 소소한 변화라 여겨지는 일도 아이에게는 자신의 세계를 통째로 흔드는 사건인 경우가 많다. 아이에게 껌딱지 증상이 나타났다면 아이 입장에서 찬찬히 원인을 생각해 보고 최대한 문제점을 해소해 주고, 보다 세심하게 돌보아야 한다. 이 문제를 원만히 해결해야 아이가 성장하는 데 도움이 된다.

[그림 2-5] 분리불안증

출처 : Best baby

우리는 금융 업무를 온라인으로 처리할 때 반드시 필요한 것이 있다. 바로 '공인인증서'이다. 아마도 젊은 층 대 다수는 사용하고 있다. 공인증서는 항상 은행 업무 시 보안이라는 이유로 껌딱지처럼 붙어 다니고 있다. 이 공인증서에 대해 자세히 살펴보고자 한다. 어떤 배경으로 탄생되었는지 왜 사용하는지? 현재는 어떤 위치에 있는지에 대하여 한번쯤은 생각해 보아야 할 것이다.

2.2 전자금융 인감, 공인인증서

밤에 국민은행에서 신한은행 계좌로 송금을 하려고 노트북을 켰다. 공인인증서 기한이 거의 만료되었으니 갱신을 해야 한다고 해서 재발급을 받기로 했다. 처음에 아이디와 암호가 헷갈려서 두 번이나 틀렸다. 한 번 더 틀리면 은행지점에 직접 가야만 다시 인터넷 뱅킹을 할 수 있는 절대 절명의 순간, 세 번째 시도로 다행히 성공했다. 사실 그동안 공인인증서로 로그인을 했었기 때문에 사실 아이디와 암호를 알 필요가 없는데, 갑자기 인증서 갱신 때문에 필요하게 된 것이다. 인내심을 갖고 계좌 정보, 비밀 번호, 개인 정보 등을 입력하고 나니 에러 메시지가 떴다. 나의 경우엔 재발급이 아니라 '갱신'을 해야 한다고 했다. 다시 맨 처음으로 돌아가서 모든 정보를 다시 입력했다. 이제 되는가 싶더니 또 에러 메시지가 떴다. 이번에는 국민은행에서 발급받은 보안카드가 아니라 원래 발급 기관인 시티은행으로 가서 갱신을 해야 한다고 메시지가 등장했다. 이전에 시티은행에서 발급했던 사실을 잊어버리고 있었다.

3년 후 계좌만 만들어놓고 이제는 사용하지도 않는 시티은행 홈페이지에 들어갔더니 Active X 컨트롤, 보안 모듈 등을 새로이 설치를 요구한다. 열심히 '확인', '확인' 클릭해서 설치했다. 이번에는 시티은행의 아이디, 암호를 기억해내서 접속했고, 몇 단계의 절차를 거쳐 드디어 인증서 갱신에 성공했다. 그리고 다시 국민은행 홈페이지로 가서 접속하려고 하니, 이번에는 타기관 인증서라며 등록을 해야 한단다. 다시 인증서 암호를 입력하고, 드디어 등록… 결국 성공적으로 송금할 수 있었다. 중간에 절차 하나라도 잘못되면 은행에 다시 가야하는 번거로움이 있다. 이렇게 해서 총 1시간 이상 낭비…

가끔씩 인증서 재발급/갱신이 왜 필요한 건지 잘 모르겠다. 그리고 왜 유효기간이 겨우 1년밖에 되지 않는지도 의문이다. 보안 수준이 높아지는 것은 알겠는데, 너무 높이다보니 사용하기가 너무 불편하다는. 나도 이렇게 어렵게 느끼는데 나이 드신 분들은 우리나라에서 인터넷 뱅킹을 사용하기 어렵다. ActiveX라는 무슨 뜻인지 알 수 없는 이름이 나오면서 보안 '경고'가 뜨면 '예'를 클릭해야 한다는 메시지를 보면 겁부터 덜컥 날 것이다. 우리나라에서 온라인 및 인터넷 기술이 발달함에 따라 전자적으로 은행 업무를 처리하기 위해서는 껌딱지같은 존재인 공인인증서를 도입하였다. 왜 필자가 공인인증서를 껌딱지로 표현하고 있는지에 대해 알아보고자 한다.

공인인증서는 전자서명의 검증에 필요한 공개키에 소유자 정보를 추가하여 만든 일종의 전자 신분증이다. 공인인증서란 쉽게 말해 전자 인감도장이다. 우리나라에는 '이 도장이 내 도장이다'라고 관공서를 통해 정식으로 인증 받는 '인감(印鑑)'이라는 독특한 제도가 있다. 공인인증서는 이 인감을 온라인으로 만든 제도이다. 사용자가 인터넷 상에서 한 거래를 '이 거래는 내가 승인한 거래다'라고 인증해주는 기술이다. 즉 공인인증서는 전자금융 거래 시 거래 당사자인 사용자의 신원확인 기능, 거래 내역에 대한 위변조 방지, 거래사실의 부인 방지 등의 목적으로 신뢰된 공인인증기관이 발행하는 전자적 정보로서, 일종의 전자금융거래용 인감증명서이다.

공인인증서는 가입자의 개인키의 사용용도, 전자서명 검증키, 일련번호, 소유자이름, 유효기간 등의 내용을 포함하고, 공인인증기관에서 포함된 내용을 보증하는 전자서명 값으로 구성된다. 이로써 사용자가 자신의 개인키로 서명한 값은 해당 사용자의 공인인증서를 통해 검증이 가능하며, 전자서명 생성자의 신원 확인 및 거래에 대한 인증을 제공한다.

[그림 2-6] 공인인증서

전자금융거래법 등으로 공인인증서의 사용자 수는 국내 경제활동인구의 90%이상이며, 2010년 말 2,371만 건의 인증서가 발급되어 사용중에 있다. 전자금융뿐만 아니라 사회 전반에 걸쳐 공인인증서가 사용될 만큼 국가차원의 공인인증 인프라를 구축한 사례는 전 세계적으로 우리나라가 유일하다.

국내 전자금융에서 공인인증서의 사용은 모든 금융회사에서 사용할 만큼 일반화되어 있다. 공인인증서 역시 초창기 열악한 인터넷 환경에서 어떻게든 인터넷 뱅킹과 전자상거래를 구현하기 위해 고안해낸 기술이다. 플러그인과 비슷하다. 암호화 전송기술이 있었지만 초기 웹 브라우저는 암호화 능력이 부족해 해커가 중간에서 데이터를 쉽게 가로 챌 수가 있었다. 따라서 넷스케이프 그룹이 95년 고안해낸 SSL(Secure Sockets Layer, https)라는 기술이 암호화 전송기술 표준으로 각광받았다. 그러나 국내는 이를 해결하여 인터넷 뱅킹을 구현하기 위해 독자적인 암호화 기술을 적용한 공인인증서를 개발해냈다. 그리고 플러그인[11)]을 사용해 공인인증서를 웹 브라우저에 적용하기 시작했다. 따라서 공인인증서는 엑티브X와 밀접한 관계를 가지고 있다.

공인인증서를 설명하기 전에 액티브X에 대해 알아보자. 액티브X는 마이크로소프트(MS)가 개발한 웹 브라우저용 플러그인(Plug in)이다. 특정 홈페이지에 접속하니 '이 웹사이트에서 XXX에서 배포한 XXX 추가 기능을 설치하려고 합니다'라는 팝업창이 뜬다. 추가 기능이 바로 플러그인이다. 즉 해당 프로그램 또는 기능을 사용하기 위해서는 브라우저에서 지원을 하지 않기 때문에 추가적으로 설치를 해야 하므로 당신의 웹 브라우저에 플러그인을 추가해야 한다는 것이다.

플러그인이 개발된 배경은 초창기 웹 브라우저 기능이 불안정성에서 출발하고 있다. 텍스트와 이미지만 읽을 수 있었고, 동영상을 재생하는 것은 불가능했다. 이처럼 형편없는 웹 브라우저의 성능을 보조하기 위해 개발사들은 웹 브라우저의 성능을 강화하는 프로그램의 고안해냈으며 이게 바로 플러그인이 탄생하게 된 것이다. 액티브

11) 플러그인이란 응용 프로그램 스스로 처리하지 못하는 작업을 해결하기 위해 추가 설치하는 확장 프로그램이다.

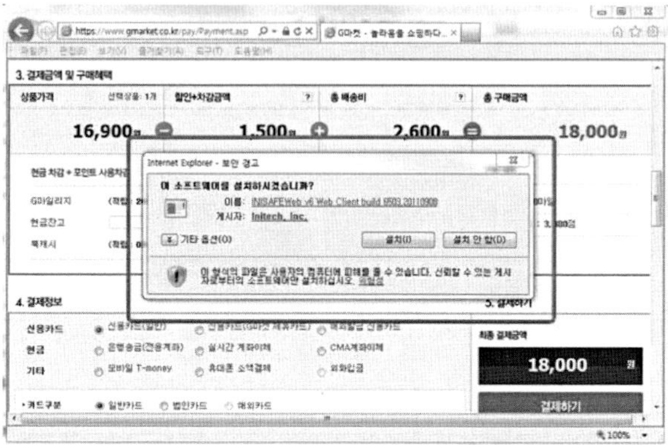

[그림 2-7] 플러그 인 설치 화면

X는 플러그인 가운데 가장 많이 사용되고 있으며 액티브X, NPAPI, 자바애플릿, 플래시, 실버라이트 등이 대표적인 플러그인이다.

썬 마이크로시스템즈가 처음으로 자사의 프로그래밍 언어 자바를 기반으로 한 플러그인 자바애플릿을 95년에 고안해내고, 이를 웹 브라우저에 추가할 수 있도록 지원했다. 썬 마이크로시스템즈에 주도권을 내주기 싫었던 넷스케이프 그룹은 NPAPI(Netscape Plugin Application Programming Interface)라는 독자적인 플러그인을 개발하고 넷스케이프 브라우저 2.0과 함께 배포하기 시작했다. MS 역시 1996년 말 문제의 액티브X를 개발하고 인터넷 익스플로러 3에 제공했다. 인터넷 익스플로러는 액티브X 위주로, 크롬, 파이어폭스, 사파리, 오페라 등 다른 웹 브라우저는 NPAPI 위주로 플러그인을 지원하고 있다.

그러나 플러그인은 보안에 취약하여 많은 문제를 일으켰다. 지속적인 취약점 발견으로 개발사에서 패치를 제공해서 이용자는 자주 업데이트를 해야 하는 것이다. 따라서 사용자들이 특정 서비스를 사용하려면 반드시 플러그인 설치에 동의해야 한다. 사용자들은 서비스를 제공받기 위해 어쩔 수 없이 '네(Yes)'를 클릭하고 각종 악성코드가 첨가되어 사용자 PC를 감염시키지 시작했다. 따라서 사용자의 PC는 악성코드의 천국이 되어갔다. 이러한 문제점을 인식한 W3C(World Wide Web Consortium)과 웹 브라우저 개발사들은 새로운 방안을 모색했다. 플러그인을 설치하지 않아도 인터넷 뱅킹, 전자정부, 동영상 스트리밍, 웹 하드, 게임 등 온갖 작업을 모든 웹 브라우저에서 처리할 수 있도록 하는 웹 언어 'HTML5'를 2008년부터 개발하고, 새로운 웹 표준으로 지정하고 있다.

HTML5 개발과 함께 플러그인 퇴출도 가속화되고 있다. 플러그인 퇴출에 가장 적극적인 회사는 놀랍게도 MS다. MS는 인터넷 익스플로러11을 공개하며, 모던UI 버전에 액티브X를 설치할 수 없게 했다. 구글과 모질라 재단도 발 빠르게 움직이고 있다. 구글은 현재 크롬에 NPAPI 설치를 막는 옵션을 제공하고 있으며, NPAPI 자체를 크롬에서 퇴출시키고 있다. 모질라 재단도 파이어폭스에서 NPAPI를 제거하겠다고 공지한 상황이다. 이처럼 개발사들이 플러그인 퇴출을 위해 나서고 있지만, 정부 홈페이지, 인터넷 뱅킹, 동영상 스트리밍, 웹 하드 등 모든 분야에 여전히 플러그인을 사용중이다. 물론 액티브X를 사용하지 않는다고 홍보하는 홈페이지도 일부 존재한다. 하지만 대부분이 액티브X를 NPAPI로 교체한 것에 불과하다. 시한부라는 점에서 별 다를 게 없다. HTML5를 채택한 곳은 극소수다.

전국경제인연합회가 진행한 설문조사에 따르면, 국민 700명을 대상으로 액티브X 때문에 불편을 경험한 적 있는지 물어본 결과 전체의 88%가 불편함을 경험했고, 78.6%가 액티브X를 퇴출해야 한다고 생각하고 있다. 국민 10명 가운데 8명이 액티브X를 중단을 원하고 있다. 즉 사용자가 이용하기 위해 무엇인가를 해당 PC에 설치해야 하는 것은 중단하는 것이다. 껌딱지인 공인인증서 발행절차로 해외 구매자들이 국내 제품을 구매하기가 어렵게 만들고 있으며 국내 사용자에게는 공인인증서 이용을 위해 플러그인을 요구하고 있기 때문이다.

공인인증서는 전자서명을 할 수 있다는 장점이 있지만 ActiveX 및 플러그인에 의존하며 비밀번호를 쉽게 하고 PC를 잘 관리하지 않았을 때에는 쉽게 뚫린다. 또한 개인뱅킹용이 아니면 돈을 지불해야 공인인증서를 발급받을 수 있고 사용자를 예스맨으로 만드는 단점이 있다. 공인인증서는 USIM, 하드디스크, USB/외장하드, 스마트카드, 보안 토큰에서 보관할 수 있다. 그러나 하드디스크는 컴퓨터관리, 이동식디스크나 외장하드는 절대로 PC방에서는 사용하면 안 되며 스마트카드는 리더기가 필수이며 보안 토큰은 비교적 안전하나 돈을 지불해야 하는 불편함이 있다.

'한국 드라마를 본 수많은 중국 시청자가 의상, 패션잡화 등을 사기 위해 한국 쇼핑몰에 접속했지만, 결제하기 위해 요구하는 공인인증서 때문에 결국 구매에 실패하는데 우리나라에서만 요구하는 공인인증서가 국내 쇼핑몰의 해외 진출에 걸림돌이 되고 있다.'고 한목소리를 내고 있는데 이것은 우리나라 웹의 문제가 무엇인지 정확하게 꿰뚫어보고 있었기 때문이다. 문제는 바로 '공인인증서'다.

액티브엑스(ActiveX)는 어쩔 수 없이 PC에 설치해야 하는, 한국만의 특이한 규제이다. 한류 열풍으로 인기 절정인 '천송이 코트(드라마 '별에서 온 그대'에서 배우 전지현이 입었던 코트)'를 중국에서 사고 싶어도 못 사는 것은 인증절차 때문이다. 공인인증서와 엑티브엑스에는 브라우저에 플러그인을 요구하는 것으로 동일한 측면으로 볼 수 있다. 해외에서 국내 쇼핑몰을 이용 하려는 경우 공인인증서가 쇼핑의 걸림돌이 된다는 것이다. 그러면 여기에서 해외 쇼핑몰과 국내 쇼핑몰의 인증방식의 차이를 살펴보면 상기내용의 의미를 알 수 있다.

그렇다면 공인인증서가 없는 외국은 어떻게 인터넷 뱅킹과 전자상거래를 진행할까. 먼저 인터넷 뱅킹을 구현하려면 3가지 요소가 필요하다. 첫 번째는 암호화 전송기술이다. 사용자와 은행이 주고받는 데이터를 암호화해 해커가 데이터를 분석할 수 없게 하는 것이다. 두 번째는 사용자 인증이다. 사용자 또는 은행이 본인이 맞음을 인증해 해커가 사용자나 은행으로 가장해 데이터를 탈취할 수 없게 하는 것이다. 세 번째는 OTP(일회용 암호)다. 거래만을 위한 전용 비밀번호를 생성해 해킹을 방지한다. 공인인증서는 여기서 첫 번째와 두 번째를 구현하기 위한 기술이다.

외국의 경우 암호화 전송기술은 SSL로 해결했다. 초창기 공인인증서는 SSL보다 보안 능력이 우수했으나 이제는 커다란 차이가 없다. SSL은 TLS(Transport Layer Security)로 이름을 바꾸고, AES 56비트 암호화를 거쳐 128비트, 256비트로 암호화 수준을 점점 강화했다. 공인인증서도 비슷한 절차를 수행하여 AES 128비트 암호화를 거쳐 2012년 초 256비트로 강화됐다.

사용자 인증은 어떻게 해결했을까. 외국과 국내의 방식에는 약간의 차이가 존재한다. 국내에서 인터넷 뱅킹을 하려면 사용자가 본인 인증을 받아야 한다. 미래창조과학부가 지정한 금융결제원, 한국

정보인증, 코스콤, 한국전자인증, 한국무역정보통신 등 5곳의 공인 인증기관이 사용자가 본인 인증을 해준다. 이 과정에서 필요로 하는 것이 바로 공인인증서다.

그러나 대부분의 외국의 경우 사용자는 본인 인증을 받을 필요가 없다(인터넷 뱅킹에 본인 인증을 요구하는 일부 국가가 존재하긴 한다). 은행만 인증을 받으면 된다. 그렇다면 은행은 누가 인증해줄까? 국내와 다르게 국가가 아닌 공신력 있는 제3자인증기관인 베리사인, 코모도 그룹 등이 인증해주는 방식을 취하고 있다. 이러한 제3자 인증기관에서 발급한 인증서를 'EV SSL 인증서'라고 한다. SSL로 암호화된 홈페이지(URL 앞부분에 https라고 적혀 있는 홈페이지)에 접속하면, EV SSL 인증서를 통해 '누가 이 홈페이지를 인증해줬고 어느 정도로 암호화돼 있는지' 웹 브라우저를 통해 손쉽게 확인할 수 있다. 웹 표준 기술이기 때문이다. 즉 해외 사이트의 경우 SSL과 제3자 인증 방식을 채택하여 본인이 직접 인증할 필요가 없어서 제약없이 쇼핑몰을 사용할 수 있다.

국내의 경우 사용자가 본인 인증을 받다보니 은행은 손쉽게 해커 유무를 판독할 수 있지만, 사용자는 은행 홈페이지가 진짜인지 피싱 사이트(진짜 홈페이지인 것처럼 위장한 해킹 사이트)인지 구분하기 힘들다. 2000년대 말 온갖 피싱 사이트가 기승을 부린 이유다. 결국 문제를 깨달은 국내 은행들은 국민은행을 필두로 하나둘씩 자사 홈페이지를 제3자 인증을 받았다. 공인인증서의 본인 인증방식에 문제가 있음을 스스로 시인한 셈이다.

무역장벽도 이 공인인증서의 사용자 본인 인증 때문에 발생한다. 국내 사용자의 경우 시중 은행이 본인 인증을 대행하고 있기 때문에

(번거롭지만) 1시간 정도만 투자하면 공인인증서를 발급받을 수 있다. 반면 외국인은 얼마 존재하지도 않는 대한민국 재외공관에 방문해 발급받아야 한다. 땅덩이가 넓은 중국이나 미국 등에서는 사실상 불가능한 일이다.

보안적인 측면에서 보면, 국내의 경우 은행 ID/비밀번호, 공인인증서, OTP라는 삼중 보안을 취하고 있다. 해외의 경우 은행 ID/비밀번호, OTP라는 이중 보안을 기본으로 한다. 표면적으로 보면 국내가 훨씬 안전할 것 같지만, 실상은 그렇지 않다. 외국 은행의 경우 ID/비밀번호, OTP 외에 참신하면서도 강력한 보안방법을 개발해 자체 적용하고 있다.

Bank of America(BOA)의 예를 보면 BOA 홈페이지에서 인터넷 뱅킹을 하려면 은행 ID/비밀번호, OTP 외에 이미지 패스워드라는 독특한 과정을 추가하고 있다. 사용자만 알 수 있는 암호화된 그림을 보여주고 해당 그림을 찾지 못하면 거래를 진행할 수 없다. 제3자인 해커는 이 이미지 패스워드 과정을 뚫는 것은 쉽지 않다. 외국 은행 대부분이 이렇게 자체 개발한 보안방식을 적용해 삼중, 사중 보안을 취하고 있다.

일반적으로 웹 표준인 SSL과 EV SSL 인증서가 아닌 다른 보안 방식을 쓰려면 결국 HTML5에 확장 기능을 추가해야 한다. 사용자는 여전히 웹 브라우저에 무엇인가를 설치해야 한다. 이런 문제점을 해결하기 위해 우리는 면밀히 검토하여 적용 방안을 검토해야 한다. 인터넷 거래의 껌딱지인 공인인증서의 불편함을 개선하는 방안에 대해 고민해야 할 시기에 다다른 것이다.

3. 나만의 열쇠, 인증기술

IT 기술발달에 따라 인터넷 등 각종 서비스의 변화로 사용자는 인터넷에 있는 많은 정보를 실시간으로 공유하며 관리할 수 있는 환경에 살고 있다. 특히 전자금융은 재화의 이동 수단으로 사용되므로 신뢰성이 최우선시 되어야 한다. 이러한 전자금융의 관문을 지키는 인증기술이야말로 전자금융의 신뢰성을 보장하기 위한 가장 중요한 기술이므로, 이와 관련된 서비스에서는 반드시 인증기술의 안전성을 확보해야 한다.

인증기술은 원격지에 있는 사용자의 신원확인 기능과 송수신자간 전송되는 거래내역의 무결성을 보장하는 거래인증 기능인 2가지를 포함하고 있다. 특히, 전자금융에서 인증기술은 주로 거래내역의 무결성을 보장하여 부정거래를 방지하기 위해 사용된다. 부가적으로 사용자 또는 전자금융서버의 전자금융 이용 사실에 대한 부인방지 기능을 제공하여 전자금융의 신뢰성을 보장하는 기능을 포함할 수 있다. 이러한 국내 전자금융에 새로운 인증기술을 도입하기 위한 기술적 요건으로 사용자인증, 전자금융서버의 인증, 거래 내역에 대한 무결성 기능, 전자금융 이용 사실에 대해 부인방지기능을 제공하여야 하며, 추가적으로 전송구간의 암호화 기능이 제공되어야 한다.

3.1 인증방식

고객에 대한 계정정보가 해킹 등 다양한 방법으로 외부에 노출되어 각종 사회적 문제를 발생함에 따라 이를 보완하기 위한 노력으로 계정인증 관리에 대한 관심이 증가하고 있다. 인증방식은 크게 1차 인증방식과 2차 인증방식으로 나누고 있다. 물론 사용하는 방식에 따라 3차 인증방식도 있다.

계정관리를 위해 인증정보는 3가지 요소인 이미 알고 있는 정보(ex. 아이디와 비밀번호), 개인이 소유하고 있는 것을 통해 확인하는 방법(ex. 스마트 폰, 보안카드, OTP 기기 등), 사용자가 직접 자신임을 확인하는 방안(ex, 생체 인식, 지문, 홍채 인식 등)을 이용한다. 여기에서 언급한 아이디와 비밀번호인 이미 알고 있는 정보를 결합하는 것이 1차 인증방식으로 인터넷을 활용한 서비스에서는 개인정보 보호를 위해 오랫동안 사용해 왔다. 위에서 언급한 3가지 요소 중에서 2가지 이상을 조합하여 인증하는 방식을 2차 인증(2-factor authentication)이라고 한다. 대표적인 2차 인증은 아이디, 비밀번호와 OTP 인증(One Time Password)을 결합하는 방식이다. 일회용 비밀번호(OTP : One Time Password)를 인증할 때 마다 휴대전화에 생성하여 사용하는 방식으로 현재 시장에서 가장 많이 사용하고 있다.

아이디와 비밀번호만을 결합하는 1차 인증방식은 실시간 변동형이 아닌 고정형으로 외부에 쉽게 노출되어 많은 사회적 문제점을 야기하고 있는 것이 현실이다. 이 문제를 해결하기 위해 시장에서는 정적인 방식(Static Password Way)을 통한 인증이 아닌 동적인 방식(Active Password Way)의 수단 및 방안을 이용하여 1차 인증방식의 문제점 보완 방안으로 2차 인증방식을 도입했다. 1차 인증방식은 고정된 정보를 활용하는 반면 2차 인증은 값이 변화하는 형태로서 고객관련 주변기기(예: 스마트폰, 토큰 등)를 통해 일회용 비밀번호 등을 생성하여 인증방식으로 사용하고 있다. 아이폰 등 스마트폰을 이용해 2차 인증방식을 적용하는 기술이 다양하게 발전하고 있다.

3.2 생체정보 인증기술

인터넷, 스마트 폰 등 IT 기술을 활용한 다양한 통신서비스가 보편화됨에 따라서 원격지에서 접속한 사용자에 대한 신원확인이 필요한 온라인 서비스가 이용되고 있다. 특히, 온라인 서비스의 대표 사례인 전자금융 서비스는 개인의 자산과 관련이 있기 때문에 안전한 사용자 인증이 요구된다. 사용자 인증을 위한 기존의 비밀번호, IC카드 등과 같은 인증방식은 분실, 도난, 위조가 가능하다는 한계를 가진다. 이와는 달리 안전하고 휴대 및 이동이 편리한 생체정보를 이용한 인증기술이 시장에 적용되고 있다.

생체정보 인증기술은 사람이 가지고 있는 고유한 생체정보를 추출하여 사전에 인증시스템에 등록한 생체정보와 비교하여 동일함을 결정함으로써 사용자를 인식하는 일종의 패턴인식(Pattern Recognition) 기술이다. 이와 같은 생체정보 인증기술에 이용되는 바이오정보로

표 2-2 | 생체정보

생물학적 생체정보	행동학적 생체정보
지문(Finger Print)	서명(Dynamic Signature)
얼굴(Face)	
손바닥지문(Palmprint)	음성(Voice)
손모양(Hand Geometry)	키보드입력(Key Dynamics)
홍채(Iris), 망막(Retina)	
정맥(Vein)	걸음걸이(Walking Style)

는 크게 생물학적 생체정보와 행동학적 생체정보로 분류될 수 있다.

고객이 알고 있는 1차 인증정보(아이디와 비밀번호)와 사용자임을 증명하는 생체정보를 통해 인증하는 방식인 2차 인증방식에 대하여 살펴본다. 생체인식은 지문, 동공, 얼굴인식 등이 가장 보편적으로 사용되는 정보이다. 지문의 경우는 오래 동안 개인정보로서 활용되어 왔으며 이 경우는 지문 인식장치가 필요하다. 요즘의 지문인식기기는 과거보다 성능이 우수해지고 장비의 크기도 상대적으로 소형화되어 시장에 활용하기에 편리해 졌다. 휴대전화 또는 PC의 로그인 방식에 가장 많이 이용되는 것 중의 하나는 카메라를 통한 얼굴인식 방법이다. 휴대전화의 경우는 이미 국내에 시판되는 모델에 얼굴인식을 통한 로그인 방식이 장착되어 있다.

정보인증을 위해서는 인증정보를 획득하는 장치 또는 수단과 이로 인해 획득된 정보와 비교할 수 있는 정보를 보관하는 서버 또는 제 3의 장치가 필요하며 입력된 정보와 보관된 정보와의 인증을 통해 처리된 결과를 제공하고 관리하는 프로세스가 필요하다.

생체인식은 수거하는 장치에서 입력되는 정보와 서버에서 보유하고 있는 정보 사이에 인증을 진행하는 것이지만 수거되는 정보가 신체의 일부분이기 때문에 외부에 유출시 심각한 문제를 발생할 소지가 있고 상업적으로 이용 시에도 우려되는 요소를 안고 있다. 생체인식의 경우는 본인확인 절차를 간편하게 할 수 있는 장점이 있지만 개인정보 유출과 위조, 인권침해 논란이 계속 발생한다는 단점도 있다. OTP는 이 정보가 노출된다고 해도 해당 사이트에 접속해 폐기하면 되는 반면 생체정보는 폐기라는 절차를 수행할 수 없다. 이러한 단점에도 불구하고 생체 인식은 분실, 도용, 해킹의 위험이 상대적으로 다른 제품에 비해서 적다.

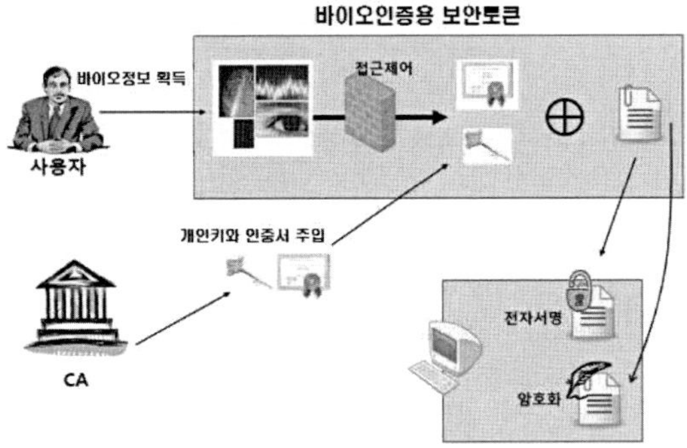

[그림 2-8] 바이오 인증용 보안 토큰 구조 및 사용 예

출처: 전자금융 신 인증기술 연구보고서

생체정보 인증기술의 구성요소와 전자서명 생성절차를 살펴보면 다음과 같다. 1단계는 사용자는 생체정보 인증용 보안 토큰을 발급받아, 생체정보 인식센서를 통해서 자신의 바이오정보 템플릿을 등록한다. 2단계에 사용자는 CA로부터 인증서와 개인키를 발급받아 생체정보용 보안 토큰에 생체정보 인증을 통해 저장한다. 3단계에는 전자서명을 생성하기 위해서는 사용자는 생체정보 인증용 보안 토큰의 생체정보 인식센서를 통해 생체정보를 입력한다. 4단계는 사용자로부터 입력된 생체정보 템플릿과 생체정보 인증용 보안 토큰에 저장된 생체정보 템플릿을 비교하여 사용자 인증을 수행한다. 5단계는 사용자 인증에 성공한 경우 생체정보 보안 토큰에서 인증서와 개인키를 이용해서 전자서명 수행한다. 6단계는 생성된 전자서명을 금융서버에 전송하여 서비스 이용한다.

보안 토큰을 활성화하기 위해 생체정보 인증기술을 연계한 인증기술을 하나의 예로써 검토한다. 조합된 인증기술의 개요는 보안 토큰에 생체정보 인식센서를 추가하여, 보안 토큰의 개인키에 접근하기 위해 비밀번호 대신 생체정보를 이용하는 것이다. 개인키에 대한 접근을 보안성이 낮은 비밀번호 대신 보안성이 높은 생체정보 인증으로 대체하고, PKI 기능을 이용할 수 있는 장점이 있다.

인증서와 바이오정보 템플릿을 분리하지 않고 바이오정보를 포함한 인증서를 이용하여 사용가능하고, 바이오정보 데이터 교환 규격(Common Biometric Exchange File Format, CBEFF)의 바이오정보를 포함한 속성 인증서를 만드는 표준으로 향후에는 바이오 인증서(Biometric Certificate, BC)가 사용될 수 있다.

3.3 지문을 통한 인증방식

지문인증은 지문을 통해 사용자를 인증하는 원리이다. 지문인증을 위해서는 정보등록과 인증이라는 2가지 절차가 필요하다. 등록절차를 통하여 장치에 지문정보를 등록하고 이벤트 발생 시마다 입력된 지문을 보관하고 있는 자료와 비교하여 인증하는 방식이다. 이 인증방식은 지문입력, 지문정보추출, 지문비교의 3단계의 절차를 진행한다.

지문입력이란 지문센서에 손가락을 접촉하여 지문영상을 얻는 단계이다. 지문추출은 얻어진 지문에서 특징을 뽑아내는 과정이다. 지문영상은 선이 진행되는 점과 선이 분리되는 점 또는 굴곡을 가진 부분 등 여러 특징으로 서로 다른 지문을 구분할 수 있다. 마지막으로 지문 비교 단계는 사용자가 입력한 지문에 특징 정보와 보관된 특징정보를 비교하여 동일성 여부를 판단하는 것이다. 지문의 입력 위치, 손가락의 상태에 따라 오차가 발생하는데 이러한 오차를 고려하여 최적의 방법으로 동일여부를 판단한다.

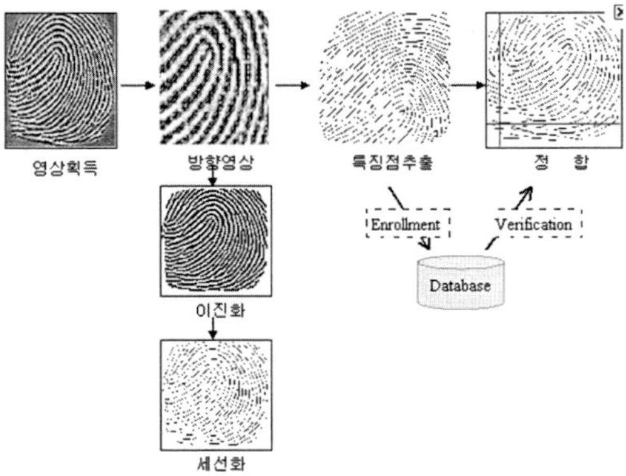

[그림 2-9] 지문추출 절차 설명도

지문을 인증하는 가장 중요한 기기는 지문인식 센서이다. 지문인식 센서의 종류를 살펴보면, 롤링방식 센서, 터치 방식 센서, 스캔 방식인 3가지로 구분된다.

롤링방식 센서는 센서부에 손가락 한 두개 정도 들어갈 수 있는 큰 평면을 사용하고 있어 사용자가 하나의 손가락을 굴리면서 입력하는 방식이다. 이 방식은 지문의 한쪽 면만이 아닌 전체를 읽을 수 있는 방법으로 현장에서 지문일부만 수집된 증거자료를 비교하는 데 유용하다. 주로 정부기관이나 출입국관리 사무소에서 이용하고 있다.

터치방식 센서는 센서부가 손가락 첫째마디 정도 크기의 평면으로 손가락을 대는 순간 지문 전체를 읽어 주는 방식이다. 사용하기에는 가장 편리하지만 롤링 방식과 달리 센서부에 지문의 진상이 남게 되어 지문의 위변조에 활용될 가능성이 있다.

표 2-3 | 지문인식 방법인 광학식과 스캔 방식의 비교

구분		광학식 방식	스캔방식
영상획득방식		• 내부에서 관원을 조사하고 지문 융선에 의해 반사된 빛을 CMOS 이미지 센서를 통해 감지하는 원리로 지문 영상을 얻어냄	• 축전식 센서와 접촉되는 지문 융선부와 골간의 대전되는 전기량 차이를 이용하여 지문영상을 얻어내는 방식
지문진상		• 지문 사용 후 남아있는 지문 진상을 통해 지문 이미지를 획득할 수 있음	• 지문입력부의 폭이 좁고 지문을 긁어 입력하므로 지문진상이 남지 않아 이미지 획득이 불가능함
사용 조건	건습	• 건조한 환경, 습한 환경에 모드 인식률이 저하됨	• 습한 환경에서 인식률이 저하됨
	이물질	• 지문센서 도는 지문 어느 한쪽이든 이물질이 묻어 있으면 인식률이 저하됨	• 축전식 센서 사용으로 이물질이 묻어 있어도 인식률에 영향을 주지 않음
복제지문인식		• 고무 및 종이 들을 이용하여 복제지문 생성시 해킹 가능	• 이미지 획득이 불가능하며 지문을 직접 본을 떠서 지문을 만들어도 인식되지 않음

스캔방식의 경우는 센서부가 얇은 띠 형태로 구성되어 있어 손가락을 긁음으로써 전체 지문영상을 얻을 수 있다. 손가락을 긁는 속도가 지나치게 빠르거나 느리지 않도록 일정하게 긁어 주어야 하기 때문에 처음 사용하는 사람에게는 약간 불편할 수도 있지만 현재는 지문센서와 이를 처리하는 알고리즘의 발전으로 속도의 제약이 없이 인식이 가능하다. 이 경우는 사용할 때마다 지문 진상이 남아있지 않아 위변조에 악용될 소지가 없다는 장점을 보유하고 있다.

지문센서의 원리에 따른 분류를 살펴보면 광학식 센서, 축전식 센서, 전기장식 센서, 열감지식 센서 등 4가지가 있다. 광학식 센서는

내부의 광원에서 빛을 비추고 지문 융선에 의해 반사된 빛을 CMOS 이미지 센서를 통해 감지하는 원리로 지문 영상을 얻는다. 축전식 센서는 센서와 접촉되는 지문의 융선 부분과 골 부분 사이의 대비되는 전기량의 차이를 이용하여 지문 영상을 얻어내는 원리이다. 전기장 센서는 센서에 전기장을 형성하고 융선 부분이 접촉될 때 전기장의 변화를 감지하여 지문영상으로 변화하는 센서이다. 열감지식 센서는 센서 표면이 온도 차이를 감지할 수 있는 반도체 셀로 구성되어 있어 융선이 센서와 닿는 부분과 닿지 않는 부분의 온도 차이를 이용하여 지문영상을 얻어내는 방식이다. 그러나 지문인식의 경우 현재 휴대전화를 이용하면 인식률이 떨어져 상업적으로 활용하기에는 미흡한 수준에 있고 추가의 지문인식기를 활용한다면 별도장비를 보유해야 하는 불편함이 있다.

다른 방식의 센서와 대비해 크기가 작아서 휴대전화나 소형기기에 사용되고 있다. 스캔방식은 지문전체를 인식하는 것이 아니라 지문영상의 일부분만 감지한다. 이 센서는 얇은 띠처럼 생겨서 한꺼번에 지문을 감시하지 않는 대신 사용자가 손가락 센서와 직각방향으로 움직이는 동안에 여러 지문의 영상을 감지한다. 감지된 지문영상 조각은 지문 복원알고리즘에 의해 원래 지문영상으로 복원된다. 나누어진 영상을 합성하여 커다란 원본영상을 복원하는 논리는 인공위성이나 항공기에서 찍은 사진을 조합하여 전체 사진을 만들어 내는 원리와 동일하다.

지문인식 기술은 비용이 적게 들고 정확도가 우수하여 다양한 분야에서 활용되고 있다. 초기에는 범죄관련 특수 분야에만 이용되었지만 최근에는 도어락, 출입통제 시스템, 정보보안, 금융거래, 전자상거래 보안과 같은 다양한 분야로 확산되고 있다. 지문센서의 소형화와 하드웨어 및 소프트웨어의 발전에 따라 모바일 시스템에도 적용될 것으로 보인다. 지문을 이용한 제품들에 대한 사례는 아래의 그림과 같다.

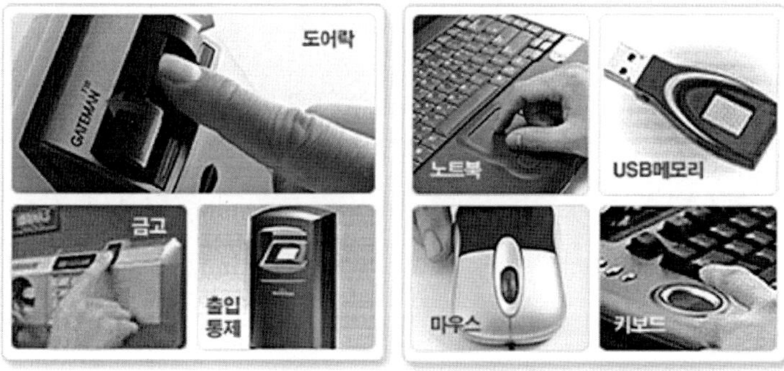

[그림 2-10] 보안 제품들

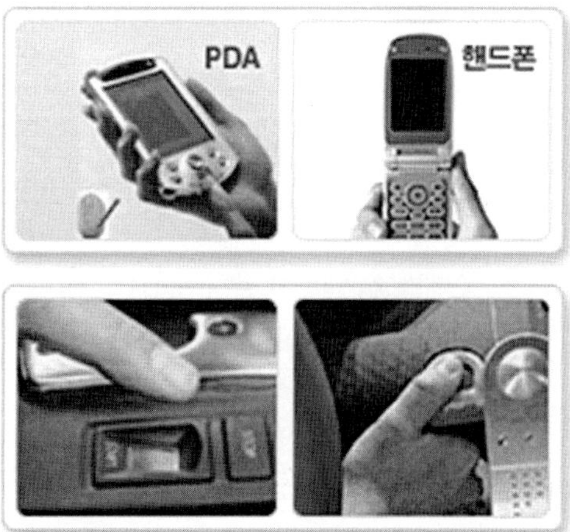

[그림 2-11] 모바일 기기 및 차량

3.4 스마트폰에 생체인식 기능을 이식하다

본인 인증과 개인정보 보호가 강조되면서 생체인식이 스마트폰 인증 수단으로 급부상했다. 생체인식은 사람마다 구조와 모양이 다르다는 점에 착안했다. 대표적으로 얼굴, 지문과 홍채 등이 있다.

생체정보인식 중에서 얼굴인식을 활용하는 경우에도 3단계의 절차가 필요하다. 첫째로 인증정보로 활용될 생체정보를 인증 시마다 수거해야 하는 기기 또는 장치가 필요하다. 가장 많이 활용되고 있는 것이 휴대전화이다. 또한 PC에서 직접 얼굴인식을 통해 인증을 진행하는 방식은 PC에 카메라 장치가 설치되어 있으면 기술적으로는 인증정보 입력에 사용할 만큼의 수준에 도달해 있지만 접속하는 PC마다에 카메라가 장착되어 있어야 한다. 국내의 경우 외국보다 PC를 자유롭게 활용할 수 있는 환경이 조성되어 있지만 PC를 사용하는 공간의 조도가 낮은 경우 얼굴 인식률이 떨어져 다소 불편함이 발생할 수 있다.

이전에도 지문 인식을 도입한 스마트폰은 있었지만 도화선은 '아이폰5S'에서 첫 선보인 터치아이디다. '갤럭시S6'도 지문 인식 기능을 탑재했다. 후속 제품에는 홍채 인식 기능을 적용한다고 한다. 홍채 인식은 일본 후지쯔가 한 발 앞섰다. 2015년 세계 최초 홍채인식 스캐너 탑재형 스마트폰 '애로우즈(ARROWS) NX F-04G'를 발표했다. 제품 앞면에 홍채 스캐너 '아이리스 패스포트'를 장착했다.

또 다른 사례로는 지정맥이 주목받는다. 지정맥은 일반적으로 손가락 두 번째 마디 내 정맥을 말한다. 겉으로 보이지는 않지만 사람마다 패턴이 다르다. 손가락 내부 혈관이라 패턴을 알 수도 없다. 국내 업체인 코리센이 스마트폰에 탑재할 만큼 얇은 초박형 인식센서를 개발하고 있다.

4. 보이지 않는 인프라, 전자지급결제 시스템

돈은 어떻게 생길까? 어디서 나오는 걸까? 누가 재미를 보는 걸까? 돈이 쓰이는 목적은? 금융 시스템이 무엇일까? 그 뒤에 움직이는 돈의 정체는 무엇일까? 금융 시스템이 어떻게 생성되는지는 수세기 동안 대중의 눈에 띄지는 않았다. 금융 시스템의 영향력이 건재하다는 것은 그 자체가 국가 통제뿐만 아니라 세계 지배의 기반이 되기 때문이다.

세상 물정이 전부 돈에 의해 움직이는 상황에서, 이 문제에 대한 정확한 답을 찾는 것은 우리 삶의 본질을 밝히는 것이나 다름없다. 그럼 온라인 기반의 금융거래는 어떻게 형성되었는지 국내 생성배경에 대해 알아보고자 한다.

1990년대 후반 컴퓨터의 발전으로 자연스럽게 각종 업무들이 전산화가 가속화되고 각종 업무가 컴퓨터 파일로 저장되기 시작하였다. 그 시점 많은 정보가 생성되는 영역 중의 하나인 금융 업무를 온라인을 처리할 수 있는 방안에 대한 관심이 등장하였다. 1995년부터 컴퓨터 보급이 증가되면서 금융기관에서 온라인 서비스가 본격적으로 시작된 것은 1999년이다. 초기에는 전자금융이 아닌 온라인 금융 서비스라는 용어로 사용되었다. 온라인 금융은 '온라인(On-line)'이라는 네트워크/자동화의 의미와 '금융(Finance)'이라는 서비스의 의미를 합하여 컴퓨터나 이동전화 등의 디바이스를 통해 뱅킹, 보험, 증권 등 기존의 금융 서비스 또는 새로운 형태의 금융 서비스에 접근하는 방법으로 정의되고 있다.

인터넷 전업 은행(pure internet banking)으로 SFNB(Security First Network Bank)가 최초의 인터넷 은행을 1995년 10월에 제공하였다. 온라인 서비스를 통한 운영비용 절감으로 낮은 수수료, 높은 이자율, 낮은 대출금리 실현으로 초기에는 고도성장하였으나 막대한 마케팅 비용, 유사 은행 대거 등장으로 고객 이탈 용이성으로 운영의 어려움을 겪은 이후 Click-and-mortar로의 전환으로 운영하였다. Click-and-mortar bank는 마우스의 클릭과 벽돌(벽돌 사이의 접착 역할을 하는 mortar)로 이루어진 은행을 말한다. 기존의 은행이 인터넷 뱅킹 서비스를 제공하는 경우로서 1995년 5월 미국 Wells Fargo Bank가 최초로 시도하였다.

1999년 국내 은행들도 서비스 개시를 하여 노후화된 기존 은행 정보 시스템이 경쟁력 약화 요소로 등장했으며 인터넷 활성화 및 기타 은행 사업 경쟁 환경 변화에 고객 중심 서비스로 대응하였다. 2001년도에는 인터넷 뱅킹이 스웨덴, 노르웨이에 이은 세계 3위로 주요 선진국 수준보다 앞서 있었다.

본격적으로 각 은행들이 시스템을 구축하여 진입하기 시작한 것은 2000년부터이다. 국내의 경우 맨 처음 실시한 계좌 통합 서비스인 홈페이지에서 은행거래 모두를 조회하고 관리할 수 있도록 한 것은 2001년 제일은행이다. 이를 기점으로 은행들이 온라인 뱅킹 시스템을 도입하여 2001년 초반에는 사용자가 기하급수적으로 늘어났으며 현재도 인터넷 뱅킹이 없으면 삶이 불편한 수준에 이르렀다.

온라인 금융 서비스는 인터넷의 등장과 함께 급격히 진화하였으며 해외 주요국에서는 인터넷의 보급과 함께 오프라인 채널을 대체하는 수준으로 확대되었다. 웹 2.0은 기존의 웹 환경에서 보다 사용자의 정보 검색 및 상호작용을 용이하게 하는 방향으로 진화된 정보접근 환경을 의미한다. 온라인 금융 서비스도 웹 2.0의 사상인 '참여', '공유', '개방' 등이 반영하여 고객과의 커뮤니케이션 채널이 확대하고 다양한 구매층을 확보할 수 있으며 개인별로 최적화된 맞춤 서비스를 제공하는 방향으로 발전했다.

4.1 전자지급결제대행 서비스 등장

전자상거래의 발달은 인터넷 혁명에서 출발한 것으로 보는 견해도 있지만 궁극적으로는 온라인 결제 기술의 발달에 기인하고 있다. 전자상거래에 대한 안전성, 편리성이 나타나면서 전자상거래 시장이 본격적으로 성장하고 이를 지원하는 전자지급결제 업무규모가 커지기 시작하였다. 전자상거래는 온라인 기반 비대면 거래 형태로 진행되므로 전자지급결제가 매우 중요한 역할을 한다.

국내의 경우는 전자지급결제 시스템이 1999년도에 처음으로 등장했으며 2000년 초반에 인터넷 발달로 인해 다양한 쇼핑몰 업체가 등장하면서 전자지급결제 서비스의 활성화를 이루었다. 초기에는 거래를 처리하고 연결해주는 단순한 결제 업무만 부담하고 거래처에 정산, 인증 등 관련 업무는 지급기관인 신용카드 기업들이 운영하여 관리하였다. 2003년대 국내 벤처신화가 무너지면서 수많은 쇼핑몰들이 도산하였다. 이에 지불을 수행하는 신용카드사는 많은 위험요소를 인지하게 되어 신용카드 기업은 거래 인증, 가맹점 영업 및 관리, 정산을 대행해 줄 수 있는 기관을 금융위원회로부터 승인 받을 수 있도록 법제정을 통해 전자결제대행(Payment Gateway, 이하 PG) 기업을 등장시켰다. 오프라인 가맹점의 경우 VAN(Value added Network) 기업이 신용카드사를 연결하고 카드 가맹점 관리를 하고 있다. 여기에서 VAN사업에 대해 알아보면, VAN(Value Added Network : 부가가치통신망)은 전기통신사업자로 부터 회선을 차용하여 고도의 통신처리기능 등의 부가가치를 붙여서 제 3자에게 재판매하는 통신망이며 즉 기존의 통신망에 새로운 부가가치를 더해 수익을 내는 통신망이다. 보편적으로 VAN은 신용카드 등 카드에 관련된 통신업무 및 정보처리 관련 업무를 하는 것이며 이를 전문으로 하는 회사를 VAN 사업자라 한다. 가맹점은 신용카드 등의 카드결제가 가능한 단말기를 설치하여 서비스를 하는 사업자이며 VAN사는 신용카드 등에서 결제한 데이터가 신속, 정확, 일관성 있게 운영될 수 있도록 전산망을 구축, 운영하는 사업자이다.

카드사는 신용카드를 발급하고 신용금융 서비스를 고객에게 제공하여 발생하는 수수료로 수익사업을 하고 있는 사업자이다. 국내 대표적인 VAN사는 금융결제원(KFTC), 나이스정보통신(NICE), 스마트로(SMRTRO), 케이에스넷(KSNET), 한국정보통신(KICC), 한국사이버페이먼트(KCP) 등이 있다. 카드사는 BC카드, 국민카드, 롯데카드, 삼성카드, 신한카드, 외환카드, 현대카드 등이 있다.

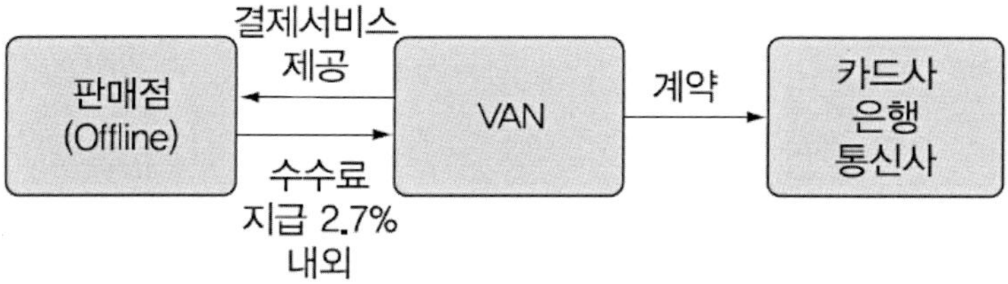

[그림 2-12] 오프라인 기반의 결제 프로세스

온라인 기업은 전자상거래 업무를 처리하기 위해 VAN 기업의 인프라를 연결한 전자지불결제 기업이 필요했다. 주요 업무는 온라인 서비스를 제공하는 가맹점을 관리하고 가맹점이 필요로 하는 정산, 매입, 승인 등의 업무를 처리해주는 것이다. 전자상거래에서 VAN(Value added Network) 기업의 역할은 전자결제대행(PG) 기업을 카드사의 연결해주는 네트워크만을 제공하는 것이다.

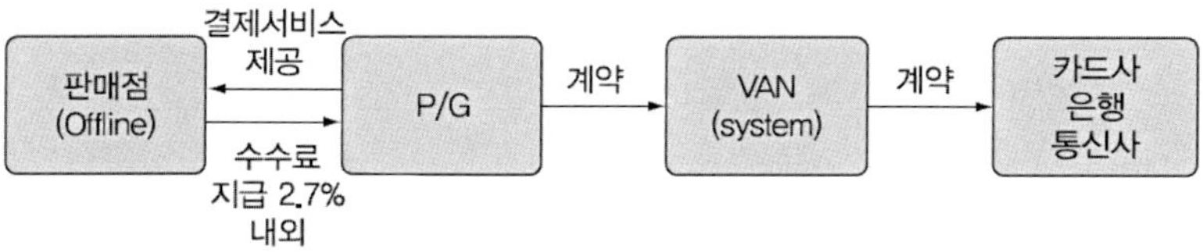

[그림 2-13] 온라인 기반의 전자결제 프로세스

PG 기업은 온라인 지불결제와 관련하여 은행, 카드사 등의 금융기관, 온라인 사업자 그리고 소비자 간 원활한 금융 거래를 위해 시스템을 구축, 지불승인, 매입, 정산 등의 서비스를 제공하고 있으며 결제 금액의 일부분을 수수료로 책정하여 매출을 올리고 있다. 신용카드사와 별도의 특약을 통해 전자지불대행업을 수행하는 기업들은 가맹점인 쇼핑몰 관리를 통해 신용카드사의 해지 리스크를 감소시켰을 뿐만 아니라 신용카드사의 가맹점 관리에 대한 부담을 완화시켰다.

4.2 에스크로 서비스

도서, 의류, 자전거, 화장품부터 각종 IT기기와 심지어는 공연 티켓까지 구매할 수 있는 곳이 있다. 바로 온라인 중고 매장이다. 구매뿐만 아니라 자신이 사용했던, 하지만 더 이상 쓰지 않는 물건을 판매하여 쓰레기도 줄이고 돈도 벌 수 있는 1석 2조의 공간이다. '아껴쓰고, 나눠쓰고, 바꿔쓰고, 다시쓰자'를 외치며 물자를 절약하고 재활용하자는 아나바다 운동의 오프라인 공간인 벼룩시장으로 온라인이 익숙하지 않고 어려운 50대 이상의 노장년층을 위한 공간이라면, 온라인 중고카페는 더 폭넓고 효율적이게 거래를 하려는 30대 이하의 젊은 층을 위한 공간이다.

젊은 층이라면 주변에서 혹은 본인이 직접 온라인 중고카페를 통해 거래를 해본 경험이 한번쯤은 있을 것이다. 상품은 다양하지만 대표적으로 활성화된 거래 중 하나는 바로 전자 제품관련 기기이다. 카메라부터 핸드폰까지 다양하다. 매장에서 새 상품을 사는 것보다 가격적인 부담은 덜하지만, 그만큼 신경 쓰고 조심해야 할 부분이 한 두가지가 아니다. 신뢰의 문제 때문이다. 상품에 문제가 있다면 교환이나 환불이 가능한 오프라인 매장들과 달리, 상품에 문제가 있어도 거래가 이미 종료되었다면 어찌할 방도가 없다.

그보다 더 우려가 되는 것은 바로 사기(詐欺)이다. 상품을 마치 판매하는 것처럼 올려놓고 구매자로부터 돈이 입금되면 나몰라라 하는 경우도 있고, 물건을 보냈다고 송장번호까지 찍어 보내주어 안심했지만 정작 받은 것은 벽돌이라던가, 심지어는 이를 방지하기 위해 직거래를 해보지만 돈과 상품 모두를 들고 달려 도망 가버리는 등 황당하고 어이없는 다양한 사기를 당한 경험담이 온라인 게시판에 심심찮게 올라온다. 사기를 쳤던 아이디와 메일 혹은 연락했던 번호를 공개하는 등 방법을 써보지만 여전히 완전히 해결할 수 없는 문제이다. 온라인 중고거래의 이러한 문제를 해결하는 데에 크게 한 몫을 한 것이 전자지급결제 대행 서비스로서 에스크로 서비스 이다.

4.3 통신과금 서비스 PG

통신과금 서비스는 타인이 판매 제공하는 재화 또는 용역의 대가를 전기통신역무의 요금과 함께 청구 징수하는 업무에 관한 서비스를 의미한다. 자신의 전기통신역무의 요금과 함께 재화 등의 대가를 청구 징수하는 전기통신사업자의 서비스(이하 "가목"의 서비스로 칭함)와 이 서비스가 이루어지도록 하는 거래정보를 전자적으로 송수신하는 것 또는 그 대가의 정산을 대행하거나 매개하는 서비스(이하 '나목'의 서비스로 칭함)를 의미한다.

일반적으로 통신과금 서비스는 소비자들이 온라인에서 제공되는 각종 제품이나 서비스를 구매하고 그 대금을 통신요금과 함께 납입하는 것으로서 이용자가 상품구입 후 결제 대행사를 통한 거래 발생, 이동 통신사는 이용자에게 청구를 수행한다. 이 때 가목의 서비스 제공자는 이동통신사 3사, 나목의 서비스 제공자는 주요 통신과금 서비스를 수행하는 업체에 해당된다.

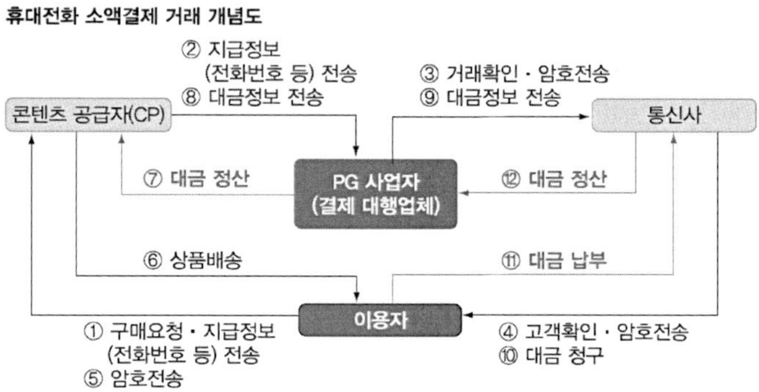

[그림 2-14] 통신과금 서비스 거래 절차 및 구조

2015년 기준 통신과금 서비스 제공자 등록 현황을 보면 총 31개 업체가 등록되어 있으며 이동 통신사 3사(KT, SKT, LG U+)와 주요 통신과금 서비스 업체인 주요 4사(KG모빌리언스, 다날, 갤럭시아컴즈, 인포허브, 구글 Pay-ment Korea 등)가 전체 시장 점유율의 약 98%를 차지한다.

5. 미래 전자금융의 만병통치약처럼 보이는 핀테크

5.1 핀테크와 롱테일 법칙

2008년 미국발 리만브라더스의 금융위기를 겪으면서 경제적 기반의 약화로 직간접적으로 많은 피해를 받았다. 이로 인해 두드러지게 영향을 받은 부분이 금융 분야이다. 이런 금융 산업의 약화는 이를 극복하기 위한 새로운 동력원을 찾는 계기가 되었다. 이 새로운 성장 모델은 데이터와 이를 기반으로 하는 기술에서 출발되었으며 이것이 핀테크의 등장을 알리는 서막이 된 것이다. 지속적인 기술 발달은 다양한 분야의 발전을 제공했지만 특히 금융 분야에서 업무의 효율화를 크게 증진시켰다. 즉 소셜미디어인 SNS의 발달은 소셜커머스를 등장시키고 모바일의 발달과 빅데이터 혁명이 금융업까지 확대되어 핀테크를 탄생시킨 것이다.

우선 핀테크는 경제를 바탕으로 하기 때문에 경제의 기반이 되는 돈의 본질에 대해서 알아보고 우리가 알고 있는 진정한 핀테크는 어떤 것인지 생각해보고자 한다.

돈은 초기에 종이화폐로서 물물교환 수단으로 이용되었으며 화폐는 신뢰를 가지는 교환 가치를 보유하고 있으며 돈이 스마트폰과 결합하면서 통신과 인증(신뢰)을 가짐으로써 시장에 보급되었다. 따라서 종이화폐는 전자토큰을 거쳐 신용카드 기반으로 이용되고 이를 관리하는 은행의 역할이 시장에서 크게 증가하였다. 스마트폰 기술 발달로 가상카드 등이 사용되었으며 현재는 전자화폐의 등장에 이르렀다.

우리가 사용하는 돈은 물리적 교환 수단이자 이제는 보안기반으로 교환되는 숫자 즉 가치를 의미한다. 돈을 기반으로 하는 금융의 본질적 업무는 돈, 즉 교환으로 가치를 창출하려는 거래자들은 연결시켜주는 것이다. 그러나 금융기관들이 이용자들에게 가치를 연결해 주면서 금융의 본질의 역할에 대해 소비자에게 고비용을 비용을 요구해 오고 있다.

오프라인 금융은 가치, 규모, 거래 기간 등이 효율적으로 이루어지지 않아서 생기는 비효율성이 등장하고 이를 해결하기 위한 방안으로 새로운 기술이 등장하고 있다. 그 배경에는 시장에서 추구하는 가치, 보안, 연결이라는 의미가 포함되어 있다. 따라서 시장에서는 저비용의 실시간 맞춤형 금융이 도래하고 이를 실현하기 위한 기술적 기반으로 빅데이터, 보안 중계 플랫폼 등이 존재하고 기술발달과 더불어 금융은 가치와 보안, 연결이라는 개념을 도입하여 저비용 기반 실시간으로 관리해주는 금융시장이 도래하고 있다.

핀테크(fintech)는 금융(financial)과 기술(technique)의 합성어로 모바일 결제, 송금, 개인자산관리, 크라우드펀딩 등 금융 서비스와 관련된 기술을 의미하며 금융 서비스와 관련한 소프트웨어를 새롭게 만들거나 운용성과를 향상시킬 수 있는 모든 기술적인 과정을 포함하고 있다. 그리고 의사결정, 위험관리, 포트폴리오 재구성, 준법관련 업무, 성과관리, 시스템 통합, 온라인 송금과 지불결제 등 금융기관 업무 전반에 영향을 주는 기술들을 총칭한다.

핀테크는 금융이 안전한 보안 기반으로 모바일 플랫폼을 통해 이용자들을 연결해 주고 새로운 가치를 제공하는 빅데이터의 결합인 것이다. 즉, 금융이 모바일 등 각종 기술과의 결합으로 이용자들에게 편리성, 안전성, 신속성 등의 가치를 제공하고 있는 것이다.

핀테크는 시장경제 측면에서 2008년 글로벌 금융위기를 통해 금융 산업의 취약점을 극복하려는 노력과 금융 산업에 대한 체질적 개선에 시장의 요구사항을 기반으로 하고 있다. 즉 금융 산업의 정보의 독점과 제공하는 서비스의 편리성 결여와 과도한 위험을 소비자에게 전가하는 방식에 대한 개선의 의지가 담겨있는 것이다.

기존의 금융 산업을 바라보면, 대규모 자금, 기업금융, 고액자산가 등 일부 집단 중심으로 이루어지고 있어서 경제적으로 파레토

(Pareto) 법칙[12)]에 근간을 주고 있다. 그러나 핀테크를 자세히 살펴보면, 소액금융, 소액 대출, 소액 자산관리, 모바일 기반의 실시간 거래 등을 기반으로 금융 시장의 대다수사용자 중심으로 발달하고 있어서 경제학적 측면에서는 파레토 법칙의 반대 원리인 롱테일(The Long Tail) 법칙[13)]을 따르고 있다. 따라서 핀테크는 보안기반의 연결 플랫폼과 이에 가치를 제공하는 빅데이터와 결합의 산물이라고 볼 수 있다.

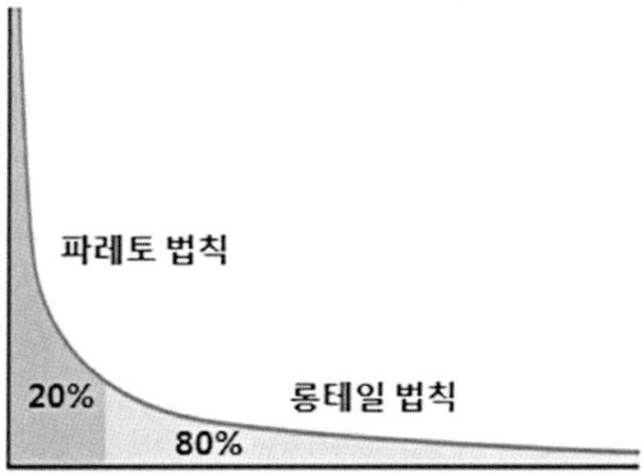

[그림 2-15] 파레토 법칙과 롱테일 법칙

기존 금융시장과 핀테크의 시장영역의 차이점을 보면 다음 그림과 같다. 기존금융 시장은 대규모 자산관리, 비 실시간 거래, 기존 은행 중심의 연결, 전통적인 평가 방법에 의한 신용평가가 이루어진다. 그러나 핀테크 시장은 소규모 자산관리, 온라인 기반의 실시간 거래, 신규 창업기업 중심의 연결 서비스가 제공되고 기존의 전통적

---

12) 파레토 법칙(Pareto 法則) 또는 80 대 20 법칙은 '전체 결과의 80%가 전체 원인의 20%에서 일어나는 현상'을 가리킨다.

13) 롱테일 현상은 파레토 법칙을 그래프에 나타냈을 때 꼬리처럼 긴 부분을 형성하는 80%의 부분을 일컫는다. 물류기술의 발달로 인해 이 부분도 경제적으로 의미가 있을 수 있게 되었는데 이를 롱테일이라고 한다.

인 신용평가 방식이 아닌 빅데이터 등을 이용한 소셜 평판분석 등을 적용하여 신용가치를 평가한다.

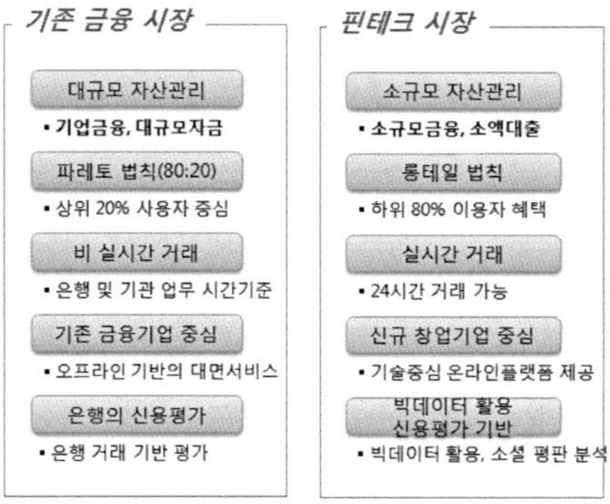

[그림 2-16] 기존 금융 시장과 핀테크 시장의 비교

가치는 모바일 기반으로 등장하는 다양한 빅데이터를 분석하여 개인들의 신용, 투자 분석에 이용되고 있다. 보안은 비대면 방식으로 본인 인증을 확보하기 위해 아이디와 비번을 활용하는 1차 인증방식뿐만 아니라 위치, 생체인식 등 2차 인증방식을 지원하고 있다.

연결은 대표적인 수단이 스마트폰이다. 언제 어디서나 거래를 할 수 있는 것으로 모바일 플랫폼 등이 활용되고 있다. 핀테크의 양대 산맥은 보안과 빅데이터로 보는 견해가 있다. 고객의 요구사항을 실시간으로 저비용으로 만족을 제공하기 위한 수단이다. 이를 가속화하게 된 것이 스마트폰의 발달이다. 즉 금융과 모바일의 결합이 핀테크를 탄생시킨 것이다.

금융에서 제공하는 가치를 극대화시켜주는 빅데이터 기술로 신용분석, 투자분석 등을 제공하고 실시간으로 정보를 확인 처리할 수 있도록 보안기술이 발달하고 이를 연결해주는 다양한 플랫폼이 등장하고 특히 모바일 기반의 플랫폼이 등장하고 있다. 이를 기반으로 등장한 것이 핀테크이다.

핀테크를 경제학적 측면에서 해석하면, 롱테일 법칙의 확산으로 볼 수 있다. 기존 금융의 사각지대인 소액 맞춤형 금융의 등장이 대표적인 사례이다. 이전에는 상대적으로 관심이 적었던 소규모 금융, 소액대출, 소액 자산관리를 효과적으로 처리할 수 있도록 지원하는 환경을 핀테크가 생성하고 있다.

핀테크 측면에서 바라보면 국내 시장은 아직 초기 단계이다. 국내는 사용자 위주의 금융 시스템이라기 보다는 운영자 위주의 시스템이 주도적으로 시장에 제공되고 있어 사용자의 불편함이 있으며 상대적으로 보안에 취약하여 지속적으로 많은 보안 사고를 발생해왔다.

핀테크 측면에서 안전성과 보안성을 강화하고 이를 기반으로 소외되었던 영역에 금융을 주입함으로써 수익을 창출하는 시장을 만들었다. 따라서 핀테크는 보안과 빅데이터의 결합을 통한 경쟁시장을 생성하였다. 새로운 시장 등장으로 국내외의 주요 ICT 기업들이 해당 분야에 진출하여 시장을 선점하기 위한 경쟁에 돌입하였다.

글로벌 핀테크 시장의 특징을 살펴보면, 미국의 경우 실리콘 밸리 중심으로 관련 기술이 창업 기업의 투자를 받으며 성장하고 있으며 뉴욕의 금융가에서도 투자에 대한 많은 관심을 보이고 있다.

영국의 경우 정부의 적극적인 지원을 기반으로 금융시장의 확대에 많은 노력을 기울이고 있다. 중국의 경우 빠른 금융 시장의 발달과 이용자들의 학습효과를 통해 알리바바, 텐센트 등 주요기업들이 시장을 확대하고 있다.

국내의 전자금융은 앞에서도 언급을 했지만 1999년도에 등장하여 2001년부터 각종 기관들이 온라인 금융 시스템이라는 용어로 전자금융 시장을 도입하여 선진국 수준으로 기술 확대에 많은 기여를 했다. 그러나 정부의 과도한 제약으로 인해 관련 시장이 빠르게 발전하지 못했다.

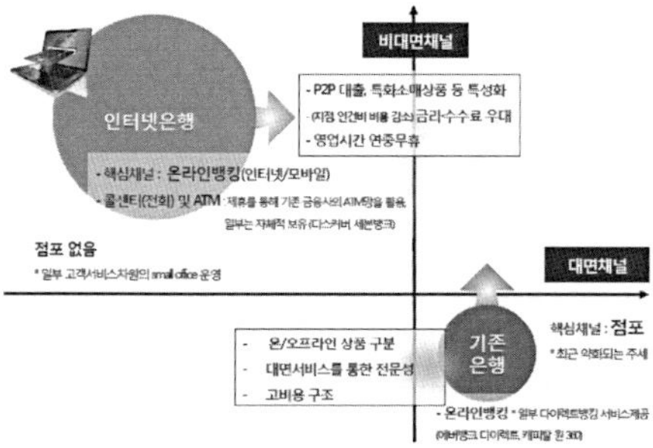

[그림 2-17] 전자(온라인) 금융 기술

[그림 2-18] 핀테크 금융기술의 분류

출처 : UK Trade & Investment)

금융 인프라 기술은 지급결제, 금융 데이터 분석, 금융 소프트웨어, 플랫폼 등으로 나누어지고 이를 지원하는 보안기술이 있다. 지급결제는 이용이 간편하면서도 수수료가 저렴한 지급결제 서비스를 제공함으로써 지급결제시장의 진입장벽 완화시키고 있으며 세부영역은 인프라(Infrastructure), 온라인결제(Online Payments), 환전(Foreign Exchange)이 있다. 금융 데이터 분석은 개인과 기업고객에 관련된 다양한 데이터를 수집하여 분석함으로써 새로운 부가가치를 창출하는 영역으로 Credit Reference, Capital Markets, Insurance 등이 있다. 금융 소프트웨어는 보다 진화된 스마트기술을 활용하여 기존 방식보다 효율적이고 혁신적인 금융업무 및 서비스 관련 소프트웨어 제공하여 Risk Management, Payments, Banking, Asset Management, Insurance, Accounting에 적용된다. 마지막으로 플랫폼은 전 세계 기업과 고객들이 금융기관의 개입 없이 자유롭게 금융거래를 할 수 있는 다양한 거래기반을 제공하고 있으며 P2P Lending, Trading Platforms, Personal Wealth, Aggregators 부분에 적용된다.

표 2-4 | 간편 기능의 전자금융 및 결제서비스

구 분	내 용
페이팔 (PayPal)	글로벌 온라인결제시장 1위를 점유하고 있는 제3자 결제시스템. 계정 생성후 은행 계좌 또는 신용카드를 연동하면 금액에 관계없이 어느 플랫폼에서나 이용 가능
알리페이 (AliPay)	글로벌 온라인결제시장 2위를 점유하고 있는 제3자 결제시스템으로 에스크로 플랫폼 역할. 제휴 은행 계좌에서 전자지갑을 충전한 후 온 · 오프라인 상점에서 제품과 서비스를 결제
애플페이 (ApplyPay)	지문인증(터치ID)과 NFC 기술을 결합한 결제 서비스로, 신용카드 등록 후 비접촉 결제단말기에 모바일기기(아이폰6, 아이워치)를 가져간 후 지문 인증을 통해 결제
구글월렛 (Googlewallet)	NFC 기술을 기반으로한 결제 및 송금서비스로, 직불카드, 신용카드 등을 대체하며 신용카드와 은행계좌를 연동하면 핀번호 입력만으로 결제 가능. 또한 지메일을 이용한 송금서비스도 제공

커런트C (CurrentC)	월마트, 베스트바이 등 미국 58개 주요 유통 업체들의 컨소시엄인 MCX를 통해 자체 개발한 QR 바코드 스캔방식의 모바일 결제 애플리케이션. 결제시 ACH(Automated Clearing House) 네트워크를 통해 계좌에서 금액이 바로 출금되는 방식
뱅크월렛 카카오 (BankwalletKakao)	카카오톡 SNS 기반 결제 및 송금서비스. 제휴 은행 계좌에서 현금을 충전한 후 NFC를 이용하여 결제를 하거나 친구선택-핀번호 입력만으로 송금
카카오페이 (KakaoPay)	카카오톡 SNS 기반의 신용카드 간편결제 서비스로, 별도의 애플리케이션 설치 없이 이용 가능. 최대 20개의 신용카드 및 체크카드를 등록하고 기등록한 비밀번호만으로 결제
비트코인 (Bitcoin)	공개키암호화기술과 P2P 기술로 구현한 가상화폐로, 에스크로와 무통장입금방식을 이용하여 비트코인 전자지갑을 충전. 이후 가맹점 전자지갑으로 송금하여 결제
비요 (Biyo)	지문 대신 손바닥의 정맥 패턴을 이용하여 결제하는 서비스로, 최초 카드정보와 정맥패턴을 사전에 등록해 놓은 뒤 결제할 때 손바닥을 스캔하여 카드 없이도 결제
벤모 (Venmo)	SNS 기반 송금서비스로, 전용 애플리케이션에서 받는 사람의 정보(전화번호 또는 이메일)와 금액을 입력함으로써 실시간 송금
패스타캐시 (Fastacash)	페이스북, 트위터, 왓츠앱 등 SNS 기반 송금서비스로, SNS의 게시글과 함께 송금 발생
스퀘어캐시 (Squarecash)	이메일 기반 송금서비스로, 별도의 애플리케이션 설치없이 이용가능. 직불카드와 이메일을 연동한 후에는 모든 송금절차가 이메일을 이용

5.2 만병통치약, 파나케이아

그리스 신화에서 나오는 레아의 두 쪽 유방의 이름이 히기에이아와 파나케이아이다. 그리스 신화에 등장하는 파나케이아(그리스어: Πα νάκεια)의 이름을 본 따서 파나케이아(Panacea)라고 부른다. 파나케이아 그리스신화에 나오는 치료의 여신으로 그리스어로 '모든 것을 치료한다'는 뜻이다.

의술의 신 아스클레피오스와 에피오네 사이에서 태어났으며 이 신화에 따르면, 트로이 전쟁에 참전한 마카온과 포달레이리오스와는 남매 사이이며, 건강 또는 위생의 여신인 히기에이아의 자매이다. 그리스 신화에 등장하는 치료의 여신인 파나케이아는 무언가를 고치는 일을 병적으로 좋아하는 탓에 고장이 난 것만 찾아다니는 독특한 습성이 있다고 한다. 치료에 대한 그녀의 집착은 더 이상 고칠게 없어졌을 때, 멀쩡한 것도 치료가 필요한 상태로 만들어 놓을 정도라고 전해진다.

파나케이아(Panacea)는 우리말로 만병통치약(萬病通治藥)이다. 만병통치약은 온갖 병을 치료할 수 있는 가상의 약이나 처방으로서 서양 연금술에서는 현자의 돌이 만병통치약으로 여겨졌다. 그러나 의학 · 약학적인 관점에서 만병통치약은 존재할 수 없다. 사람마다 몸 상태나 체질 등이 다르고, 여러 가지 질병이 있는 만큼 증상이 서로 반대로 나타나는 질병(예: 고혈압-저혈압, 변비-설사)도 많으며, 약이라는 것은 필연적으로 부작용을 수반하기 때문에 한 가지 약이 모든 질병에 맞는 효과를 내기는 불가능하다. 따라서 '모든 질병에 효과가 있고 부작용이 없는' 만병통치약은 만들 수 없다.

경제업무에서 만병통치약이라는 말을 사용했던 사람이 있다. 미국의 통화 정책을 책임지고 있는 연방준비제도(Fed · 연준) 의장인 벤 버냉키다. 금융시장의 관심이 집중되었던 와이오밍주 잭슨홀에서 있었던 연설에서 'Monetary policy is not a panacea'라는 표현을 썼다. 이는 금융정책이 경제문제를 해결하는 만병통치약이 아니다 라는 의미로 사용했다. 미 연준은 2008년 12월 이후 3년 이상 넘게 정책금리를 거의 제로수준(0.25%)으로 유지했다. 금리를 낮춰도 실물경

[그림 2-19] 만병통치약

출처: 파이낸셜 뉴스 2014

기가 좀처럼 개선되지 않자 직접 돈을 시중에 풀기 시작했다. 이것이 소위 양적완화정책(Quantitative Easing)이다. 양적완화 정책이란 연준이 금융기관이 보유한 국채와 같은 채권을 매입하는 대가로 금융기관에 유동성을 공급하는 것이다. 이렇게 하면 기업이나 가계가 낮은 금리에 돈을 빌리기 쉬워져서 투자나 고용, 소비를 늘리게 되고 결국 경기회복이 빨라질 것이라는 것이다.

버냉키 의장은 잭슨홀 연설에서 QE3 실시 의지를 이전보다 더 강하게 내비쳤다. 그의 말대로 QE3와 같은 통화정책수단이 미국의 모든 경제문제를 해결해 줄 수 있는 파나케이아는 아니다. 하지만 물가안정과 완전고용이라는 두 가지 정책목표를 추구하는 연준으로서는 물가가 상당기간 안정될 것으로 예상되는 상황에서 높은 실업률을 낮추기 위해 QE3를 실시할 여지가 있다고 판단할 수 있다. 단기적으로는 금융시장에 활력을 불어넣고 경제 주체들에게 정책당국의 경제여건 개선 노력을 보여줌으로써 심리적 안정감을 주는 데는 분명히 효과가 있다.

미국경제의 활성화에 대한 책임과 기대가 연준에 집중되고 있는 상황에서 버냉키 의장이 느끼는 부담감이 얼마나 클지 짐작이 간다. 통화정책이 만병통치약이 아니라고 수차례 언급한 데에는 이러한 고뇌가 묻어 있다. 금융시장 일각에서 연준이 양적완화정책(QE3)을 실시하면 기대효과 외에 부작용도 상당할 것이라는 우려를 제기하는 것도 무시할 수 없었기 때문이다. 이처럼 국가적 측면에서는 경제적 위기 등 우리는 살아가면서 수많은 위기를 경험하며 살고 있다. 이런 위기를 극복하기 위해 우리는 만병통치약을 원한다. 그러나 현실에서는 만병통치약이 존재하지 않는다. 모든 약은 일부 질병에만 극복할 수 있도록 지원하고 사용 후 부작용을 유발한다. 따라서 버냉키도 이와 같은 점을 간과해서는 안 된다고 알리고 있는 것이다.

우리는 만병통치약을 찾기보다는 현행 문제점을 극복하고 한 단계 도약할 수 있는 치료약을 찾고 있는 것이다. 치료약은 어떤 질병이나 문제가 발생했을 때 연구되어 만들어진다. 이런 매커니즘이 경제에서도 작동되고 있다. 즉 우리가 겪는 위기를 자세히 살펴보면, 그 문제를 해결하기 위해 방안으로 그 속에는 새로운 혁신이 출발하고 있다는 사실을 잘 알 수 있다. 이처럼 현식을 통해 문제를 해결하여 새로운 사업은 폭발적으로 발달하지만 일부 기술이나 서비스는 시장에서 더 이상 필요하지 않아 사라지는 결과를 초래한다. 대표적인 사례로 핀테크 서비스를 보면 Off-line 분야 금융업무가 축소되고 On-line 전자금융의 규모는 점차적으로 확대되고 있다.

제 3 장

[국가] 전자금융 춘추전국시대

제3장 [국가]
전자금융 춘추전국시대

1. 추월당한 전자결제 시장, 한국

1.1 동북아 금융 기반, 서울

국제금융 중심지(International financial center)란 국내 거주자 사이에는 물론이고 외국 거주자 간, 그리고 외국 거주자와 국내 거주자 간에 여러 형태의 금융거래가 활발하게 이뤄지는 곳이다. 현재 세계에서 가장 잘 알려진 국제 금융 중심지는 앞서 말한 런던과 뉴욕이다. 아시아에서는 홍콩과 싱가포르가 대표적인 국가이며, 1980년대 이후에는 독일 프랑크푸르트, 아일랜드 더블린, 미국의 샬롯과 델라웨어, 그리고 케이먼 아일랜드 등이 새로운 금융 중심지로 부상했다.

우선 런던과 뉴욕은 전 세계에서 모여든 시장 참여자들을 상대로 장단기 채권, 주식, 선물, 파생상품, 개인신탁, 연금, 예금, 대출, 보험 등 온갖 금융자산을 거래하는 곳이다. 그래서 이들을 두고 종합적(Broad-end)이며 세계적(Global)인 금융 중심지라 일컫는다. 특히, 런던은 국내 거주자보다 해외 거주자를 대상으로 하는 영업 비중이 뉴욕보다 더 높아 국제금융 중심지로서는 더 높이 평가받는다. 이에 비해 싱가포르, 홍콩 등은 여러 가지 금융상품을 취급하지만, 고객이 주로 아시아 지역에 제한적이다. 이들은 자국 경제규모가 작고 자금 공급자 대부분이 비거주자들이며, 자금 사용자도 전 세계 시장을 대상으로 하는 다국적 기업이라기보다는 아시아 지역을 발판으로 활동하는 기업 및 금융기관들이다. 따라서 이들은 국제금융 중심지이기는 해도 엄밀하게 따지면, 지역(Regional) 국제금융 중심지로 분류된다.

미국 샌프란시스코, 스위스 취리히, 룩셈부르크, 케이먼 아일랜드 등은 개인의 자산관리, 기금운용, 보험 등 몇 몇 금융상품에 특화하는 이른바 틈새시장(Niche market)으로 알려져 있다. 또한 더블린, 델라웨어 등은 자체 금융거래에 중심보다는 다른 금융 중심지에서 발생한 금융거래의 회계처리, 계약 작성, 법정기록 등 이른바 후선 업무(Back-office service)에 집중한다.

금융은 그 자체로써 고부가가치 산업이다. 뿐만 아니라 제조업 등 실물 부분의 원활한 자금 조달과 운영을 가능하게 해준다. 다른 한편으로는 금융은 법률 · 회계 컨설팅 등 고부가가치 서비스 산업의 발전과 수준 향상을 견인하는 역할을 한다. 우리나라는 서울을 동아시아의 금융 기반인 "금융허브"로 키우기 위해 많은 노력을 해오고 있다. 금융허브란 일반적으로 금융거래의 중개와 결제가 대량으로 이루어지는 중심지를 말한다. 금융허브는 국가/지역 단위 금융거래를 다루는 다수의 금융기관들이 활동하며, 자금 수요자 및 공급자 간 연계를 통해 금융자원의 효율적 배분을 담당한다. 정부는 다양한 형태의 금융허브 중 특화금융허브와 글로벌 금융허브에 관심이 집중되고 있다. 서울의 경우 상당한 규모의 국내시장 보유, 우수한 IT

인프라를 확보하고 있으며 금융부문 구조조정 비교적 성공적으로 수행한 경험을 확보하고 있다. 이에 반해 제약이 많은 법률/규제 시스템, 국제적 인재 유치 위한 생활여건 상대적 미비하고 영어를 사용하는 인구가 상대적으로 적다는 단점이 있다. 그러나 국내는 지리적, 환경과 인프라 측면에서 많은 가능성을 보유하고 있어서 정부의 지속적인 노력이 필요하다.

1.2 전자결제의 춘추전국시대

고대 중국은 고대 이집트 · 페르시아 · 그리스 등 보다 더 문화 수준이 높았던 국가였다. 특히 춘추전국시대(BC 770~221)의 중국문화는 과학의 발달이 세계사에서 중요한 비중을 차지하게 된 근세 이전까지를 역사적으로 가장 높은 수준이었다고 말해도 과언이 아니다. 특히 도덕 · 정치 · 군사 · 사회생활 등에 관한 학술 및 예술의 발달은 눈부셨다. 공자 · 맹자 등 제자백가(諸子百家)들의 사회사상이 이 시대에 형성되었다.

고대 중국인들에게 있어 중국 전체 토지는 국가가 아닌 세계였다. 그래서 '천하(天下)'라고 불렀다. 천하 내에는 여러 제후국(諸侯國)들이 난립했다. 제후국들 간에는 수시로 분쟁과 통합 또는 분열이 일어났으며, 그 결과 제후국 숫자는 시대별로 달랐다. 강자가 등장하여 천하를 통일하면 한 나라를 이루었다.

우리에게 잘 알려진 고사성어로 '와신상담(臥薪嘗膽)'이라는 말이 있다. '울퉁불퉁한 땔나무 위에 누워 잠을 자고 쓰디 쓴 곰쓸개 맛을 보며' 패전의 굴욕을 되새기는 모습은 춘추시대 각국의 치열한 생존

경쟁의 단면을 보여준다. 와신상담하지 않고서는 살아남기가 어려웠다. 춘추 초기에 주왕으로부터 봉해진 제후국은 총 140여 개였으나 춘추 말기에는 진(秦), 초(楚), 제(齊), 한(韓), 위(魏), 조(趙), 연(燕)의 7개국으로 정리되었다. 기록에 남겨진 전쟁의 횟수만도 1,200회가 넘는다.

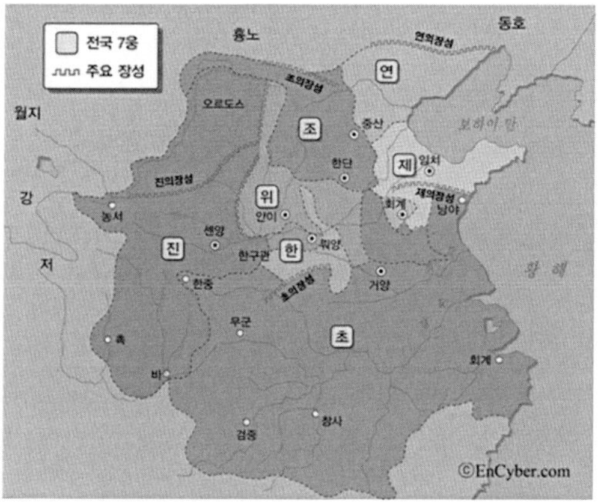

[그림 3-1] 춘추전국시대의 7 개국

출처 : http://historyneo.blogspot.kr/2014/05/bc770bc221.html

1996년 인터파크 설립으로 시작된 한국의 온라인 쇼핑이 20주년을 맞았다. 20년간 치열한 경쟁이 이어지고 있지만 업계는 여전히 '춘추전국시대'이다. 기존 온라인몰뿐만 아니라 포털, 통신, 오프라인 유통업체도 온라인 쇼핑에 주목하기 시작했다. "미래 기업 경영은 적이 누구인지 모르고 싸우는 전쟁과 같을 것"이라고 한 영국 경영학자 찰스 핸디의 말처럼 온라인 쇼핑업계의 '적을 알 수 없는 무한 경쟁'이 본격화하고 있다.

국내 온라인 쇼핑은 1996년 6월1일 탄생했다. 오전 5시 인터파크 웹사이트가 처음 공개됐고, 6시간 후인 오전 11시에 롯데닷컴이 영업을 시작했다. 인터파크와 롯데닷컴의 거래 규모는 소규모였으며 1997년 삼성몰, e현대, 신세계닷컴 등을 시작으로 1998년 말 온라인 쇼핑몰 수는 300여개까지 늘었다.

온라인 쇼핑이 급성장한 것은 판매자들이 자유롭게 상품을 판매하는 '오픈마켓'이 등장하면서 부터이다. 2000년대 중반 G마켓과 옥션, 11번가 등이 치열한 경쟁을 했다. 2010년부터는 모바일 커머스 경쟁이 시작되어 티몬, 쿠팡, 위메프 등 소셜커머스 업체가 생겼다.

[그림 3-2] 한국의 온라인 쇼핑 20년 역사

국내 PG(Payment Gateway, 전자결제지급 대행기업)사는 인터넷 상거래가 싹트던 1998년부터 생겼다. 당시에는 금융감독원이 PG사를 관리하지 않았고 지금처럼 등록해야 한다는 규정도 없었다. 2006년 관련법이 마련된 뒤 100개가 넘던 PG사는 20개 정도로 정리되었다. 2015년 20여개 기업이 10년 가까이 큰 판세 변화 없이 국내 전자결제 시장을 점유하고 있다. 이런 안정적인 구도가 모바일 시대를 맞아 춘추전국 시대로 진입할 준비를 하고 있다. 모바일 시대에 가능성을 보고 여러 회사가 전자결제 시장에 뛰어들고 있지만, 이들 모두가 살아남으리라는 보장은 없다. 오히려 몇 년 안에 생존하는 몇 개 회사로 정리될 가능성이 크다. 전자결제 초기에 국내 전자결제 시장은

이미 이런 상황을 겪은 경험이 있다.[14)]

여기에 해외 거대 IT 회사인 알리바바와 아마존, 페이팔 등 해외 서비스도 국내에 들어오고 있다. 또한 환경적 변화를 보면, 국내의 경우 신용카드 결제시 공인인증서 사용 강제 규정이 없어지면서 해외 서비스가 들어올 가능성은 더욱 증가 하였다.

스마트폰이 널리 보급된 모바일 시대가 오면서 IT 기업들이 전자결제 시장에 뛰어드는 모습이다. 왜 그럴까? 돈이 오가는 길목을 소유하게 되면 많은 관련 서비스에 영향을 줄 뿐만 아니라 경제적으로 많은 이익을 창출할 수 있다.

우선 외부 전자결제 서비스를 이용할 때 PG사에 줘야 했던 수수료를 내 주머니로 돌릴 수 있다. 국내의 경우 전자결제 서비스를 이용하면 PG사에 매출액 0.5~1%를 수수료로 내줘야 한다. 매출 규모가 클수록 자체 전자결제 서비스를 만들 이유도 분명해지는 셈이다. 이 때문에 애플과 구글 등 큰 IT기업은 자체 전자결제 서비스 시장에 진입하고 있는 것이다.

전자지갑이란 일정 금액을 충전해두고 쓰는 구글월렛이나 뱅크월렛 카카오 같은 서비스다. 전자지갑 서비스를 제공하면 고객이 전자지갑에 충전해둔 채 쓰지 않은 예치금이 남기 마련이다. 고객은 주문을 하는 당일 입금을 하지만 PG사는 당일 고객이 입금한 돈을 정산해 주지 않는다. 실제로 대금을 결제해주는 신용카드사나 통신사가 실시간으로 돈을 정산해 주지 않기 때문이다. 신용카드는 일주일, 휴대전화 결제는 한 달 까지 대금을 지불하는 데 시차가 생긴다. 즉 돈이 은행에 묶이는 셈이다. 오가는 돈이 많아질수록 중간에서

---

14) 출처 : https://www.facebook.com/tr?id=1605882613029300&ev=PixelInitialized

소유하고 있는 예치금 규모도 커진다. 이 돈을 은행계좌에 두고 이자를 받을 수도 있겠지만, 보험이나 환전 같은 금융 서비스를 제공하며 추가 수익을 노릴 수도 있다. 이 부분은 기업들이 전자결제 서비스를 통해 얻는 보이지 않는 이익이다.

1.3 삼성페이

삼성페이가 타 페이 서비스와 구분이 되는 이유는 NFC(Near Field Communication)에 더해서 MST(Magnetic Secure Transmission)라고 불리는 마그네틱 보안 전송 방식까지 더한 결제 방식을 지원하기 때문이다. 여기서 말하는 MST라는 것은 일반 매장에서 흔히 사용되는 카드 결제 단말기와 동일한 기술인데, 카드를 결제기에 긁으면서 발생하는 자기장을 그대로 구현하기 때문에 삼성페이는 기존의 기기로도 결제가 가능한 것이다. 삼성페이 탑재라고 하는 기어S2의 경우는 두께와 무게, 배터리의 한계로 인해서 현재로서는 MST 기능이 제외된 NFC만 가능해서 대중교통이나 편의점, 영화관 등에서만 사용이 가능하다.

애플페이는 애플이 내세운 기능이라는 점과 아이폰을 활용한다는 점에서 빠른 확산을 기대하기도 했지만 현재로서는 NFC만 가능하기 때문에 매장에 NFC 기능을 보유한 단말기 보급에 한계가 있다. 삼성페이와 달리 기존의 카드 결제기만으로는 결제가 안되기 때문이다. 2015년 상반기 기준 애플페이를 사용할 수 있는 사용자 가운데 겨우 10% 정도만이 애플페이를 사용하고 있으며 기존의 지갑을 완전히 대체하지 못하면서 한계를 제공하고 있다. 이러한 상황은 미국의 NFC 단말기 보급률이 겨우 10%에 그친다는 통계와도 일치하고 있으며 이는 10곳의 매장 가운데 1곳에서만 애플페이의 결제가 가능하기 때문이다. 삼성페이만으로 삼성을 선택하는 소비자는 한정적이며 기술 선도라는 측면에서 보면 '실용적인' 기술로서 상당한 브랜드 가치 상승효과가 있다.

1.4 네이버페이

네이버는 처음부터 결제를 생각하고 네이버페이를 선보인 것은 아니라고 설명한다. 검색을 편리하게 만들기 위한 수단 중 하나로 결제를 꺼내들었을 뿐이다. 과거 네이버 웹사이트에서 쇼핑 검색을 하고 나면, 해당 물품을 파는 쇼핑몰 웹사이트로 이동했다. 검색은 네이버에서 했지만, 구매는 해당 쇼핑몰에서 이뤄져야 했기 때문이다. 그 과정에서 회원가입, 로그인, 상품 재검색, 결제 등 상품을 검색하고 구매하기까지 많은 단계와 시간이 필요했다. 필요한 상품은 검색으로 금방 찾았는데, 정작 해당 상품을 손에 쥐기까지 거쳐야 할 과정은 길고 험난했다. 따라서 이를 해결하기 위해 네이버페에를 제공했다. 네이버페이는 네이버 안에서 이뤄지는 모든 서비스에서 이용할 수 있다. 쇼핑뿐 아니라 음악과 도서, 웹툰 같은 디지털 콘텐츠도 네이버페이로 이용할 수 있다. 이처럼 네이버 플랫폼에서 일어나는 결제 행위를 하나로 통합하기 위해서 네이버는 꽤 긴 시간을 투자했다.

네이버페이는 네이버에서 은행 계좌나 체크카드, 신용카드를 미리 등록해 두고 등록한 결제 수단을 통해 결제하는 간편결제 서비스이다. 기본적으로 네이버 체크아웃을 서비스중이였던 쇼핑몰. 즉, 네이버 캐시를 사용할 수 있는 쇼핑몰이라면 사용할 수 있다. 은행 계좌는 등록할 때 자신의 통장으로 돈이 들어오는데, 이 액수를 입력하는 것으로 인증한다.

네이버페이의 사용 방법을 보면, 우선 네이버 아이디가 있어야 한다. 이후 본인인증 절차를 거친 후 결제 쓸 카드와 계좌를 등록한다. 카드는 카드사마다 1개씩만 등록할 수 있다. 농협카드와 신한카드를 모두 결제수단으로 등록할 순 있지만, 신한카드를 2장 등록할 순 없다. 결제수단을 등록하고 난 다음에 결제에 쓸 비밀번호 6자리를 정하면 된다. 이후 네이버 아이디로 다양한 가맹점에서 회원가입 없이 쇼핑하고 결제할 수 있다. 네이버뮤직, 영화, 웹툰도 네이버페이로 결제할 수 있다.

네이버페이 모바일지갑이 온라인을 넘어 오프라인으로 영역을 확장한다. 네이버가 오프라인 환경에서 사용하는 플라스틱카드를 시장에 도입했다. 네이버는 네이버페이 사용 경험 확대 차원에서 실물 체크카드를 준비하여 금융사와 제휴, 공동 출시한다. 항공 마일리지 카드처럼 네이버페이 체크카드를 쓰면 일정액을 포인트로 적립한다.

네이버페이 체크카드는 오프라인 매장 사용시 거래액 일부를 네이버페이 포인트로 적립함으로써 소비자를 유인하고 있다. 네이버페이는 온라인 거래시 1~3%를 구매자에게 포인트로 제공한다. 이를 통해 네이버페이 생태계를 온라인뿐만 아니라 오프라인 매장으로 연결하고 있다. 체크카드를 이용하여 네이버페이 이용자는 그간 단절됐던 오프라인 매장에서도 포인트를 적립할 수 있다.

1.5 페이코(PAYCO)

페이코 서비스는 크게 온라인과 오프라인으로 나누고 있다. 온라인에서는 '페이코', 오프라인에서는 '페이코 티머니'를 이용하면 된다. 페이코는 PC 온라인에서는 아이디+결제비밀번호, 모바일 온라인에서는 앱 결제, 교통에서는 터치, 오프라인 상점에서는 터치+결제비밀번호, 학원 상점에서는 청구서 확인+결제비밀번호로 결제를 수행한다.

온라인에서는 아이디와 비밀번호 6자리만 있으면 된다. 페이코 앱을 내려 받은 뒤 회원가입을 한 후 주로 사용할 결제 수단을 등록하면 사용 준비가 끝난다. 신용카드와 체크카드, 티머니를 등록할 수 있다. 이후 아이디와 비밀번호만 입력하면 등록한 결제 수단으로 결제가 이뤄진다.

오프라인에서는 페이코 티머니로 스마트폰 근거리무선통신(NFC)을 이용한다. NFC를 지원하는 스마트폰을 티머니 결제 단말기(동글)에 터치하면 결제가 이뤄진다. 스마트폰 전원이 꺼져도 약 2시간 정도는 NFC를 통해 결제할 수 있다. NFC 칩은 소량의 전류로도 구동이 가능하기 때문에, 휴대폰 배터리 방전으로 화면이 꺼지더라도 잔류 전류를 이용해 일정시간 동안 티머니로 결제할 수 있다. 또한 페이코 전용 동글을 통한 NFC 결제를 준비하고 있다. NFC 터치와 결제비밀번호를 입력으로 간편하게 이용할 수 있다.

'페이코'는 아이디와 비밀번호 입력만으로 다양한 쇼핑몰에서 간편하게 상품을 구매할 수 있고 실속 있는 쿠폰 할인과 포인트 혜택도 누릴 수 있는 간편결제 서비스다. 앱을 별도로 설치하거나 미리 신용카드를 등록하는 번거로움 없이도 PC, 모바일 등 다양한 환경에서 간편하게 결제할 수 있다는 장점이 있다. 다양한 방식의 결제 기술이 붙기 때문에 실용적이고 편리하다. 페이코는 오프라인에서 제품 메뉴판 등에 붙은 QR코드를 스마트폰으로 찍어 바로 결제할 수 있다. 상대방에게 티머니를 선물할 수도 있고, 플라스틱 카드의 티머니 잔액을 모바일로 이전할 수도 있다.

경쟁 서비스 '네이버페이'나 '카카오페이'가 아직 온라인에 한정한다는 점에서, '삼성페이'는 반대로 오프라인에서만(삼성카드는 온라인 사용 가능) 사용할 수 있다는 점에서 각각 반쪽짜리 서비스에 그친다면 페이코는 온 · 오프라인 영역을 가리지 않는다는 얘기다. 이 같은 온 · 오프라인 통합 결제 플랫폼은 국내에서 사실상 페이코가 유일하다.

1.6 카카오페이

카카오페이는 다음 카카오에서 2014년 9월에 출시한 간편결제 서비스로 개시 이후 한 달 만에 가입자 수 120만 명을 확보하였다. 카카오톡 사용자는 별도의 앱 설치없이 이용할 수 있어 편리하고 카카오톡 사용자가 3,500만 명이 넘어 다른 간편결제보다 빠르게 성장하고 있다.

카카오페이(Kakao Pay)는 가입과 카드 등록 정보를 최초 1회 입력 후, 결제 시에 6자리의 비밀번호를 통해 인증하는 방식을 사용하고 있다. 암호화된 결제정보를 사용자 스마트폰과 LG CNS 데이터센터에 분리해 저장한다. 가입절차는 매우 간단하다. 카카오톡 사용자는 카카오페이 메뉴에 들어가 휴대폰으로 본인 인증을 한 뒤 최소 6

자리에서 최대 12자리의 숫자로 된 결제 비밀번호를 등록하면 된다. 단, 스마트폰과 신용카드의 명의가 동일해야 한다.

카카오페이의 결제 수단인 카드결제는 BC카드(우리, IBK기업, 스탠다드차타드, 대구, 부산, 경남은행. 단 NH농협, 신한, 씨티, 하나SK, KB국민 제외), BC제휴카드(수협, 광주, 전북, 제주, 새마을금고, 우체국, 신협, 현대증권, KDB산업은행, 저축은행, 중국은행), 현대카드, 롯데카드이다.

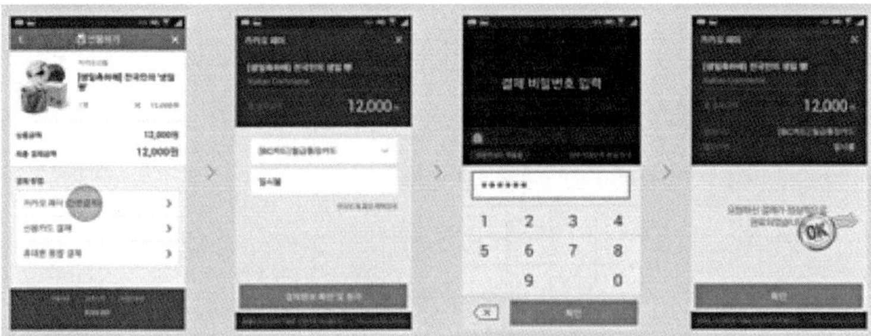

① 결제 수단 카카오페이 선택 ② 결제카드 및 할부 개월 선택 ③ 결제비밀번호 입력 ④ 결제 완료

출처: 카카오페이 사이트

[그림 3-3] 카카오페이 모바일 결제 절차

2. 세계 전자결제 시장의 큰손, 미국

2.1 세계 금융의 중심, 뉴욕 월스트리트

세계 금융시장의 중심지인 뉴욕을 대표하는 상징물로는 월가의 상징 황소동상, 뉴욕 증권 거래소, 또한 화려한 현대 건축물들, 그리고 뉴욕에서 가장 오래된 교회인 트리니티 교회 (Trinity Church)가 있다. 1792년에 창립된 세계 제일의 규모를 자랑하는 주식 거래소가 자리

잡고 있는 월스트리트가 있다. 월가를 상징하는 황소의 등장은 다음과 같은 이야기가 있다. 1989년 한 예술가가 증권거래소 앞에 월스트리트의 호황을 기원하며 이 황소상을 월스트리트에 두었다. 어느 날 갑자기 덩그러니 월스트리트 뉴욕증권거래소 앞에 나타난 황소 동상 때문에 많은 뉴요커들, 그리고 월가의 사람들은 매우 놀랐다. 이후 황소 동상에 대한 논란이 끊이지 않았고, 황소 동상을 없애자는 의견과 다른 곳으로 옮기자는 여러 의견들의 협의를 통해 황소 동상은 월스트리트의 커스텀 하우스 부근에 자리를 잡아 현재 월가의 상징이자 월스트리트를 찾는 많은 관광객들의 사랑을 받고 있다.

월스트리트(Wall Street)라는 이름은 어떻게 생겨났을까? 궁금해진다. 뉴욕을 뉴암스테르담이라고 불렀던 때에 처음으로 이민해온 네덜란드인이 인디언의 침입을 막기 위해 쌓은 통나무로 만든 성벽(Wall)을 '월스트리트'라고 불린 것에서 유래한다. 월스트리트는 어떻게 세계 금융의 대표가 되었을까?

1783년 영국으로부터의 미합중국 독립 이후, 공채와 은행주를 중심으로 증권거래가 보급되고, 1792년 뉴욕 증권 거래소 건물이 세워졌던 것이 월스트리트(월가)의 시초이다. 운하주, 보험주의 거래가 시작되었고, 철도주 거래의 성행, 모건과 로브의 활발한 사업과 함께 월가의 이름이 높아지기 시작했다. 이후 금융으로 유명하던 런던 주식시장과의 긴밀한 관계를 유지하여 시장 조직이 확대되면서 세계 금융의 중심, 뉴욕 월스트리트로 성장하게 되었다. 처음 24명의 중개인이 거래규약에 서명했을 때에 비하여, 현재 뉴욕 주식거래소의 회원은 약 1,500명 규모로 커졌다. 이렇게 발전의 발전을 거듭한 월스트리트는 재채기만 해도 전 세계가 감기가 든다고 할 정도로 세계 경제에 큰 영향을 주고 있다.

뉴욕증권거래소(New York Stock Exchange, 이하 NYSE)는 미국뿐 아니라 세계 전체에서 가장 큰 규모를 자랑하는 증권 거래소이다. 1792년 증권 매매에 종사하는 24명의 브로커가 월가의 플라타너스 나무 아래에서 모임을 갖고 연방정부채(聯邦政府債)의 수수료율을 협의한 것이 거래소의 시작이 되었다고 알려져 있다. 1817년에 정식으로 뉴욕 증권 거래위원회로 발족하였고 1863년 현재의 이름으로 개명하였다. NYSE는 1975년 수수료 자유화로 증권계의 재편성을 거쳐 세계 증권 시장의 흐름을 주도하고 있다. 미국뿐만 아니라 많은 외국기업이 이 증권거래소에 상장하여 거액의 기업자금을 조달하고 있어 진정한 세계 경제의 중심으로 거듭날 수 있었다.

2.2 미국의 인터넷 뱅킹

저자는 미국에 살고 있는 지인과 종종 화상채팅을 통해 이야기를 나눈다. 얘기를 나누다 보면 자연스럽게 우리나라와 미국의 차이에 대해 얘기하게 되는데, 가장 인상 깊었던 대화 중 하나는 은행의 온라인 자금 이체에 관한 것이었다. 미국은 은행끼리 인터넷으로 자금을 이체해야 하는 과정이 국내와는 많이 달랐다. 그는 미국에서 Chase Bank, Bank of America, US Bank, Citi Bank 등 여러 은행을 사용하고 있는데, 각각의 은행은 지역별로 규모가 다르다. Chase Bank의 경우 Washington Mutual Bank와의 합병으로 캘리포니아 지역에서 은행지점이 크게 확장되고 있으며, Bank of America 역시

[그림 3-4] Bank of America의 인터넷 뱅킹 초기 화면

캘리포니아 지역에서 지역은행인 Wells Fargo보다 더 많은 지점을 가진 전국구 은행이다. Citi Bank의 경우 세계적으로 유명함과 동시에 많은 체인점을 가지고 있다. US Bank의 경우 많은 지점을 보유하고 있긴 하지만 Chase나 BoA보다는 비교적 규모가 작은 은행이다.

물론 그는 국내와 미국 이외에 다른 나라에서는 인터넷 뱅킹을 사용해보지 않아 잘 모르겠지만, 그의 말에 의하면, 우리나라의 인터넷 뱅킹 속도는 세계 최고라고 인정했다. 단, 엑티브 X 때문에 크롬 이용자 임에도 불구하고 인터넷 익스플로러를 사용해야 하는 불편함과 원하지 않는 엑티브 X 보안 패치들이 사용에 많은 제약을 준다. 그러나 신속하고, 그 누구든 동시에 자금이 이체되고, 바로 인출할 수 있는 시스템은 정말 훌륭하다. 단, 보이스 피싱 문제로 인해 인출이 바로 되지 않고 10분을 기다려야 하는 형태로 바뀌었지만, 여전히 미국의 방식과는 비교할 수 없을 만큼 빠르다.

그렇다면 미국은 어떤 절차를 거쳐야 할까? 미국의 경우, 각각의 은행마다 조금의 차이는 있지만 기본적인 패턴은 같다. 본인 명의의 여러 계좌끼리는 실시간으로 이체가 가능하다. 그러나 같은 은행끼리라도 타인 명의의 계좌로의 이체나 미국내 타 은행으로의 이체는 등록을 해야 하는 불편함이 있다. 먼저, 이체하고자 하는 은행명과 계좌번호, 라우팅 번호를 등록한다. 그리고 영업일 2~3일 후 해당 은행으로 직접 가서 $1 이하의 작은 금액을 두 번, 해당 계좌로 입금한다. 그 후 보내고자하는 계좌를 확인하여 얼마가 입금되었는지 확인한 후, 이체하고자 하는 은행 사이트에 들어가 해당 금액을 입력하여 확인하는 작업을 거쳐야 한다. 이 확인 절차가 끝나면 내 계좌에서 이체하고자 하는 계좌로 언제든지 예금을 이체할 수 있게 된다. 하지만 이 작업이 끝났다고 해도 실시간 이체는 불가능하다. 정상적인 타행 이체, 또는 타인 계좌로의 이체는 영업일 3~5일을 기다려야 한다. 주말이 낄 경우 길게는 이 모든 작업이 2주 정도 걸릴 수도 있다. 아마도 이런 복잡한 문제 때문에 미국은 인터넷 뱅킹을 통한 보이스 피싱 피해가 우리나라에 비해 상대적으로 적은 원인 중의 하나이다.

인터넷 뱅킹을 항상 이용하는 이용자로서 미국처럼 이체를 복잡하게 만들어 놓는 것이 좋은지, 아니면 우리나라 처럼 즉각 이체가 가능한 것이 좋은지에 대해서는 어느 한 방법이 옳다고 단정 짓기는 어렵다. 귀찮고 오래 걸리더라도 안전을 추구하느냐 또는 조금 불안하더라도 당장 사용 가능한 속도를 추구하느냐. 모든 일이 빠르게 처리되는 요즘 시대에 속도가 매우 중요한 것은 사실이나, 돈과 직접적인 연관이 있는 은행업무라는 점에서 안전은 절대적인 요소이다.

미국 사람들도 이체 절차의 복잡함에 대한 불편함을 느꼈는지 최근에 미국 Chase Bank에서 이메일과 휴대폰 번호만 등록하면 타인에게 쉽게 돈을 보내고 받을 수 있는 시스템을 개발하여 운영하고 있다. 특히 미국에서 자녀들을 키우는 부모라면 느끼겠지만, 자녀들의 학교에서 이런 저런 행사를 위해 돈을 걷어내는 경우가 참 많은데, 이런 시스템이 정착을 한다면 현금을 걷는 것보다 쉽고 빠르고 간편하게 사용될 수 있다.

우리나라에도 이러한 시스템이 있을까? 있다. 바로 '학교 스쿨뱅킹 시스템'이다. 아이가 학교에 지급해야 할 우유나 급식 등 소소한 비용을 부모 계좌와 연동하면 학교에서 필요시 해당 통장에서 자동으로 인출을 한다. 향후 이상이 확인되면 학교에 문의를 하고 해결하면 된다. 일일이 안내를 받고 송금하는 절차를 생략하여 매우 편리하다. 그러나 일부 이런 시스템도 한계가 있다. 내 아이가 다니는 학교의 스쿨뱅킹의 경우 농협계좌이어야 한다는 규칙이 있어 사용하지도 않는 농협 계좌를 만들어 관리를 해야 한다. 타 은행 계좌는 시스템과 연동이 되어 있지 않기 때문이다. 농협에게는 좋은 일이지만 소비자 입장을 고려하지 않은 시스템인 것은 분명하다.

2.3 구매 및 자금관리를 지원하는 미국의 전자결제 서비스들

온라인 기반의 물건을 구매하는 경우 전자결제가 우선 떠오를 것이다. 미국은 세계 전자결제 시장의 큰 역할을 하고 있으며 미국의 전자결제 시장의 주도적인 서비스는 페이팔, 구글페이, 애플페이 등이 있다. 페이팔의 경우는 이베이가 인수하여 운영하고 있으며 온라인 거래기업인 이베이의 수익의 많은 부분이 페이팔 서비스에서 발생하고 있다. 특히 온라인 거래에서 전자결제 서비스는 자금결제를 제공하는 통로로서 수수료 수익 및 이를 활용한 다양한 서비스로 수익을 창출하고 있다. 전자결제 서비스는 단순히 자금 관리 수준이 아니라 모든 경제적 활동의 기반으로 제공할 수 있다. 따라서 구글과 애플이 전자결제 시장에 진입하려는 이유이다. 이를 기반으로 다른 서비스를 제공함으로써 사업 영역 확대 및 기업의 성장의 기반으로 삼고자 하는 것이다.

이제는 온라인 결제와 오프라인 결제의 경계가 무너지고 있다. 모바일 쿠폰을 이용하여 커피를 구매하는 것이 자연스러운 것처럼 이용자의 선택에 따라 전자결제 서비스로 오프라인 형태의 결제가 가능하다. 전자결제는 구매기반뿐만 아니라 자금을 관리하는 측면에서도 많은 서비스가 등장하고 있다. 친구들과 함께 식사를 한 후 더치페이를 도와주는 벤모(Venmo), 이븐리(Evenly) 또는 개인이 사용한 카드내역을 모두 모아서 가계부를 작성해 주는 민트(Mint) 등이 있다. 이 서비스는 생활에서 흔히 필요로 하는 것으로 나의 수고를 덜어주는 서비스이다. 다음은 관련 서비스들에 대해 구체적으로 논의하고자 한다.

2.4 애플페이

아이폰 출시로 모바일 시장에서 성공을 거둔 후 애플이 스마트폰을 기반으로 모바일 시장의 기반을 다지기 위해 진입하고 있는 것이 전자지불 시장이다. 삼성, 구글 등 기업들이 전자지불 시장에 적극

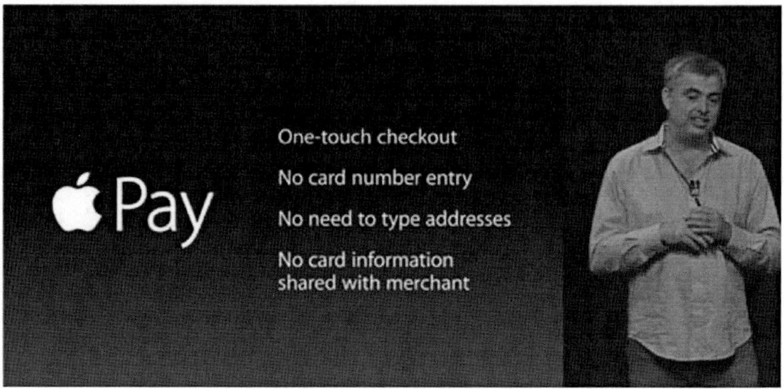

[그림 3-5] 애플페이 특징

적으로 진입하고 있다.

과연 애플페이는 어떻게 사용하며 무슨 목적으로 만들어진 것일까? 2014년 10월 시작한 애플페이(Apple Pay)는 시장을 빠르게 공략하고 있다.

애플페이는 신용카드 번호나 비밀번호 입력 등 복잡한 단계를 모두 생략하고 지문 인식만으로 간단히 결제할 수 있는 서비스이다. 그리고 지문인식센서와 근거리 무선통신기술(NFC : Near Field Communication)을 활용한 기술로 신용카드 정보를 먼저 저장해둔 후 스마트폰으로 결제하는 방식이다. 이용자가 결제를 원하는 경우 아이폰의 홈 버튼에 미리 지문을 등록한 손가락을 올려놓고, 결제 단말기에 아이폰을 접촉하면 결제가 이루어진다. 신용카드 등록방법은 아이폰 카메라로 신용카드를 촬영 후 자동으로 등록되어 사용자 위주의 편리성을 제공하고 있다. 또한 사용금액 제한이 없다. 애플페이의 강점은 지문이라는 나만의 비밀번호와 간편하고 빠른 결제 서비스이다. 애플페이의 사용방법 설정은 다음과 같다. 아이폰 설정에

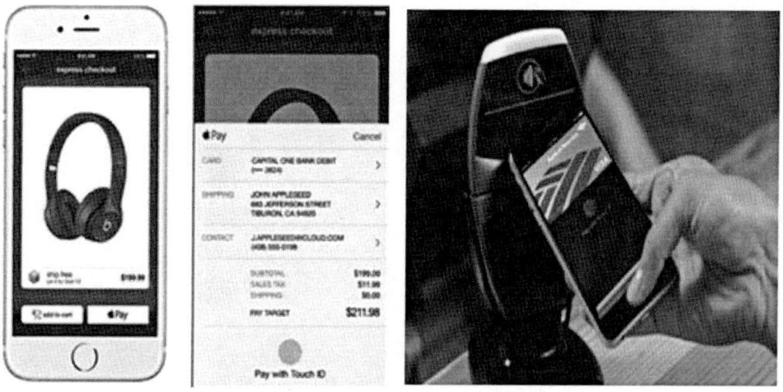

[그림 3-6] 오프라인 매장에서 애플페이 결제처리

서 'Passbook & Apple Pay'를 선택해서 크레딧카드나 체크카드 입력하기를 선택 후 신용카드를 꺼내들고 카메라로 카드를 찍어서 번호를 입력하면 된다. 그리고 'CVC'번호 세자리 입력하니 애플페이에 카드정보 입력완료로 사용할 준비가 된다. 사용 시에는 애플페이가 되는 단말기에 1~2초 정도 접촉하고 휴대폰에서 지문인증을 하면 되면 된다. 이는 지하철 이용시 가져다 대는 방식과 동일한 것이다.

매장에서 카드 단말기를 이용할 때 실제 신용카드 번호가 노출될 수 있기 때문에 신용카드 정보는 클라우드 서버나 아이폰에 남기지 않고, 아이튠스의 토큰과 같은 가상 정보를 이용한다. 따라서 신용카드 정보와 개인 정보는 판매자에게 넘겨주지 않고, 토큰 정보를 사용하고 거래정보는 아이폰에 남기지 않아 아이폰을 분실해도 정보 분실 위험이 없으니 걱정할 필요가 없다. 애플페이에는 비자, 마스터, 아멕스 등 신용카드사들은 물론 뱅크오브아메리카, 체이스은행 등 미국의 대형금융기관들이 대거 참여했다. 오프라인뿐만이 아니라 온라인에서도 아이폰 사용자들은 애플페이를 통해서 쉽게 결제할 수 있게 된다.

NFC(Near Field Communication, 근거리 통신망)를 지문을 인식해 체크인하는 '터치ID'기능과 결합시켜 결제를 진행한다는 점이 중요한 요소이다. 아이폰 5s를 쓰면서 터치ID가 가장 편리한 기능 중의 하나이며 이것과 결제를 통합했다는 점에서 매우 중요하다. 결제시스템에서 가장 중요한 것이 보안이다. 애플은 지문을 통한 보안성을 확보하기 위해 사전에 이미 테스트를 하고 그 후에 NFC칩을 탑재했다. 이는 NFC의 활성화 전제에는 보안이 필요했다는 것이고 이 보안을 위해 지문이라는 시스템을 구축했다. 지문인식 시스템을 구축하게 된 애플은 카드번호로 결제하는 것보다 뛰어난 보안성을 제공했다.

결제도 쉽고 폰을 잃어버려도 다른 사람이 쓸 수 없기 때문에 보안이 상대적으로 우수하다. 정보 보호 및 휴대폰 분실 시에 문제에 대해 애플의 지문인식이 대안으로서 역할을 수행하고 있다. 미국 IT 관련 잡지 와이어드(wired)는 애플페이의 결제 시스템에 대해 "애플페이가 온라인과 오프라인을 가리지 않고 모든 것을 구매할 수 있는 가장 쉬운 방법이 될 것"이라고 언급했다.

카드사로는 비자와 마스터, 아멕스 카드가 있고, 은행으로는 Bank of America, 체이스은행 등 미국 6대 은행이 포함되어 있다. 즉, 신용카드, 직불카드와 현금카드가 연결되고 은행계좌도 연동된다. 애플은 애플페이 사용자나 가맹점, 혹은 응용 소프트웨어 개발자에게서 일체의 수수료를 받지 않고 카드사로부터 일부 수수료만 받는다.

In-App Payment 분야에서는 애플의 앱 생태계 지배력에 더하여 Stripe, First Data 등의 Payment Processing 회사와의 제휴를 통해 사용처 확보가 진행되고 있으며, 페이팔과 같은 경쟁사와 비교했을 때 별도의 앱 다운로드가 필요 없고 카드 등록이 불필요한 방식으로 매우 간편하다는 점이 큰 장점으로 작용하고 있다. 따라서 간편한 사용 방법과 애플의 브랜드 파워를 통한 신뢰도로 고객을 공략하고 있다. 또한 페이팔은 주로 온라인 거래에 사용되는 것과는 달리 애플페이는 오프라인 결제 시에 편리성을 제공하고 있다.

애플 페이 서비스는 소규모 비즈니스 운영자를 타깃으로 하고 있으며 5달러, 10달러라 해도 미국인의 절반 정도는 현금이 아닌 카드로 지불한다. 신용카드업체마다 차이는 있지만, 영세 자영업체의 경우 적은 돈을 카드로 받을 경우 수수료에 부담을 느끼게 되고 애플은 부담을 덜어주는 절약형 결제서비스로 정착하고 있다. 애플페이를 사용하기 위해선 아이폰6나 아이폰6플러스를 가지고 있어야 하고 미국에서 발급한 신용카드나 직불카드를 가지고 있어야 하는 단점을 가지고 있다.

애플페이는 애플워치와의 연동이 가능하다. 아이폰6와 아이폰6플러스를 가진 소비자가 기본적으로 애플페이를 사용할 수 있지만 아이폰5를 가진 소비자가 애플워치를 구입한다면 애플페이의 사용은 가능해진다. 스마트 시계는 웨어러블 기기의 활성화를 촉진시키는 기술 중 하나라고 인식되고 있다. 그러나 애플워치와의 연동을 가능하게 한 애플페이는 애플워치의 활용도를 키워준 것으로 매력적인 상품으로 소비자들에게 다가가게 된 계기가 되고 있다. 더 나아가 애플페이의 기술이 애플워치의 판매까지도 촉진할 수 있다는 중요한 요소가 된다는 것입니다.

애플이라는 기업은 한 제품을 활성화시키는 것에서 멈추는 것이 아닌 모든 가전기기가 애플로 연동되고 통합될 수 있도록 하는 것을 추구하고 있다. TV가 애플TV라면 스마트폰도 그리고 스마트워치도 애플 제품이어야 활용도가 높아진다. 이 측면에서 애플페이와 애플워치의 연동은 큰 의미를 가지고 있다.

2.5 구글 월렛과 구글 안드로이드 페이

애플과 함께 안드로이드 폰으로 세상을 양분하는 구글의 눈이 이제 세상의 모든 것으로 향하고 있다. 세계 최대 인터넷업체인 구글이 모바일 간편결제와 가상현실(VR : Virtual Reality), 사물인터넷(IoT) 등 차세대 IT 서비스를 통합하여 시장에 진입하고 있다. 그 중에서 가장 두드러지게 시장에 진입하고 있는 것이 전자지급결제 서비스이다.

구글 월렛(Google Wallet)은 구글이 제공하는 전자(온라인) 결제서비스로 기존의 구글 체크아웃(Google Checkout)을 2013년 11월 20일에 흡수하였다. 이 서비스는 상품 대금결제 시스템이 상대적으로 취약한 온라인 판매자가 자신의 쇼핑몰 사이트에 구글 체크아웃 서비스를 추가하면, 이용자들이 구글 체크아웃을 통해 쉽게 대금을 지급할 수 있는 서비스이다. 구글 체크아웃 사용자들은 서버에 사용자 이름, 주소와 같은 배송에 필요한 정보 및 신용카드 번호 등이 저장되며, 구매자들이 제품을 구입할 때마다 정보를 반복해서 입력해야 하는 불편함을 제거하였다. 구글 체크아웃이 출시 초기에는 페이팔 서비스를 앞지를 것으로 예상했으나 보안 이슈가 등장하여 시장에서 외면을 받았다. 그러나 구글이 보유한 거대한 시장기반으로 구글 월렛은 시장에서 전자지급결제 서비스로 성장하고 있다.

구글이 제공하는 다른 전자지급결제 서비스가 구글 안드로이드 페이이다. 구글 안드로이드 페이는 NFC 비접촉 결제, 토큰화 기술, 지문인식 및 멤버십 통합 기능이 적용되었다. 구글 안드로이드 페이의 (NFC : Near Field Communication) 비접촉 결제 사용법은 간단하다. 교통카드와 마찬가지로 결제단말기(POS: Point Of Sale)에 안드로이드 폰을 가져다 접촉하면 된다. 사용자가 할 일은 결제하기 전에 스마트폰 잠금을 풀기만 하면 된다. 돈을 내려고 별도의 앱을 실행하거나 비밀번호를 입력할 필요가 없다. 오프라인 상점 말고 온라인에서 결제할 때는 '안드로이드 페이로 결제하기' 단추를 누르면 된다. 일반 매장에서 결제하는 경우에는 근거리 무선통신(NFC : Near Field Communication) 기술 방식 사용으로 애플페이와 같은 방식이다.

안드로이드 페이는 근거리 무선통신(NFC) 기반으로 매장에서 카드처럼 결제 가능한 서비스로서 교통카드 쓰듯 결제단말기(POS: Point Of Sale)에 안드로이드 폰을 가져다 대면된다. 안드로이드 폰 사용자는 구글 플레이에서 안드로이드 페이를 결제 수단으로 선택하면 된다. 돈을 내려고 별도의 앱을 실행하거나 비밀번호를 입력할 필요가 없다. 오프라인 상점 말고 온라인에서 결제할 때는 '안드로이드 페이로 결제하기' 단추를 누르면 된다. 기존처럼 카드 정보나 비밀번호를 일일이 입력하지 않아도 된다. 결제 방식이 매우 쉽게 처리할 수 있다는 장점을 가지고 있다. 사용자들은 처음 이 앱을 설지할 때 현금 또는 신용카드 정보를 한번만 기입하고 나면 가상 계좌 번호로 전환되어 거래에서는 실제 신용카드 상세 내역은 교류되지 않는다. 이는 거래하는 동안 보안을 강화시키는 수단이 된다.

토큰화 기술은 애플이 애플페이에 채택하면서 유명해진 보안 기술이며 안드로이드 페이는 결제정보를 보호하기 위해 토큰화 기술을 사용한다. 이 기술은 전자결제 과정을 암호화해 결제정보를 보호하는데 사용한다. 작동방식을 살펴보면, 결제를 요청할 때 신용카드 번호 대신 1회용 토큰을 만들어 교환한 후, 토큰을 받은 카드사는 서버에 보관한 카드번호와 토큰 속에 든 암호화된 결제정보가 일치하는지 확인하고 결제를 승인한다. 그리고 한번 사용된 토큰은 폐기된다. 결제할 때마다 매번 새 토큰을 만들기 때문에 중간에 결제정보를 해킹당하더라도 단 한 건에 관한 정보만 노출되기 때문에 피해를 최소한으로 줄일 수 있다.

지문인식 기능은 안드로이드 페이에도 제공되며 결제할 때 PIN(Personnel Identification Number) 번호나 비밀번호를 입력하는 대신 안드로이드 폰에 지문을 읽히면 사용자를 인증해 결제를 처리한다. 즉 안드로이드 M은 지문인식을 위한 개발 방법을 표준화해 사용자들은 엄지손가락 지문을 사용해 상품 구매를 할 수 있다. 안드로이드 페이도 코카콜라 등 제휴업체 상품을 사면 자동으로 멤버십 쿠폰을 적립해주는 다른 모바일 간편결제 서비스처럼 모바일 쿠폰 기능을 내장했다.

일반 매장에서 결제하는 경우에는 근거리 무선통신(NFC : Near Field Communication) 기술 방식 사용으로 애플페이와 같은 방식이다. 따라서 안드로이드 페이는 NFC 기반이라는 점은 애플페이와 같지만 차이점은 여러 제조업체에 사용할 수 있다는 것이다. 안드로이드 운용체계(OS) 전략은 안드로이드 4.4버전(킷캣) 이상에 NFC를 지원하는 기기면 모두 가능하지만 애플페이나 삼성페이는 자체 제품에만 결제

기능을 삽입했다는 것이다. 이런 변화는 애플페이(Apple Pay)가 장악하고, 삼성의 루프페이와 같은 또 다른 경쟁이 부상하는 모바일 지불결제 시장에서 자체 모멘텀을 되찾기 위한 구글의 도전이다. 또한 안드로이드 페이는 기존 지불결제 앱인 구글 월렛(Google Wallet)을 위한 새로운 역할이다.

전자결제에서도 금융업무 기반이므로 예금 보험 제도가 필요하다. 예금보험은 금융기관이 파산 등의 이유로 고객이 맡긴 돈을 돌려주지 못할 경우 국가가 대신 예금을 지급하는 제도이다. 금융소비자를 보호하기 위한 조치인데, 미국은 25만달러(2억 7110만원), 우리나라는 5천만원까지 예금을 정부가 보호해 준다.

지금 구글월렛 이용약관에는 잔고가 예금보험공사의 보호를 받지 못한다고 명시되어 있다. 예금보험은 금융기관에 고객이 맡긴 예금을 보호하는 제도이다. 구글월렛 등 전자결제 서비스에 사용자가 충전한 돈은 금융기관에 맡긴 예금이 아니다. 그러니 당연히 예금보험이 보호할 대상도 아닌 것이다. 그렇기 때문에 구글월렛 같은 전자결제 서비스가 예금보험에 보호를 받는 것은 이례적인 일이다. 구글은 구글월렛 잔고를 예금보험으로 보호되는 금융회사 계좌에 나눠 보관하는 방법을 통해 예금보험공사의 보호를 받을 수 있다.

사실 페이팔도 예전에 이런 방식으로 고객이 맡긴 돈을 보호했다. 페이팔은 2012년 이런 보호정책을 파기했다. 2012년 캘리포니아 주정부가 법을 개정해 이런 식으로 고객 돈을 보호할 때 드는 비용이 뛰어올랐기 때문이다. 예금보험이 적용되지 않는다고 보호 대책이 아예 없는 것은 아니다. 세계은행이 2012년 내놓은 연구결과에 따르면, 전자결제 수단을 비롯한 혁신적 소매 결제 수단 가운데 62%가 고객이 맡긴 돈을 보호하는 대책을 마련해뒀다. 민간 보험에 드는 식으로 예금을 보호하는 것이다. 그러나 구글 월렛을 보고 국내 전자결제 서비스에도 예금보험을 적용하라고 요구하긴 어렵다. 미국과 사정이 다르기 때문이다. 구글 월렛처럼 충전해두고 쓰는 전자결제 서비스를 국내법에서는 '선불 전자지급 수단'이라고 부른다. 선불 전자지급 수단에 충전한 돈은 돈이 아니다. 백화점이나 스타벅스 기프트카드처럼 카드 안에 충전된 상품으로 여긴다. 예금계좌에서 선불 전자지급 수단으로 충전할 경우에는 미지급금으로 묶인다. 즉 미지급금이란 이미 사용했으나 아직 결제가 완료되지 않아 계좌에 남아 있는 돈이라는 뜻으로 예금보험의 보호대상이 아니기 때문에 우리나라의 경우 예금보험 적용이 어렵다.

2.6 이베이의 페이팔

인터넷 금융이 PC 기반에서 모바일 기반으로 이동하면서 이제는 돈이 모바일을 기반으로 움직이고 있다. 그 규모는 얼마나 클까? 가트너 조사에 따르면 지난 2013년 세계 모바일 결제액은 2,354억 달러, 우리 돈으로 241조원이 넘는다. 가트너는 이 시장이 3년 사이 3배 넘게 성장해 2017년이면 7210억 달러로 추정했다. 국제통화기금(IMF)이 조사한 지난해 스위스 국내총생산(GDP)인 6,508억 달러를 크게 웃돌고 사우디아라비아 국내총생산(7,452억달러)에 근접한 금액이다.

미국의 전자결제 시스템 회사 페이팔의 공동 창업자인 피터 틸

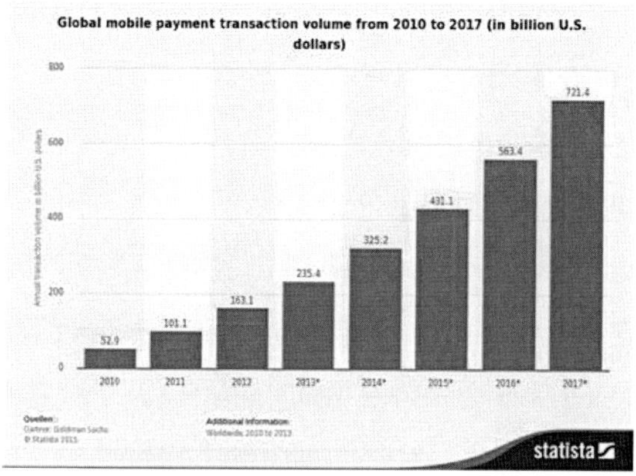

[그림 3-7] 세계 전자결제 시장 현황

출처: Statista 조사 : 가트너

(Thiel)은 "세상을 바꿀 아이디어를 발견하는 것과 그것을 말할 수 있는 용기가 중요하다" 설명했다. 틸은 페이팔을 이베이에 매각한 뒤 페이스북 등 기술 벤처에 초기 투자자로 참여하고 있다.

그에게 말할 용기를 필요로 했던 아이디어는 무엇이었을까? 1998년 설립되어 2002년부터 이베이(eBay)가 소유하고 있는 페이팔은 편리한 결제 시스템이다. 페이팔 계정을 만들고, 보유하고 있는 은행 계좌만 연동시키면 언제든지 사용할 수 있기 때문이다. 친구에게 송금할 때, 송금 액수와 친구의 페이팔 아이디만 제대로 입력하면 송금이 완료된다. 페이팔에서는 국내에서 이체 서비스를 위해 사용하는 공인인증서뿐만 아니라 보안 카드도 필요 없다. 필요에 따라 신용카드를 등록하여 적은 수수료로 이체 서비스를 이용할 수 있다. 또한 온라인 쇼핑몰이나 대부분의 웹사이트에서도 페이팔을 이용할 수 있고 모바일 앱을 활용하여 제휴된 오프라인 매장에서도 줄을 서지 않고 쉽게 결제할 수 있다. 심지어 뉴욕 지하철 교통 카드를 충전할 때도 페이팔을 사용하여 충전할 수도 있다.

미국의 전자결제 시장을 선점한 페이팔은 미국을 넘어 세계적으로 엄청난 영향력을 보이고 있다. 전 세계 1억 5천만의 사용자를 보유하고 있고 26개의 화폐가 통용되고 있다. 온라인 쇼핑몰 이베이는 페이팔로만 2014년 1분기 전체 매출의 43%(18억 달러)를 벌어 들였다.

페이팔은 현재에 안주하지 않고 지속적인 기술 발전을 도모하고 있다. 삼성 갤럭시 기어와 같은 웨어러블 디바이스로도 페이팔을 연동할 수 있고 보안을 강화하기 위해 지문 인식으로 결제가 완료되는 기술도 도입했다. 계속해서 성장중인 페이팔을 견제하여 여러 전자결제 업체가 생겨나고 있다.

구글의 Google Wallet, 아마존의 Webpay, 마스터카드의 PayPass Wallet 등이다. 또한 젊은 층 사이에서 Venmo라는 전자결제 수단이 인기를 끌고 있다. 전반적인 전자결제 기능이 소셜네트워크의 형태를 띠고 있어 학생이나 젊은 직장인들의 수요가 매우 높은 편이다.

2.7 벤모(Venmo)

미국에서 유학 생활을 할 때, 다들 학생이라 경제적 여유가 없었다. 같이 주문하여 식사를 하거나 술을 마실 때, 당연히 비용을 각자 지불했다. 영국에서는 일명 더치페이(Dutch pay)가 아주 당연한 일이었지만 우리나라에서는 조금 달랐다. 우리나라는 직장 생활을 할 때 커피, 회식 등은 항상 선배 또는 상급자가 지불하는 문화가 있었다. 부하 직원이었을 때에는 얻어먹는 나도 편하지 않았으며, 상급자가 되어 그런 자리에서 지불하는 비용이 많아지자 자연스럽게 회식을 기피하게 되었다. 미국에서는 친구나 회사 동료와의 식사 후 복잡한 더치페이 문제를 벤모(Venmo)가 간단히 해결해 주고 있다. 벤모는 핀테크 기업인 브레인트리가 내놓은 소액 송금 서비스 앱(애플리케이션 Application의 준말)이다. 스마트폰을 이용하여 소액을 실시간으로 송금할 수 있는 모바일 금융 서비스 앱이 젊은 층을 중심으로 인기를 끌면서 편리한 서비스로 각광을 받고 있다.

벤모만 있으면 '현금이 없는데', '카드밖에 없어'하며 꼼수를 부리는 얌체 같은 친구도 이젠 빠져나갈 수가 없다. 이 앱은 페이스북이나 스마트기기 전화목록으로 연동이 가능해 지인들과 손쉽게 소액 현금 거래를 할 수 있다. 물론 돈을 송금하고 송금받는 당사자가 모두 벤모에 가입되어 있어야 한다.

벤모는 앤드류 크로티나(Andrew Kortina) 와 이콰람 매그돈 이스마일(Iqram Magdon-Ismail)이 만든 아이디어였다. 매그돈 이스마일이 크로티나의 집에 방문했을 때 지갑을 가져 오지 않았다. 이를 계기로 자신의 통장계정을 만드는 번거로움을 해결하기 위해 그들은 모바일 기기를 통해 돈을 보낼 수 있는 방법에 대해 연구를 시작했다.

그렇다면 이 놀라운 벤모의 소액 송금 서비스는 구체적으로 어떤 서비스일까? 사용법은 간난하다. 원래 프로토 타입은 문자 메시지를 통해 돈을 보냈지만 나중에 모바일 앱에 문자 메시지에서 전환하는 방식을 채택했다. 애플 앱스토어나 안드로이드 구글플레이에서 앱을 다운받아 설치한 뒤 거래할 수 있는 사람의 전화번호 혹은 이메일을 입력한 뒤 지불 금액을 입력하기만 하면 된다. 개인마다 거래

[그림 3-8] 벤모 홍보 사진

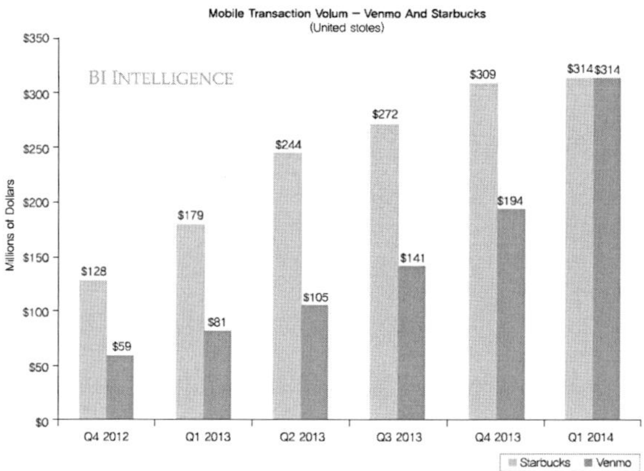

[그림 3-9] 벤모와 스타벅스의 모바일 거래량 비교

출처: Starbucks And Brointree Stotements, BI Intelligence Estimotes

하는 은행이 달라도 상관 없다. 다만 송금액은 300달러 미만이다.

특히, 여러 사람들이 같이 식사를 할 때 한 사람이 간단한 메시지와 함께 N분의 1로 나눈 금액을 각각의 인원에 청구하면서 사용 내역이나 감사 메시지를 첨부할 수 있다. 수수료는 신용카드 사용 시에만 2.9%를 내고 나머지 직불카드나 은행계좌를 이용하면 무료다.

이렇게 돈을 전달받은 사람은 언제든지 등록해 놓은 자신의 은행계좌에 '캐시아웃(cash out)'을 통해 입금할 수도 있다.

이처럼 스마트폰과 태블릿 PC 등 스마트 기기와 인터넷이 합쳐지면서 언어 습관에도 큰 변화를 주고 있다. 젊은이들 사이에서 이제는 '문자 보내'하는 말 대신 '카톡해'를 외치는 것이 일반화된 것처럼, 미국 18~24세 대학생 사이에서 "Just Venmo me"(벤모로 돈 갚아)라는 신조어를 만들어냈다.

브레인트리는 2012년 7월부터 벤모 서비스를 도입해 연간 10억 달러 이상 매출을 올리고 있다. 2013년도에 페이팔이 브레인트리를 인수함에 따라 벤모는 현재 페이팔의 자회사이다. 미국 내 대표적인 모바일 결제는 페이팔(PayPal), Square Cash, 벤모(Venmo) 그리고 구글 월렛(Google Wallet)이다. 그 중 2014년에는 벤모의 성장이 두드러졌다. 벤모와 스타벅스의 모바일 거래비용을 살펴보면, 2012년도에 벤모의 거래비용이 59million 달러이고 스타벅스는 2배 이상인 $128 million이었으나, 2014년 1분기에 벤모와 스타벅스의 모바일 거래 매출이 비슷한 수준인 $314 million에 도달하였다. 이를 통해 벤모의 빠른 성장을 볼 수 있다. 벤모는 친구와 간편하게 돈을 주고받을 수 있도록 만들어진 수많은 앱 중 하나지만 미국 젊은이들 사이에는 보통 명사로 활용되고 있는 새로운 풍경을 낳고 있다. 유독 벤모가 인기를 끄는 이유는 무엇일까? 소셜 기능이 포함되고, 화면 UI가 페이스북과 가장 유사하여 거부감이 전혀 없기 때문이다. 벤모 앱을 실행하면 페이스북처럼 친구들의 거래가 뉴스피드로 보이고, 친구들의 지불 여부를 볼 수 있다.

2.8 개인금융 관리 서비스, 민트(Mint)

2009년 11월 2일. 25세의 한 청년이 만든 소프트웨어인 Mint.com 사이트가 Intuit(NASDAQ: INTU, 시가총액 약 15조원의 금융/회계 소프트웨어 전문 회사)이라는 회사에 $170 million(약 1,900억 원)에 매각되었다. 그 주인공은 애런 팻저(Aaron Patzer)이다. 팻저는 1998년에서 2000년 사이에 보석 판매 웹사이트를 운영했으며 이 경험을 바탕으로 2005년 말에 Mint.com을 설립하였다. 2007년에는 TechCrunch40 컨퍼런스에서 5만달러(약 5천 700만원) 상금을 획득했다. 회원 수가 150만명에 이를 때까지도 사무실 비용, 광고비, 또는 변호사에게 줄 돈도 마땅히 없었다고 한다. 대체 Mint가 무엇이기에 약 5천 700만원의 상금을 안겨주고 회원수가 150만 명에 이를 수 있었을까? Mint.com은 개인자산을 관리해주는 서비스이다. 은행계좌 정보, 증권계좌 정보, 대출계좌 정보, 기타 자산 정보 등을 입력하면 그 모든 정보를 통합하여 깔끔하게 보여준다. 어떤 항목에 얼마를 썼고, 지난달에 비해 이번 달에는 얼마를 썼고, 작년에 비해 올해 자산이 얼마나 증가 및 감소했고 등등 굳이 일일이 가계부를 기록할 필요가 없다. 따라서 실생활에 도움이 되는 외부기관이 만들어준 가계부인 셈이다.

이러한 서비스가 필요하다는 생각은 항상 있었다. 그래서 내가 전에 썼던 방법은 은행에서 계좌 정보와 신용 카드 사용 정보를 엑셀로 다운로드하고, 또 다른 계좌에서도 엑셀로 받은 후 이를 통합하고, 분류하고, 그래프로 표시하는 것이었다. 한 번 하는데 시간도 많이 걸리고, 모델을 잘 만들어 뒀다 해도 매번 여기 저기 접속해서 엑셀 데이터를 받아와 입력하는 게 보통 귀찮은 일이 아니다. 결국 한

두 번 하다가 포기하곤 했다. 물론 각 은행에서 매달 명세서를 보내기는 하지만, 모두 숫자 위주의 데이터여서 결국 내가 어디에 얼마를 쓰고 있고 수익이 어디서 얼마만큼 들어오고 있는지 한눈에 감을 잡기 어려웠다. 더 어려운 것은 거래 내역에 문제가 없는지 이따금씩 확인해 보는 일이다.

일반적으로 많은 사람들이 자동이체를 많이 사용하고 있으며 신용카드 내역을 자세히 확인하지 않는 편이다. 그러나 가끔씩 내가 레스토랑에서 낸 팁보다 그 이상으로 청구되기도 하고, 때론 중복으로 청구되기도 하기 때문에 한 번씩 확인이 필요한 것은 사실이다. 나도 종종 자동 이체를 쓰지 않고 매번 명세서를 확인한 후 입금하곤 했는데, 신용카드가 여러 개 생기고 나니까 일일이 확인하기 귀찮아져서 이를 모두 모아 한 곳에서 다 볼 수 있으면 얼마나 편할까 하는 생각이 들었다. 이러한 문제들을 한 번에 해결한 것이 민트(Mint)이다. 이제 내가 할 일은 가끔씩 민트에 들어가서 거래 내역에 이상이 없는지, 잡아둔 예산보다 많이 지출된 항목이 무엇인지, 대출 계좌를 통한 각 계좌 지불이 잘 이루어지고 있는지 확인하고, 증권 계좌를 포함한 모든 자산을 통합했을 때 현재 나의 자산 가치가 얼마인지 보면 끝이다. 어떤 은행, 어떤 신용카드의 정보인지는 신경 쓸 필요가 없다. 모든 것이 거래 내역 정보 페이지에 통합되어 있다. 카테고리 또한 내가 직접 입력할 필요가 없다. 대부분의 레스토랑, 쇼핑몰, 바 등의 이름을 정확히 인식해 자동으로 분류한다. 그뿐만이 아니다. 집 주소를 입력하면 집의 현재 가치가 자동으로 반영되어 입력된다. 그래서 집값이 오르고 내리는 것을 전체 자산 포트폴리오에서 함께 확인할 수 있다. 그 밖에 내가 가진 자산 중 값어치가 있는 것(차, 그림, 골동품 등등)도 모두 입력하여 한 곳에서 관리할 수 있다.

전에는 몇 시간씩이나 걸렸을 일이 이제 겨우 몇 분으로 줄어든 것이다! 마치 시원한 민트향을 맡은 것처럼 속이 뻥 뚫리는 기분이 들지 않겠는가. 소비자의 욕구를 시원하게 뚫은 Mint, 150만명의 사용자가 모인 이유를 알 것 같다. 하지만 Mint는 미국 금융 계좌가 있어야 쓸 수 있는 서비스이므로 아쉽게도 우리나라에서는 이용이 어렵다.

제품 자체도 우수하지만, 실은 회사의 창업부터 Intuit에 매각한 뒷이야기가 더 흥미롭다. 28세에 포춘지에서 선정한 최고의 기업가 40인(Top 40 business person) 중 한 명으로 등극한 애런 팻저(Aaron Patzer)는 듀크(Duke)와 프린스턴(Princeton)에서 컴퓨터 공학, 전자공학을 전공한 괴짜인데, IBM과 스타트업에서 일하다가 민트 아이디어를 갖게 되어 회사를 그만 두고 6개월간 하루에 14시간씩 일해서 제품을 만들어냈다고 한다. 당시 테크크런치(TechCrunch)에서 민트의 성공을 유투브의 성공과 비교해서 아주 재미있게 읽었던 기사에서 나온 이야기인데, 원래 매각 제시 가격은 $130 million(약 1,500억원)이었다고 한다. 창업자 Aaron은 이것이 저평가되었다고 생각하고 팔지 않았고, 몇 달 후 가격은 $170 million(약 1,900억원)으로 올라갔다. 겨우 몇 달 사이에 $40 million, 즉 450억원에 가까운 돈을 번 셈이다. 더 재미있는 사실은 혼자 기술 개발을 다 한 것이 아니라는 점이다. 서비스의 근간을 이루는 기술인, 각 금융기관으로부터 보관하는 거래내역은

Yodlee라는 회사가 가지고 있었고, 이 회사에는 연간 기술 사용료로 평균 $200만 (약 22억 5천만원) 정도만을 지불했다. 그러나 Mint.com이라는 도메인을 소유한 Hite Capital과는 지분 계약을 했고(즉, 돈 대신 Mint의 주식을 주었고), 그 결과 Hite Capital은 수천만 달러(수백억원)를 벌었다. 아마도 도메인으로부터 번 수입으로는 거의 최고치가 아닌가 싶다.

한편 Yodlee는 기술 다 만들어놓고 남 좋은 일 시킨 셈이다. 계약 내용의 차이가 나중에 얼마나 큰 수익의 차이를 가져오는 지 보여주는 한 예이다.

이 사례에서 배울 점이 한 가지 있다. 근본적인 기술을 만들어야만 가치를 창출하는 것은 아니다. 기존에 이미 기술이 존재하더라도, 좋은 사용자 환경을 통해 그 기술을 더 많은 사람들이 쉽게 사용할 수 있도록 하는 것 또한 가치를 창출하는 것이고, 그것이 성공할 수 있다.

마지막으로, 창업자 애런이 민트를 매각한 후에 테크크런치에 기고한 글 중에 가장 인상 깊었던 문구를 인용한다.

So that's the Mint story. $0 to $170m in three years flat. While everyone else was doing social media, music, video or the startup de jour, we tried to ground ourselves in what any business should be doing: solve a real problem for people. Make something that is faster, more efficient, cheaper (in this case free), and innovate on technology or business model to make a healthy revenue stream doing it. (이것이 바로 민트 이야기입니다. 3년만에 0원에서 1,900억원의 가치를 만들어낸 것이죠. 모든 사람들이 소셜 미디어, 음악, 비디오 스타트업을 하고 있을 때 우리는 근본에 집중했습니다. 사람들을 위한 진짜 문제를 해결하자. 더 빠르고, 더 효율적이고, 더 싸게 만들고, 기술과 사업 모델을 혁신해서 건강한 매출이 들어오게 하자는 것이다.)

3. 금융기반 역사의 본 고장, 영국

3.1 금융의 심장, 런던

예전의 영국은 농업뿐만 아니라 제조업도 강한 국가였다. 인류역사에 '산업혁명'이라는 단어를 남겼고, 한때 '롤스로이스'나 '랜드로버'는 자동차로 집약된 영국의 막강한 2차 산업을 상징했다. 오늘날 영국은 '자본주의의 꽃'이라 불리는 금융업으로 다시 '해가 지지 않는 제국'을 꿈꾸고 있는 나라이다.

2012년 기준의 영국의 국내총생산(GDP)을 보면, 제조업 등 2차 산업이 차지하는 비율은 21.1%이고, 농업은 겨우 0.7%에 불과했다. 3차 산업인 서비스업의 비중이 무려 77.2%에 달했는데, 이 가운데 금융업이 가장 큰 부분을 차지하고 있다. 산업화의 발상지이자 맹주였던 영국이었으나 '제조업의 한계'를 그 어떤 국가보다 빠르게 깨닫고 '금융 산업'을 새로운 국가 부의 창출 채널로 받아들인 것 또한 영국이다. 돈에 관한 한 선구자적 감식안을 DNA로 물려받은 영국은 세계 10대 은행 중 4곳이 런던에 본사를 두고 있을 정도로 세계 금융 중심지이다.

런던을 중심으로 한 영국의 금융시장은 뉴욕, 동경과 함께 세계 3대 금융시장 중 하나이다. 뉴욕, 동경 금융시장이 자국의 경제력을 바탕으로 자국 내 금융을 중심으로 발전해 온 반면, 런던의 금융시장은 외환거래와 대규모 국제 자본거래가 주종을 이루는 국제 금융시장으로 발전했다. 런던의 금융 중심지인 롬바드 가(Lombard街)에 형성된 금융 시장은 잉글랜드 은행을 중심으로 한 5대 은행과 어음 교환소, 내외 다수 은행의 본점과 지점이 설치되어 있는 곳으로, 제2차 세계 대전까지는 국제 금융의 심장 역할을 하였다.

[그림 3-10] 롤스로이스 차량

영국의 국제금융시장은 500년 전부터 런던이 국제무역의 중심지가 되면서 무역어음(Bill of Exchange) 인수할인 시장을 중심으로 발전하였다. 런던 금융시장의 생성은 18세기 초 런던이 국제무역의 중심지로 성장하면서 실물거래에 따르는 자금수요를 뒷받침하고 선박해운의 위험을 분산하기 위해 금융 보험의 수단의 탄생으로 기인했다. 18세기 후반에서 20세기 초반 런던금융시장을 통한 외국 정부의 채권발행 및 장기 차입 확대, 외국 금융기관의 자산운용확대 등으로 런던은 국제금융 중심지로서의 위상을 확보했다. 이 과정에서 외국정부, 기업의 채권발행 주선 등 국제금융업무에 주력하는 영국계 상업은행(Merchant Bank)이 다수 출현하고 외국 금융기관은 런던에 진출하여 자국에서 조달한 자금을 운용하였다.

1차 및 2차 세계대전을 겪으면서 국제긴축통화가 파운드화에서 달러화로 이전되고 뉴욕이 국제금융의 중심지로 부상하면서 전쟁의 중심에 있던 런던의 금융시장은 위축되었다. 그러나 1950년대 후반 런던금융시장은 유로달러 시장의 형성으로 다시 국제금융 중심지로 자리를 잡아가기 시작했다. 유로 달러시장은 미국의 경상수지 적자 확대, 미국의 금리상한 규제에 대응한 미국 기업의 여유자금 해외운용 증가, 공산권 국가 미국 내 자산의 유럽 이전 등으로 달러자금이 대거 런던에 유입되어 형성되었다.

1970년대 중반 이후 런던 국제금융시장은 대규모 오일달러가 유입되고 이를 바탕으로 한 유로채권 발행, 은행 대출(Bank Loan) 거래가 크게 확대되면서 규모면에서 더욱 성장하였다. 1970~80년대 기관투자자의 성장과 금융정보화에 있어 혁명적인 변화를 수용하고, 외환시장 자유화(1979), 증시 자유화(1986) 등 개혁조치에서 발전의 기반을 마련했다. 1979년의 전면적인 외환자유화 조치, 1983년 증권시장 자유화 조치, 미국계 투자은행의 런던진출 확대 등으로 런던 금융시장은 국제금융의 허브로 계속 발전하였다.

외환자유화 조치로 영국계 금융기관의 해외증권투자가 급증하였으나 영국계 증권회사의 영세성, 규제 등으로 해외증권투자 중개업무의 대부분을 미국계 증권회사들이 차지했다. 또한 증권업에 대한 경쟁제한적인 규제로 낙후된 영국의 증권시장을 월스트리트(Wall Street) 수준으로 발전시킨다는 구상에서 Big Bang이 시행되었으며 이후 증권거래소 회원사중 대형사가 대부분 국내외 은행 등에 인수했다. 특히 Big Bang, 유럽통화통합 추진 등으로 미국계 투자은행의 런던 영업규모가 크게 확대되었으며 Deutsche Bank 등 유럽계 겸업은행도 런던시장을 중심으로 투자 은행업을 이전했다.

[그림 3-11] 영국 런던

금융 중심지로서 런던이 지니고 있는 이점은 여러 가지가 있다. 지리적 이점 측면에서 보면, 런던은 시간대에 있어서 뉴욕과 도쿄의 중간에 있다. 이에 세계 금융시장들을 서로 연결하여 24시간 가동할 수 있는 지리적 이점을 보유하고 있다. 제도적 이점으로는 일찍부터 금융규제제도를 완화함으로써 외국은행이 자유롭게 금융활동을 할 수 있는 제도적 환경을 조성해 놓고 있다. 그 결과 1997년 현재 550개가 넘는 외국은행 지점이 런던에 입지해 있다. 런던은 세계 최대 외국은행 지점 보유도시로 손꼽힌다. 런던이 여타 금융센터와 비교하여 내세울 수 있는 경쟁적 우위는 다음과 같은 사항에서 기인 한다: 숙련된 금융인력으로 구성된 전략적 자산을 보유하여 법률, 회계, 정보통신 등 일련의 광범위한 금융 서비스를 신속하게 제공받을 수 있다. 이러한 이점을 통해 런던 금융시장은 영국의 미국 · 일본에 비한 경제력 열세, 유로화 도입 및 프랑크푸르트에서의 ECB(European Central Bank: 유럽중앙은행) 설립 등에도 불구하고 국제금융 허브로서의 지위를 확고히 하였다.

3.2 영국의 금융 서비스

은행 서비스는 국가별로 다소 상이하다. 우리나라의 경우 빠른 속도를 자랑하지만, 영국에서 거주할 때 느낀 영국의 은행 서비스는 느림의 미학이었다. 영국의 인터넷 뱅킹은 등록시에 개인 신상과 관련된 질문을 4~5개 등록하도록 되어 있으며, 로그인시 그 중 하나가 임의로 튀어 나온다. 비밀번호(Password)는 기본적으로 설정해야 하는 사항이며 보안이 강화된 은행의 경우 OTP(One Time Password)를 사용하여야 한다. 자금이체에 대해 얘기하자면, 타행으로 2,000파운드 이상 보낼 경우 송금까지 영업일(Working Day)에 한해 3일 이상 걸릴 수 있다. 따라서 높은 금액을 송금할 시에는 잘게 나누어서 보내는 편이 좋다.

영국의 독특한 점이 한가지 있다. 우리나라에서는 이미 사라진 수표를 영국에서는 아직까지도 많이 사용하고 있다는 점이다. 수표가 하나의 영국 문화로 자리잡혀 있기 때문에 아직도 영국에서는 수표를 매우 많이 사용한다. 영국에서 수표는 특히, 계좌거래의 기록이 남으므로 학교 등록금, 전기/가스요금 등의 생활에 필요한 요금을 내는데 많이 사용하고 있으며, 물론 기타 여러 가지 청구서들에도 수표를 활용하고 있다. 단 수표거래는 믿을 수 있는 사람과 하는 것이 좋다. 수표의 장점이자 단점 중의 하나는 분실 신고가 가능하기 때문에 지급을 해 놓고 지급자가 분실 신고를 해 버리면 수신자는 받을 길이 없기 때문이다.

그렇다면 우리에게는 조금 생소한 수표에 대해 한번 살펴보자. Payee는 지불을 받는 사람이란 뜻으로, 받는 사람 은행 계좌명과 동일하여야 입금이 가능하다. Pay는 지불금액을 기입하는 부분이다. 우리나라에서 금 일천원을 쓰듯이 숫자가 아닌 영어로 써야 하고 마지막에는 반드시 only를 붙여야 한다. 파운드 기호 다음에 숫자로 쓰는 금액은 따로 적어야 한다. 이때 숫자 앞뒤로 추가를 하지 못하도록 바짝 붙여 써야 한다. 그래야 위조를 방지할 수 있기 때문이다. Date에는 날짜를 써야 하는데, 해당 날짜 이전에는 돈이 지급되지 않는다는 것을 의미한다. 마지막으로 Signature란에 은행에 한 사인과 동일한 사인을 하면 끝이 난다.

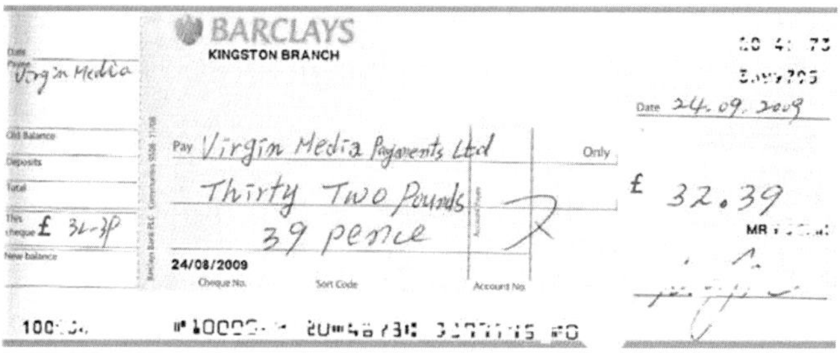

[그림 3-12] 수표거래 예시

수표를 받으면 은행에 입금을 하게 되고, 그 처리 절차가 역시 영업일(Working Day)로 3일정도가 걸리므로 당장 돈으로 전환되지 않는다. 수표를 발행할 때 중요한 점은 수표를 발행했는데 돈이 없을 경우 부도가 난 것이므로 은행이 벌금을 요구한다. 물론 돈을 받는 사람도 돈이 수취되지 않는다.

영국 신용 카드의 특이한 점은 할부 제도가 없다는 것이다. 그 대신 기본적으로 우리나라에서 사용되었던 Revolving set up이 되어 있어, 최소 5파운드 정도만 입금하면 자동으로 할부와 동일한 개념이 된다. 단, 높은 이자율인 29~39%를 부과한다. 정해진 일자까지 신용카드 대금이 지급되지 않을 경우 약 10~20 파운드의 가산금이 부과된다. 그리고 신용카드 사용 시, 영국은 신용카드를 받는 것이 의무가 아니므로 10파운드 미만은 받지 않거나 수수료를 부과하는 경우도 있다. 특히, 주차장의 자동 요금 징수기에서는 카드로 지불시 대부분 0.25~0.3%의 수수료를 징수하고 있다. 또한 영국에서 발급된 신용카드를 가지고 해외에서 사용할 때마다 신용카드 회사는 해외 사용 시 환전 수수료 이외에 Load fee라는 것을 1~3%정도 붙이는 경우가 많다. 우리나라는 2차 금융 회사들의 이자율을 제한하는 법률을 만들어 특정 이율 이상으로 이자를 부과하지 못하도록 하고 있다. 그러나 금융이 자유로운 영국에는 이러한 제한이 없으며 대여금이 1,500파운드 이내로 한정되어 있지만 최대 연 3,600%의 이자를 물리는 기업도 있다.

영국에서 계좌이체 및 타행 ATM 사용 수수료는 모두 무료이다. 즉 HSBC에 계좌가 있으면 Halifax에서 돈을 찾아도 수수료가 없다는 것이다. 그리고 인터넷 뱅킹으로 Halifax에서 HSBC로 돈을 보내도 수수료는 없다. 우리나라 은행들은 수수료 요청하는 것과는 달리 영국은 은행 연합회에 가입된 모든 회원 간에는 수수료가 면제된다. 카드 분실 시 피해 최소화를 위해 영국도 직불카드(Debit card)는 일 인출 최대한도가 300 파운드로 제한된다. 따라서 300파운드 이상의 인출을 위해서는 지점에 직접 방문을 해야 한다.

3.3 Neteller

1999년에 설립된 넷텔러는 현재 글로벌 지불/결제 서비스를 제공하는 영국의 전자결제 서비스회사로서 세계적으로 수백만 명의 회원이 이용하고 있으며 온라인에서의 결제 및 송금이 가능하다. 또한 Net+ 마스터카드를 회원에게 발급함으로써, 오프라인 스토어에서의 결제 및 글로벌 ATM 기기에서의 출금서비스 등을 제공하여 더욱 편리하게 이용 가능하다. Neteller는 영국의 전자결제 서비스 기업으로 비즈니스와 개인에게 빠르고 간편하며 안전하게 온라인으로 자금을 거래할 수 있도록 서비스를 제공하고 있다. 넷텔러는 세계에서 가장 큰 전자결제 회사로서 200개 이상의 국가에서 사용할 수 있는 전자지갑(e-Wallet)이며, 매년 수조달러의 거래가 이루어지고 있다. 최상의 보안과 다양한 19개의 국가별 화폐를 통용하며, 인터넷에서 가장 안전하게 거래할 수 있는 온라인 은행이다.

[그림 3-13] Neteller

3.4 모바일 금융 앱 '핑잇(Pingit)'

바클레이즈의 전자지갑 서비스인 핑잇은 300년 넘은 바클레이즈 그룹이 모바일 금융 앱으로 제공하는 서비스이다.

2012년 2월 등장한 모바일 앱인 '핑잇'은 영국 은행 계좌와 스마트폰만 있으면 간단하게 송금거래가 가능한 서비스이다. 핑잇의 홍

[그림 3-14] 핑잇(Pingit)

보영상 또한 흥미롭다. 꼬마가 고리대금업자처럼 등장하여 지난주에 사먹었던 피자의 가격을 나누어 지불하지 않음을 인지한 후 핑잇으로 지불할 것을 요구하는 모습이 나온다. 이 영상은 핑잇을 '신용거래'나 '신기술 금융'이 아닌 "친구에게 꾼 돈 갚기"로 접근하여 모바일 금융 거래에 대한 불안감과 괴리감을 현명하게 극복하고 있음을 알 수 있게 한다. 또한 친구가 대신 예매한 영화 티켓 비용을 핑잇으로 더치페이를 하는 단순 송금(핑잇 보급의 기반을 다지기 위한 활용 예)을 넘어, 딸의 탭댄스 강사에게 핑잇으로 교습료를 지불하는 모습까지 보인다. 이처럼 핑잇은 은행 계좌와 스마트폰만 있으면 사용가능한 서비스이며, 아는 사람이 아니어도 된다. 또한 기업체나 동네 구멍가게 모두 핑잇을 사용할 수 있다 것이 장점이다. 핑잇은 미국의 벤모 서비스와 비슷한 서비스이다.

바클레이즈 은행 고객이 아니어도 전자지갑 서비스 '페이엠'에 가입하면 핑잇을 사용해 송금 및 수금 업무를 스마트폰으로 처리할 수 있다. 16세 이상이라는 사실만 인증하면 상대방 전화번호로 바로 돈을 쏠 수 있으며 QR코드를 사용해 핑잇 앱에서 바로 물건 값을 치르는 것도 가능하다. 2014년 2월말 기준으로 250만명이 넘는 사용자가 사용하고 있다.

핑잇은 1회 송금 제한 금액은 300파운드(약 55만원), 1일 송금 제한 금액은 5,000파운드(약 900만원)이며, 쉽고 개방적인 구조로 인해 앱 출시 이틀 만에 다운로드 2만 건, 2015년 4월 중순 기준 40만 건을 넘어서는 경이적인 성공을 이루었다.

사용방법으로는 비밀번호를 입력하고 인증창이 뜨는 기존의 불안한 경험을 최소화하고, 친구와 문자/메신저로 대화하듯 돈을 주고받을 수 있도록 UI(User-Interface)를 디자인했다.

3.5 트랜스퍼와이즈(Transferwise)

"금융거래는 숫자일 뿐입니다. 정보에 불과하지요. 예를 들자면 이렇습니다. 온라인 결제를 위해 10만 명의 사람, 뉴욕 맨해튼의 빌딩, 1970년대 시작된 메인프레임 기반의 거대한 데이터 센터가 필요하지 않지요. 이러한 오늘날의 새로운 현상들은 저에게 있어서 은행의 해체(unbundling)를 의미합니다." 마크 앤드리슨(Marc Andreesen)[15]이 금융산업에 대해 2014년10월 블룸버그 비즈니스와의 인터뷰에서 한 말이다.

금융거래가 음악, 영화, 책과 같은 정보와 다를 것이 뭐가 있을까? 마치 아이튠즈가 음악을, 넷플릭스가 영화를, 아마존이 출판 산업을 해체(unbundling)한 것과 마찬가지로 금융 산업도 그와 같은 거대한 파도가 밀려오고 있다. 규제가 상대적으로 심한 금융 산업의 특성상 조금 늦춰진 것뿐이지 더 이상 피할 수 없는 현상이다. 연결

15) 그는 넷스케이프 네비게이터를 개발했고 그 이후 벤처투자자로서 페이스북, 트위터, 에어비앤비 등 세상을 바꿔놓은 기업에 초기 투자를 했다.

기반으로 새로운 금융거래 네트워크의 출현함으로써 연결이 지배하는 세상에 살고 있다. 따라서 과거에는 상상하기 힘들었던 새로운 형태의 비즈니스 모델이 가능해진다는 것이다. 즉 이러한 세상에서는 모든 것이 투명해지고(transparent) 수요와 공급의 연결이 즉각적(instantaneous)으로 이루어진다. 이런 네트워크를 이용한 서비스로서 핀테크의 대표적인 사례로 많이 언급되는 것이 트랜스퍼와이즈의 비즈니스 모델이다.

트랜스퍼와이즈는 환치기에 기반한 외환거래 네트워크다. 예전에는 외환으로 환전이 필요한 사람들과 내국환으로 환전이 필요한 사람들을 쉽게 연결시켜줄 수 있는 방법이 없었지만 이제는 외환의 수요와 공급을 실시간으로 연결하여 쉽게 환치기가 가능하다.

트랜스퍼와이즈는 두 명의 에스토니아인이며 글로벌 컨설팅 업체 PwC, 딜로이트 출신의 크로시토 카르만(Kristo Käärmann), 스카이프 출신의 타벳 힌리커스(Taavet Hinrikus)가 런던을 기반으로 2011년 공동 창업한 스타트업이며, 개인 간 거래인 P2P(Peer to Peer)를 활용한 외환 송금 서비스를 제공하고 있다.

트랜스퍼와이즈의 기본적인 아이디어는 '목마른 사람이 우물을 판다는' 말처럼 두 창립자의 개인적인 필요에서 비롯됐다. 힌리커스가 일했던 스카이프의 본사는 그의 모국인 에스토니아에 위치해 유로로 월급을 받았지만, 당시 그는 런던에서 거주하고 있어 파운드로 환전을 해야 했다. 그리고 카르멘의 경우 런던에서 파운드를 벌었지만, 고향인 에스토니아의 수도 탈린에 주택담보대출을 갚기 위해 유로화가 필요했다. 힌리커스는 서로 반대의 통화가 필요하다는 사실을 발견한 뒤 환율시장의 중간치 정도를 적용해 돈을 교환하였다. 그는 이 과정을 통해 돈을 아낄 수 있다는 사실과 함께 큰 사업으로서 아이디어를 얻었다. 그리고 알고리즘 시험을 마친 뒤 그들은 해외송금이 필요한 사람들을 연결해주는 프로그램을 만들어 냈다.

즉, 트랜스퍼와이즈는 소위 "환치기" 네트워크이다. 한국의 '가'라는 사람이 미국의 'A'라는 사람에게 100불을 보내야하고 미국의 'B'가 한국의 '나'에게 100불을 보내야하는 상황이라면 이를 한국의 '가'로부터 받은 11만원을 '나'에게 보내주고, 미국의 'B'에게서 받은 100불을 'A'에게 보내줌으로써 필요한 거래를 성사시킨다. 그러나 실제로 외화로 교환하지 않고 자국 내에서 서로를 연결하여 은행대비 낮은 수수료율을 이용하여 처리하는 방식이다.

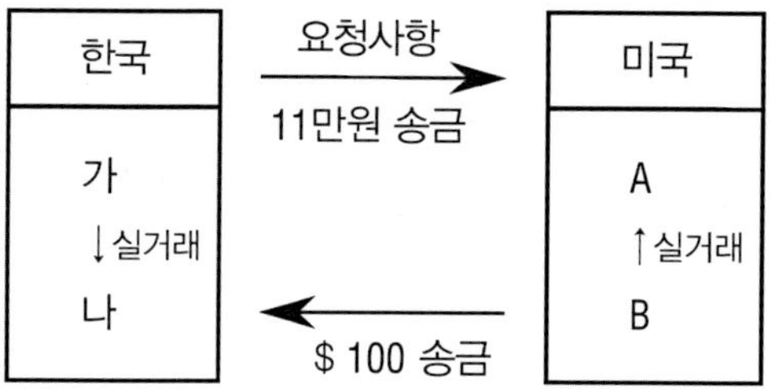

[그림 3-15] 트랜스퍼와이즈 서비스

예를 들어 프랑스에 있는 자녀 B에게 1,200만원을 송금하고 싶은 한국인 아버지 A가 있다. 반대로 프랑스에 살고 있는 C는 한국에서 유학하는 프랑스인 자녀 D에게 1만 유로를 송금하고 싶어한다. 이때 한국에 있는 A가 D에게 1,200만원을 주고, 프랑스에 있는 C가 B에게 1만 유로를 주면 원하는 거래가 성립되는 방식이다. 이는 두

쌍의 해외 송금자를 연결한 국내 송금을 통해서 실질적인 해외 송금 효과를 내기 때문이다. 기존의 국제 송금 서비스 수수료와 비교할 때 200파운드(유로) 이하는 1파운드(유로)로, 1,500달러 이하는 15달러 등으로 일정 금액까지 단일 수수료를 적용하며, 그 이상의 금액에 대해서는 0.5~0.7%의 수수료를 취하고 있다. 이는 기존 은행과 비교하여 10분의 1 수준까지 수수료를 낮춘 것으로 시중 은행을 통해 1,000파운드를 유로화로 환전해 송금하면 수수료가 20~50파운드이지만 트랜스퍼와이즈를 통해서는 4.98파운드로 절감된다.

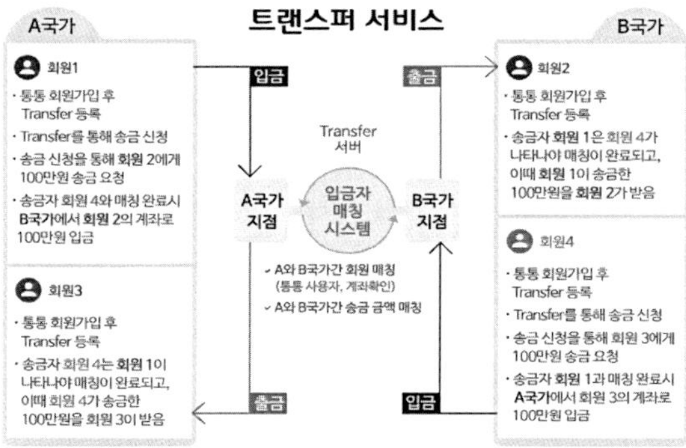

[그림 3-16] 트랜스퍼와이즈 서비스

출처 : http://www.newstomato.com/ReadNews.aspx?no=528210

동일 국가 내에서 같은 통화로 금융거래가 발생하는 것이기 때문에 해외 송금에 따른 환전 수수료가 부과되지 않는다. 이전에는 은행 등의 금융기관만이 보내는 사람과 받는 사람을 연결할 수 있었다면 정보기술(IT)의 발달로 온라인 또는 모바일로 보내는 사람과 받는 사람을 연결한 혁신적인 금융거래와 비용 절감이 가능하게 된 것이다. 2015년 기준 유로, 파운드, 미국 달러 등 다양한 화폐의 송금 서비스를 제공하며 하루 평균 100만 달러(한화 11억 원) 정도의 금액이 거래되고 있으나, 한국 원화는 서비스 대상에 포함되어 있지 않다. 트랜스퍼와이즈의 공동 창업자 타벳 힌리커스에 따르면 2011년 창업 이후 4년 간 약 45억 달러(한화 5조 원) 가까운 송금 거래가 트랜스퍼와이즈를 통해 이루어졌다.

한편, 트랜스퍼와이즈는 2014년 미국의 간판 벤처투자사인 세쿼이아 펀드(Sequoia Fund)에서 5,000만 달러(한화 540억 원)를 투자받기도 하였으며, 현재 기업 가치는 10억 달러(한화 1조 원) 이상으로 평가받고 있다. 이 기업에 투자한 안데르센 호로비츠는 페이스북, 징가, 트위터, 그루폰 같은 성공한 스타트업 업체에 투자한 미국의 유명 벤처투자사이다.

4. 떠오른 글로벌 전자결제 시장, 중국

4.1 BAT(Baidu, Alibaba, Tencent)가 이끄는 중국의 전자상거래 시장

다양한 문화가 섞여 Melting Pot이라는 별명을 가진 이민국가인 미국은 항공우주국(NASA(National Aeronautics and Space Administration)과 국제연합인 UN(United Nations)이 있으며, 세계 금융시장의 중심 역할을 하고 있다. 또한 미국은 국내와 정치 · 경제적으로 가장 밀접한 관계를 맺고 있는 나라이다.

중국은 세계 1위의 인구수를 자랑하며, 러시아와 캐나다 다음으로 큰 국토를 갖고 있고, 세계의 중심 또는 문화의 중심이라는 뜻의 중화인민공화국이라고 말하고 있다.

세계 경제 질서와 안보 등 세계의 주요 이슈를 이끌어 가는 영향력 있는 미국과 중국은 2000년대 중반에 들어 중국이 신흥강국으로 부상하며 국제사회에서 위상이 높아지고 있다. 그리고 중국은 기존의 초강대국인 미국과 함께 글로벌 리더로서 국제문제를 해결하는데 개입하고 있다. 이 두 나라인 미국과 중국을 일컫는 말로 G2(Group of 2)를 사용하고 있으며 경제대국을 명칭 하는 G7등 관련 용어에서 출발했다. 물론 G2라는 개념이 중국의 정치경제적 부상에 따른 새로운 지정학적 · 전략적 상황을 반영하는 용어일 뿐 실제적으로는 존재하지 않는 것이라는 비판도 있지만, G2라는 용어가 생겨날 정도로 중국은 세계 모두의 주목을 받고 있다는 것에 의미가 있다.

서울경제신문에 따르면 '막오른 I2(Internet of 2) 시대' 기획 시리즈에서 텐센트(SNS)와 바이두(검색)에 이은 알리바바의 미 증시 데뷔로 세계 인터넷 산업의 6대 강자는 중국의 알리바바(3위), 텐센트(5위), 바이두(6위)와 미국의 구글(1위), 페이스북(2위), 아마존(4위)으로 각각 3개 업체씩 반분하는 구도가 형성되었다고 언급했다. 정치 · 경제에서 '팍스아메리카' 체제를 깨고 주요 2개국(G2)의 한 축을 차지한 중국이 이제 인터넷 세상에서마저 미국의 독주를 허용하지 않는 시대를 열어가고 있다. 전자상거래 시장은 현재 전 세계 시장에서 가장 빠르게 성장하는 시장이다. 현재 아마존, 이베이, 알리바바의 타오바오, 일본의 라쿠텐 등 대형 업체가 국경을 넘나드는 공격적인 투자로 전 세계 전자상거래 시장을 장악하고 있다. 알리바바는 전자상거래 규모에서 아마존과 이베이를 합한 것보다 많다. 바이두와 QQ메신저의 텐센트도 2010년부터 2014년 사이인 5년 새 10배가량 폭풍 성장했다. 중국의 인구수는 약 13억 명이 넘는다는 것으로 나타났다.[16] 즉 전 세계의 5명 중 1명이 중국인이라는 말이다. 그리고 중국은 현재 네티즌 6억 명, 스마트폰 이용자만도 5억 명에 이르고 있지만 여전히 이는 중국 인구수의 절반도 안 된다.

미국 등 해외 시장에서 활발하게 나타나고 있는 IT 업체들의 금융 시장 진출은 이미 위협적인 수준이다. 중국은 미국 및 유럽 등 핀테크의 발상지에 비해 출발은 늦었지만 그 규모 및 속도는 선진국을 크게 능가하고 있으며, 이는 소위 BAT로 불리는 바이두(Baidu), 알리바바닷컴(Alibaba), 텐센트(Tencent)가 세계적으로도 유례없는 형태로 발달하고 있기 때문이다.

중국의 이러한 발전은 거대 내수시장과 자본을 갖춘 비즈니스 생태계에 지속적 자기혁신이 더해진 결과다. 이런 환경이 있었기에 알리바바 · 텐센트 · 바이두가 불과 15년 동안 400조원에 육박하는 기업으로 성장했으며 성장 잠재력은 여전히 강력하다.[17]

[그림 3-17] BAT(바이두:Baidu), 알리바바닷컴:Alibaba, 텐센트:Tencent) 로고들

중국 IT기업의 금융 산업진출은 각각의 플랫폼의 특성을 기반으로 성장하고 있다. 알리바바의 경우, 전자상거래 분야에서의 강점을

16) 출처 : CIA The World Factbook, 2014년 07월

17) 출처 : http://economy.hankooki.com/lpage/opinion/201409/e2014091621135048010.htm

살려 모바일 결제시장 진출을 시작으로 금융시장 내에서의 입지를 넓혀가고 있다. 텐센트는 중국 1위의 메신저 서비스 위챗을 기반으로, 바이두는 검색 포털을 기반으로 금융시장에 진출하고 있다. 알리바바의 성공은 다른 중국계 IT기업들의 자산관리 사업 진출을 촉발시켰다. 중국 대표검색 포털인 바이두는 2013년 10월 바이주안을 출시, 20분만에 목표 판매액 10억 위안(1,740억원)을 달성하였고, 모바일 메신저 플랫폼 업체인 텐센트 역시 2014년 1월 온라인 금융상품인 리차이통을 출시하여 출시 하루만에 8억위안(1,402억원)의 판매고를 달성하였다.

4.2 중국인의 전자지갑, 알리페이

도대체 알리페이가 무엇이기에 중국 내의 모든 결제를 책임지고 있는 것일까? 그러면 중국인의 일반적인 삶을 보면 알 수 있다. 중국 베이징에 사는 직장인 화이페이(31)씨는 주말 쇼핑을 위해 집을 나서기 5분전 스마트폰에서 전자지갑 '알리페이 월렛' 애플리케이션을 사용한다. 콜택시 서비스 메뉴인 '콰이디'로 택시를 부르기 위해서다. 그녀는 베이징 최대 번화가인 왕푸징에 도착하자 택시기사에게 요금 대신 스마트폰을 내민다. 택시기사가 스마트폰에 나타난 QR코드(QR Code)를 접촉하는 순간 알리페이 월렛 예치금에서 택시요금이 빠져나간다. 화이페이 씨는 백화점에서 원피스를 살 때도, 커피전문점에서 음료수를 주문할 때도 따로 지갑을 꺼내는 법이 없다. 스마트폰 속의 알리페이 월렛이 모든 결제를 해결해준다. 자판기에서 음료수를 뽑거나 길거리에서 과일을 살 때도 알리페이를 쓸 수 있다. 주머니에서 동전 소리가 나거나 두꺼운 지갑을 들고 다닐 필요가 없는 것이다. 심지어 젊은 층 사이에선 결혼식 축의금도 알리페이로 준다.

[그림 3-18] 알리페이 로고

알리페이는 전자상거래기업인 알리바바그룹이 선보인 전자결제 시스템이다. 개인계좌에 있는 돈을 가상의 전자지갑에 충전한 후, 전자지갑에 있는 돈으로 온라인상에서 물건을 구매할 수 있도록 하는 시스템으로 운영된다. 예치금을 투자해 이자까지 붙여주니 이용자들이 더 몰리고 있다. 알리페이가 출시되면서 온라인 결제시스템이 중국 온라인 쇼핑시장에서 활성화되었으며, 현재 알리페이는 회사 설립 10년만에 전 세계 사용자수 8억 2,000명을 확보함을 통해 중국 제1의 전자화폐로 기듭났다. 2014년, 1년간 알리페이의 총 결제액은 3조 8729억위안(한화 약 650조원), 하루 평균 106억위안(약 1조 8,000억원)이 알리페이를 통해 결제되었다. 1998년 서비스를 시작한 전자지갑의 원조인 미국 전자상거래기업 이베이의 '페이팔'이 현재 1억 4800만명의 회원을 보유하고 있으며, 2014년 기준 연간 거래액은 180조원에 달하는 것을 생각하면 알리페이의 성장은 엄청난 수준이다.

알리페이가 중국에서 성공한 핵심은 '저신용' 사회에서도 안전한 결제시스템을 만든 것이다. 알리바바는 2003년 제 3자 전자결제 서비스인 알리페이(즈푸바오)를 출시하며 금융시장에 진입하였다. 당시 중국은 신용카드 보급이 활성화되어 있지 않은 전자상거래 환경을 갖고 있었는데, 실제 알리페이 등장 이전 만해도 중국은 전사상거래가 거의 발달하지 안했다. 개인간 거래에서 잦은 결제 및 배송 사고가 일어나 전자상거래가 크게 활성화되지 못하는 상황이었던 것이다. 물품을 발송하고도 대금을 못 받거나, 대금을 지급하고도 물품을 받지 못하는 일이 많았다. 이런 상황에서 알리페이 등장은 혁명이나 다름없었다. 이를 파악한 알리페이는 판매자와 구매자 중간에서 결제를 보증하고 구매자가 배송을 확인하면 판매자의 계좌에 돈을 입금해주는 방식으로 신뢰를 구축하여 C2C(customer to customer) 거래 환경을 조성하였다.

알리페이는 에스크로(지급 보증 방식의 안심결제) 서비스로, 2002년 출시된 C2C 쇼핑몰인 타오바오의 결제를 보완하기 위해 출시되었다. 타오바오를 중심으로 활성화된 알리페이는 2005년 알리바바의 독립 자회사로 분리되어 외부 업체들을 대상으로 한 결제 서비스를 본격화하였다. 송금 서비스도 사람들을 움직였다. 은행 자동입출금기 앞에서 줄을 서고 기다리다 새치기 시비가 붙는 일이 아예 없어졌다. 지난 2월 춘절 연휴에는 휴대폰을 통해 2억위안(370억원)이 송금됐다. 알리페이 성장의 불에 기름을 부은 것은 스마트폰의 보급이다. 스마트폰 보급과 함께 전자결제 서비스 영역이 급속히 확대됐다. 근거리 무선통신시스템(NFC)을 휴대전화에 탑재한 신용카드 기능은 물론 현금 예치와 송금, 재테크까지 가능해지며 일상생활에서 실제 지갑이 필요 없어지고 있는 것이다. 중국을 이미 장악한 알리페이는 2013년 한국정보통신, KG이니시스와의 제휴를 시작으로 2014년5월부터는 롯데면세점, 롯데닷컴과 제휴를 하는 등 한국 온라인쇼핑 시장뿐만 아니라 한국 오프라인 시장에도 적극적인 진출을 도모하고 있다.

알리페이의 파급력은 한국에서도 확인됐다. 롯데면세점이 2012년말 알리페이와 손잡고 세계 최초로 인터넷 중국어 면세점을 열었는데 1년만에 월매출 100억원을 돌파했다. 한국을 찾는 중국인 관광객들이 현지에서 인터넷 구매를 할 때 이 중 75~80%는 알리페이로 결제한다. 또한 한류로 인해 중국인들이 한국의 상품에 관심이 매우 높은데 이때 구매의 발목을 잡은 것은 바로 언어와 시스템의 장벽이었다. 예를 들어 SBS드라마 〈별에서 온 그대〉에서 '천송이 야상'이 붐을 일으키자 많은 사람들의 구매욕구를 불러일으켰는데, 중국인의 경우 한국 온라인 쇼핑몰에서 쇼핑을 하니 언어의 장벽에서 한 번 부딪히고, 여러 가지 프로그램을 설치 후에 결제가 가능한 데다 공인인증서 등을 요구할 경우 구매를 하지 못하게 된다. 하지만 알리페이와 협력하면 중국인들에게 한국 온라인 쇼핑몰에서의 쇼핑은 아무런 문제가 되지 않는다.

한국과 달리 제도적 규제도 없었던 것도 알리페이를 키운 요인으로 꼽힌다. 중국은 자산운용사를 통해 수익을 내는 금융 서비스까지 가능하다. 보안 · 결제 사고에 대비한 보험료 징수가 자유로운 것도 알리페이 급성장의 발판이다. 유연한 규제, 중국 자본시장의 특성, 소비자 니즈의 변화, 혁신적 상품의 결합. 즉 공산주의 국가 특성상 아직도 비효율적인 영역으로 남아있는 금융시장 내 정당한 권리를 찾고자 하는 일반 국민의 요구가 폭증하는 상황을 잘 이해하고

그 욕구에 맞는 서비스를 내놓은 것이다.[18]

알리페이의 해외 시장진출의 행보를 살펴보면, 첫 번째 타깃으로 중국 언어와 문화에 익숙한 홍콩, 대만, 싱가포르 등 동남 아시아 지역의 중화권 국가로 정하고 진출을 추진하였다. 2015년에 중화권 국가뿐만 아니라 일본과 미국으로까지 확장해가는 적극적인 모습을 보이고 있다.

알리페이는 이미 글로벌 최대 결제 플랫폼으로 등극하였으며, 빠르게 성장세를 구하고 있다. 2015년 알리페이의 등록 가입자는 3억 명으로, 미국의 대표적인 글로벌 결제 플랫폼인 페이팔의 1.5억 명을 크게 앞서고 있으며, 2013년 기준 전체 결제액 역시 4,560억 달러로, 페이팔의 1,800억 달러를 두 배 이상 상회한다. 또한, 아이리서치에 따르면, 중국의 3자 결제 시장이 인터넷 쇼핑 시장의 고성장에 힘입어 2017년까지 연평균 36.2%로 빠르게 성장할 것으로 예상하고 있어 알리페이의 전망이 밝다.

이에 멈추지 않고, 알리페이는 쇼핑 후 전자지갑에 남아있는 돈을 머니마켓펀드(MMF)에 투자할 수 있도록 하는 '위어바오(余额宝)'라는 인터넷 금융상품을 출시하며 비즈니스의 영역을 확장해 나가고 있다.

알리바바는 제3자 결제서비스 알리페이를 시작으로, 위어바오를 통한 수신시장 진입, 빅데이터를 바탕으로 한 대출업무 등을 통해 경험을 축적한 이후 인터넷 전문은행으로의 진출을 선언하였다.

알리바바는 대다수의 IT기업들이 결제 및 송금 시장 내 비중 확대에 집중하는 것과 달리, 위어바오(정식 명칭: 티엔홍쩡리바오)를 출시하며 자산관리 시장으로 사업을 확장시켰다. 이는 고객의 알리페이에

---

18) 출처 : 삼성증권, http://news.mt.co.kr/mtview.php?no=2014080314183719342

충전되어 있는 여유 자금을 MMF 등 단기 금융 상품에 투자하고 고객에게 이자를 지급하는 자산관리 상품으로 텐홍 자산운용이 운용을 맡아 하고 있다. 위어바오는 1) 수시 입출, 소액투자 (최소 단위 1위안), 은행 방문없이 인터넷 계좌 개설 등이 가능하여 편의성이 높고, 2) 출시 당시 5~6%의 높은 금리를 제공하며 (vs 시중은행 수시 입출식 예금 금리 0.35%) 지난 1년간 가히 파괴적인 성장세를 보이고 있다. 그 결과, 2014년 6월 말 기준 위어바오의 가입자는 1억 명에 달하며, 자산 총액 역시 5,723억 위안(약 94조원)으로 중국 1위, 글로벌 4위 규모의 펀드로 성장하였다. 알리바바는 위어바오의 성공적인 출시 이후, 텐홍 펀드에 대한 지배력 강화와 금융부문의 추가적인 확장을 위해 2013년 10월에 11.8억 위안 (192.7백만달러)를 들여 텐홍펀드의 51% 지분을 인수했다.

알리페이(Alipay)는 중국 최대의 쇼핑몰인 타오바오(알리바바 소유, 중국 내 온라인쇼핑몰 MS 70%)를 기반으로 시작된 결제서비스다. 알리페이는 지난해 기준으로중국 온라인 결제 시장에서 MS 51%를 차지하고 있으며 가입자수는 8억명이며 이 중 활성 사용자수는 1억3000만명이다. 지난해 총 결제대금은 약 450조원으로 올해는 670조원에 달할 것으로 선망되고 있다. 한국증권은 알리페이의 성공 배경에는 편리함이 있다고 진단했다.

4.3 알리페이(Alipay)의 Cross-border 결제

2014년 7월 18일 알리페이는 대한상공회의소에서 한중 결제거래 서비스 확대를 위한 사업설명회를 열었다. 알리페이가 한국 기업과 언론을 대상으로 설명회를 연 것은 처음 있는 일이다. 이는 국내에

Cross-border 결제 진출을 본격적으로 확대하겠다는 의미로 풀이된다. (Cross-border 결제란 자국 내 소비자를 대상으로 결제 서비스를 제공해 오던 로컬 결제 사업자들이 국경을 넘어 결제 서비스를 제공하는 것으로 직구결제를 지원하는 개념이다. 예를 들면, 알리페이 가입자들이 해외 온/오프라인 판매자의 물건을 구입하고 결제를 하는 경우와 해외 이용자가 중국 알리페이에 가입해 중국 판매자의 물건을 구입하고 결제하는 경우이다.)

2007년 부터 알리페이는 Cross-border 결제를 시작해 왔다. 중국에서는 직구족을 의미하는 하이토우族의 직구 구매 규모가 2007년 부터 매년 100% 이상 증가해 왔다. 초반에는 미국 지역을 중심으로 Cross-border 결제 제휴 사업자를 모집해 왔으며, 최근에는 대만, 홍콩, 일본, 한국 등 아시아 지역확대에 집중하는 모습을 보이고 있다. 알리페이에 따르면 2013년 상반기 일본 제품 구매는 전년 동기 대비 3배, 한국 제품은 160% 증가하는 등 직구규모가 빠르게 성장하고 있다. 현재 34개 국의 1,500개 판매자를 통해 알리페이 결제를 제공하고 있으며, 한국은 대한항공, 아시아나항공, 롯데면세점, 롯데닷컴, KG이니시스, KICC 등 400여개 업체들과 제휴하고 일본은 라쿠텐 등 온라인 사이트 100곳에 결제 서비스를 제휴하고 있다.

제휴 방식은 중국관광객이 한국의 온/오프라인 판매자로부터 상품을 구입하고 알리페이로 결제를 할 수 있도록 하는 것과 중국관광객이 사후 면세점에서 물품을 구입하고 3개월 내에 출국하는 경우 그 물품에 부과된 내국세(부가가치세 및 개별 소비세)를 알리페이로 환급해주는 Tax Refunding 서비스 등이 있다. 오프라인 결제는 스마트폰에서 알리페이 월렛을 실행시켜 바코드를 생성하고 오프라인 매장 POS의 스캐너로 바코드를 찍으면 결제가 되는 방식이다. 하지만 2014년 3월 13일 거래 안정성 및 프로세스에 대한 PBOC(중국인민은행)

의 검증이 끝날 때까지 스캐닝 코드 방식이 결제를 중단시켰다. 즉 스캐닝 코드 결제 방식은 기존 결제방식에 속하지 않는 새로운 지급 기술로 규제의 사각지대이며 위변조, 결제 정보 유출 등의 위험성 측면에서 안정성이 검증되지 않았다는 이유라는 것이다. 향후 스캐닝 코드 방식의 결제 서비스에 대한 PBOC의 규정 초안이 나와야 서비스를 재개할 수 있을 것으로 예상된다. 이러한 중국에서의 스캐닝 코드 중단 사건으로 KICC와 알리페이 제휴 바코드 오프라인 결제가 국내에서 잠정적으로 중단된 상태이다.

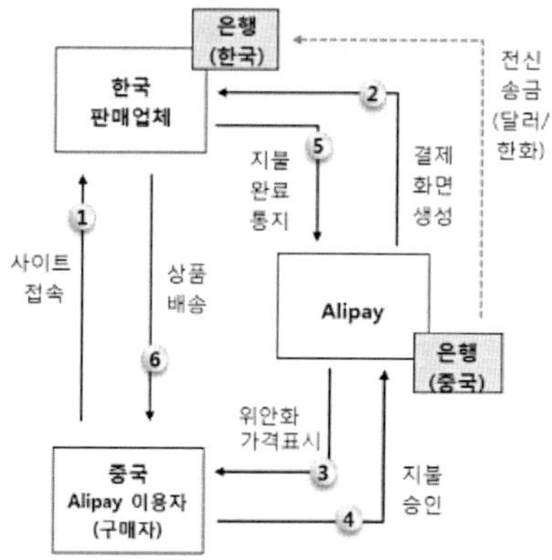

[그림 3-19] 알리페이 Cross-border 온라인 결제 프로세스

출처 : ROA Consulting

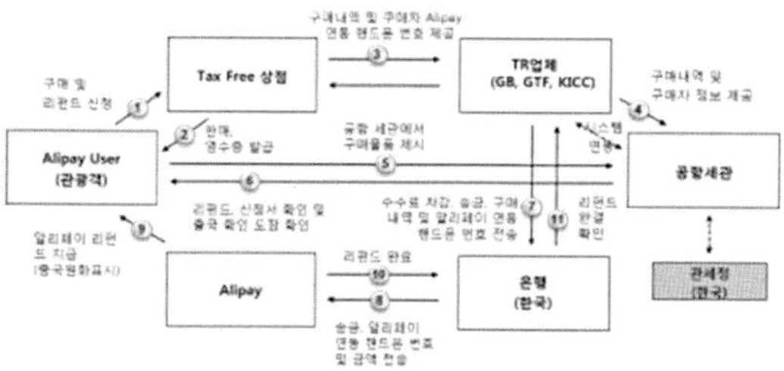

[그림 3-20] 알리페이 Tax Refunding 서비스 프로세스

알리페이 결제가 국내 시장에 진출해 국내 결제 시장을 위협하게 될 것이라는 기사들을 종종 볼 수 있는데 알리페이의 Cross-border 결제는 중국인들을 대상으로만 실시하는 것으로 국내 결제 시장을 위협하는 존재는 아니라고 생각된다. 그러나 국내 결제 시장 관련 규제 변화 및 국내 이해 관계자들의 움직임에 따라 알리페이의 전면적인 국내 시장 진출은 이루어 질 수도 있다.

제 4 장

[인물] 가상세계에 전자금융 비즈니스 도입자들

제 1 절 아마존의 제프 베조스

제 2 절 애플의 스티브 잡스

제 3 절 구글의 래리 페이지와 세르게이 브린

제 4 절 알리바바의 마윈

제 5 절 카카오톡의 김범수

제4장 [인물]

가상세계에 전자금융 비즈니스 도입자들

1. 아마존의 제프 베조스

전자상거래는 우리가 하는 오프라인 기반의 거래 절차와 동일한 과정으로 진행하고 있지만 그것을 수행하는 역할자들이 다르다. 생산과 관리는 여전히 공급자 중심으로 진행되고 있지만 전자상거래 시장이 성공하는 요인은 소비자가 많은 노력을 기울이지 않아도 쉽게 물건을 살 수 있다는 것이다. 상거래 절차에서 오프라인의 경우 소비자가 직접 구매하여 집까지 운반하여야 했지만 온라인의 경우는 배송을 공급자가 직접 해주고 있다. 이런 편리성으로 소비자는 시간을 절약하고 특히 스마트폰은 이동중에 전자상거래 활동을 할 수 있도록 한 혁신적인 기술 발달이다. 이 뿐만 아니라 은행을 방문해서 해야 할 일을 우리는 이동중에 자연스럽게 할 수 있어서 점점 우리의 삶은 대면방식보다는 얼굴을 보지 않고 처리하는 비대면 업무가 증대되고 있다.

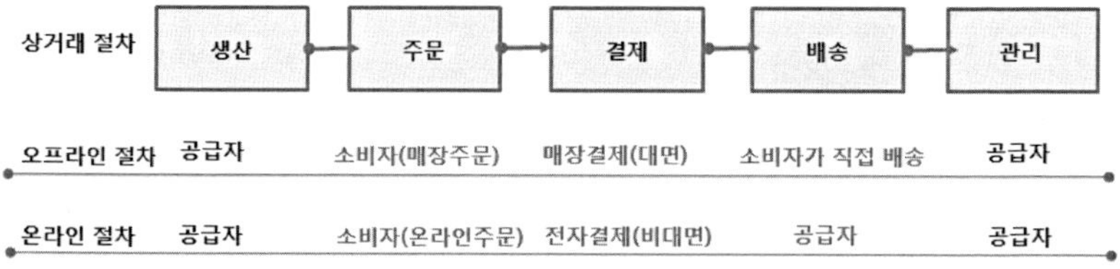

[그림 4-1] 온, 오프라인 거래 절차

인터넷 기술의 발달에 따라 현실세계가 아닌 가상세계에서 많은 일들을 할 수 있는 것은 혁신적인 기술 발달을 이끈 인물들 덕택이다. 전자금융에 영향을 준 주요인물로 아마존의 제프 베조스, 애플의 스티브잡스, 구글의 래리페이지와 세르게이 브린, 알리바바의 마윈, 카카오톡의 김범수에 대해 설명하고자 한다.

아마존의 베조스는 전제세계에서 거래하는 전자상거래 시장을 확보하고 전자책인 킨들을 시장에 소개했다. 애플의 스티브 잡스는 PC기술의 발전을 이끌고 2000년대에 아이팟 등 스마트폰을 시장에 제공하여 PC기반 시장을 모바일 기반 시장으로 이끈 혁신가이다. 구글의 래리페이지와 세르게이 브린은 검색엔진으로 시작하여 휴대폰 기반 시장을 확보하고 이제는 우리의 삶 전체에 영향을 주고 있다. 우리는 살아가면서 다양한 궁금증을 구글을 통해서 해결하고 있다. 그리고 구글이 휴대폰 기반 기업으로 성장하여 애플과 경쟁하고 있다. 전자상거래에서는 아시아 시장의 중심이 된 알리바바를 이끄는 마윈은 성공한 기업인이다. 국내의 경우 카카오톡의 선풍적인 열품에 힘입어 카카오결제 진입을 한 김범수가 있다. 다음은 그런 인물에 대해서 살펴보고자 한다.

1.1 아마존의 제프 베조스, 창업

세계에서 가장 큰 강이며 세계에서 두 번째로 긴 강으로 알려진 게 아마존이다. 아마존은 수량이 가장 풍부한 강으로 나일 강의 40~60배 이상의 수량을 바다로 방출한다. 아마존의 지류와 수량처럼 다양하고 많은 물건을 파는 쇼핑몰이 되자는 의미에서 베조스는 인터넷 쇼핑몰을 'AMAZON.COM'으로 이름을 붙인다. 미국 최대의 인터넷 장터 '아마존'을 창업한 그 청년의 이름은 제프리 프레스턴 베조스(Jeffrey Preston Bezos), 줄여서 제프 베조스다. 베조스는 아마존이라고 회사 이름을 지은 이유를 이렇게 말했다. "아마존은 그냥 세계에서 큰 강이 아니에요. 두 번째로 큰 강보다 몇 배나 더 크죠. 다른 강들과 비교 대상이 아닙니다."

언제부터인지 정확히 알 수는 없지만 아마존이 미국의 거대 쇼핑몰이며 이곳에서 모든 것을 구매할 수 있다고 인터넷에서 연일 기사가 나왔다. 그리고 미국의 아마존닷컴과 창업자 제프 베조스에 대한 책도 볼 수 있었다. 과연 베조스는 어떤 인물일까? 어떤 계기로 아마존을 창업했을까?

제프 베조스는 프린스턴 대학에서 컴퓨터공학과 전기전자공학을 전공하고 1986년에 졸업했다. 그리고 베조스는 1994년 서른 살에 뉴욕 월가의 투자회사 데스코의 수석부사장으로 그 당시 그의 연봉은 100만 달러였다. 그는 미국의 명문대학 프린스턴을 졸업하고 승승장구하고 있었다. 1994년 베조스와 그의 아내 맥킨지 터틀 베조스는 월스트리트의 안정된 직장을 버리고 닷컴 창업기업에 진입했다.

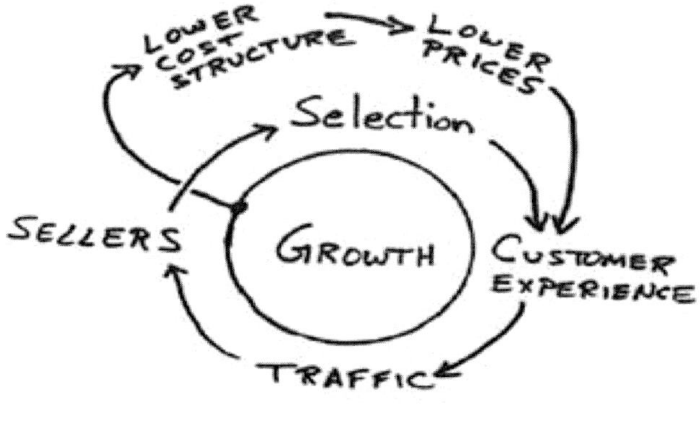

[그림 4-2] 제프 베조스가 아마존닷컴 창업을 준비할 때 냅킨에 그렸던 다이어그램

아마존은 처음에 시애틀의 조그만 차고에서 시작했으며 직원은 베조스와 그의 부인 프로그래머 1명이 전부였다. 아마존을 창업하기 위해 소비자와 판매자를 연결해 주는 아이디어를 냅킨에 적어서 공유했던 흔적을 볼 수 있다. 시애틀 집의 차고에 책상 하나를 놓고 부모님 돈으로 초기 사업자금을 마련한 제프는 지금의 성공은 순전히 운이 좋았기 때문이라고도 말한다. 내 경험으로는 개인이 보유한 능력을 겸손하게 표현하는 방법이 운이 좋았다고 말하는 것이다.

제프 베조스는 이렇게 말했다. "실패는 성공과 혁신의 밑거름이다.", "성공할 것을 알고 있다면, 이미 실험이라고 부를 수 없다." 아마존닷컴은 거대한 실험이었다.

베조스는 지인 300명을 초청해 홈페이지의 베타 테스트를 진행한 후 1995년 7월 16일 아마존 홈페이지를 정식으로 공개했다. 서비스는 기대 이상으로 빨리 성장했다. 서비스를 개시하고 2년 만에 아마존은 기존 오프라인 상점의 자리를 위협할 강력한 경쟁자라는 평가를 받게 된다. 1998년부터 도서뿐만 아니라 음반, 영상물 등 다양한 미디어를 직접 판매하기 시작했고, 이후 여러 유통망과 계약을 맺어 옷, 전자제품, 장난감 등 사용자가 원하는 모든 콘텐츠와 그 콘텐츠를 재생할 수 있는 기기를 공급하기 시작했다. 이후 실물 콘텐츠뿐만 아니라 전자책, 앱, 게임 같은 디지털 콘텐츠로 취급하는 제품과 서비스로 영역을 확대했다. 단순히 책을 파는 곳에서 세상의 모든 콘텐츠를 파는 곳으로 변한 것이다. 이러한 아마존의 확장 전략에 깊은 인상을 받은 것일까. 미국 타임지는 1999년 올해의 인물로 베조스를 선정했다.

베조스는 아마존 설립 후 '빨리 성장해라(get big fast)'를 모토로 삼아 급속도로 시장을 점유해 나갔다. 단기적으로 손해를 보더라도 신속히 투자를 확대해 경쟁업체들을 흡수하거나 도태시켰다. 그 결과 아마존은 세계 최대의 전자상거래 유통업체가 됐다. 아마존은 이제 팔 수 있는 모든 것에 대해 시장 지배력을 높여나가고 있다. 만화나 게임에서부터 경매와 우주항공까지 아마존이 손대지 않는 분야가 없을 정도다. 제프 베조스가 1995년도에 설립한 기업인 아마존닷컴은 그의 나이가 불과 마흔 여섯 살인 2009년에 연매출이 248억 달러에 도달했다.

아마존과 이베이, 옥션 같은 기존 온라인 전자상거래 사이트는 뭐가 다른 걸까? 콘텐츠 공급자와 만물상의 차이라고 이해하면 쉽다. 아마존은 책, 음반, 비디오, 게임, 앱 등 콘텐츠와 비디오 게임기, 스마트폰, 태블릿PC 등 콘텐츠를 재생할 수 있는 기기를 중점적으로 판매하는 반면 일반 전자 상거래 사이트는 콘텐츠보다 생활에 필요한 온갖 물품 위주로 영업을 진행하고 있다는 점에서 차이가 있다.

다만 현재는 아마존도 여러 유통망과 계약을 맺다보니 가구부터 운동화까지 취급하지 않는 품목이 없게 됐고, 일반 전자 상거래 사이트 역시 콘텐츠 판매에 심혈을 기울이게 되어 둘의 차이가 불분명한 것이 사실이다. 둘 다 사이좋게 만물상이 된 셈이다. 물론 우리나라에도 인터파크, 옥션 등 다양한 인터넷 사이트가 있지만 아마존닷컴의 시장규모는 비교 안 될 정도로 매우 크고 국내 쇼핑몰도 아마존에 입점하고 있다. 아마존닷컴의 장점은 글로벌 고객을 확보할 수 있다는 것이다. 지금도 원하는 책을 국내에서 발견하기 어려우면 아마존 사이트에 가서 찾아본다.

1.2 전자책, 킨들

베조스의 성공의 비결은, 커머스와 테크놀로지를 창조적으로 결합하는 능력이다. 그 중 하나가 인터넷상에서 팔리는 책의 내용을 직접 검색할 수 있도록 한 것이다. 그 아이디어란, 초기 인터넷의 잠재력을 이용해 독자들을 위한 서점을 온라인에 세우는 것이었다. 이른바 파일럿 프로젝트를 런칭하는 것이 아니라 그는 이 아이디어를 12만 여권의 책을 대상으로 실현하기 위해 갖고 있는 모든 자원을 동원하여 2003년에 서비스를 시작했다. 이는 향후 전자책 사업으로 킨들을 시장에 제공했다.

킨들은 세계적인 인터넷 소매업체인 아마존닷컴에서 내놓은 전자책 디바이스 및 관련 솔루션, 플랫폼, 일체를 아우르는 말이다. 흔히 아마존 전용의 전자책 리더를 일컫지만 넓은 의미로는 킨들로 출판된 '책'이나 킨들을 볼 수 있는 모든 기기(PC, 스마트폰, 태블릿)의 뷰어 앱를 통칭하기도 한다. 전자책 단말기로써 판매량을 놓고 볼 때는 전자책 리더로나 전자책 플랫폼으로나, 전자서적 판매량으로나 단연 세계 최대급의 마켓 쉐어를 자랑하고 있다. 킨들에 대해서는 다음과 같이 평가하고 있다. "우리 모두가 알고 있듯, 제프 베조스는 전 세계 사람들이 책을 구매하는 방식을 완전히 바꿨을 뿐만 아니라, 이제는 우리가 책을 읽는 방식까지 바꾸려 한다."라고 했다.

1.3 아마존의 성장동력

반즈앤노블, 이베이, 그루폰 등 미국 내 경쟁자들은 아마존을 따라잡지 못하고 있다. 1995년 고작 51만 달러(5억 6,000만 원)에 불과했

[그림 4-3] 킨들을 들고 있는 베조스

던 아마존의 매출은 2013년 745억 달러(약 82조 원)로 수직 상승했다. 아마존이 이렇게 급성장할 수 있었던 비결은 뭘까? 다양한 이유가 있겠지만 사용자가 쉽고 저렴하게 원하는 것을 구매할 수 있게 함으로써 아마존을 이용한 사용자가 아마존에서 지속적인 구매를 하도록 했다.

사용자의 마음을 사로잡은 아마존만의 독특한 시스템은 어떤 것이 있을까? 일단 쉬운 결제 시스템이 영향을 주었다. 1999년 아마존은 미국 특허청에 원클릭(1-Click)이라는 이름의 특허를 등록하고, 이를 아마존 홈페이지에 적용했다. 원클릭은 버튼 한 번만 누르면 즉시 주문과 결제가 이뤄지는 시스템이다. 사용자는 자신의 아마존 계정에 신용카드 정보만 입력해두면 즉시 원클릭을 이용할 수 있다. 주문과 결제가 편리해지니 주문은 폭증했고, 아마존의 매출에 매우 큰 기여를 했다.

아마존은 결제만큼 환불도 쉬웠다. 당시 일반 전자 상거래 사이트는 제품을 반품하려면 구매자와 판매자 간의 합의가 필요했다. 아마존은 그런 것이 필요 없었다. 사용자는 제품을 반품하기 위해 판매자와 실랑이를 벌이지 않아도 됐다. 배송상자 겉에 적혀있는 주소로 제품을 다시 보내기만 하면 알아서 반품과 환불 처리가 완료됐다. 지금이야 어떤 전자 상거래 사이트든 너무나도 당연한 시스템이지만, 아마존은 예전부터 '묻지마 반품' 시스템이 활성화되어 있었다.

무조건 남들보다 더 싸게 파는 박리다매 전략도 주효했다. 온라인 쇼핑몰은 오프라인 상점과 직원을 유지할 필요가 없기 때문에 한층 저렴한 판매가 가능하다. 아마존은 여기서 한 발 더 나가 자신의 이익을 포기하면서 출혈경쟁을 시작했다. 사용자들은 아마존이 내놓는 밑지고 파는 것 아닌지 의심스러운 제품 패키지에 열광했다. 애널리스트들의 분석에 따르면 이는 실제로 밑지고 파는 제품이었다는 것이다. 싼 것을 싫어하는 소비자는 그 어디에도 없다. 아마존은 너무나도 당연한 것을 실제로 실천에 옮긴 것 뿐이다.

웹 페이지 캐시를 활용한 제품 미리 보여주기 기능도 인상적이다. 아마존은 사용자의 웹 브라우저에 남아있는 캐시를 활용해 사용자가 과거에 살펴봤던 제품을 리스트 형태로 다시 보여주는 서비스를 전자 상거래 사이트 가운데 최초로 선보였다. 이를 통해 사용자들이 구메를 망설인 제품을 실제로 구매하도록 유도하는 효과를 거뒀다.

지난 2002년, 베조스는 아마존 서비스를 구축/유지/관리하는 직원들에게 아마존을 지탱하기 위해 사용되고 있는 모든 서비스 규격을 하나로 통일하고 이를 외부에 공개할 수 있게 정리하라는 내용의 이메일을 보냈다. 이를 실행하지 않으면 즉시 해고할 것이라는 경고를 함께 담아서. 베조스는 왜 이런 명령을 내린 걸까.

블랙 프라이데이와 사이버 먼데이(미국 추수감사절 다음 금요일과 그 다음 주 월요일)는 4일 동안 기업 연 매출의 20%에 해당하는 소비가 이뤄지고, 홈페이지 트래픽도 그만큼 급상승한다. 당연히 아마존에게도 한 해 장사를 판가름하는 중요한 시기다. 하지만 이때 서버가 트래픽을 감당하지 못하고 뻗어버린다면? 그때 발생할 손해는 감히 상상조차 할 수 없다. 베조스와 아마존은 이러한 대규모 트래픽을 감당하기 위해 지속적으로 서버 규모를 확장했다. 전략은 성공적이었다. 아마존의 서버는 블랙 프라이데이의 대규모 트래픽도 감당해냈다. 아마존의 매출도 쑥쑥 늘어났다.

하지만 쇼핑 시즌이 지나자 증설한 서버는 파리만 날리는 잉여 자원이 되어버렸다. 특정 시기에 100만큼의 서버가 필요하다고 해서 110으로 확장했는데, 평소에는 10만큼의 서버만 있어도 서비스를 제공하는데 아무런 문제가 없었다. 100에 가까운 잉여 자원이 발생한 것이다. 그렇다고 서버를 20으로 다시 낮출 수도 없는 노릇이다. 블랙 프라이데이에 장사를 하지 않겠다는 것과 다를 바 없는 결정이다. 베조스는 남아도는 서버를 활용할 방법을 궁리했다. 그리하여 '남는 서버를 다른 사업자에게 빌려준다'는 아이디어를 떠올리게 된다. 하지만 어떤 방식을 사용해야 하드웨어인 서버를 다른 사업자에게 빌려줄 수 있을까? IDC(데이터센터)에 가서 선을 그어놓고 "당신은 이만큼만 사용하세요"라고 말할 수 없는 노릇 아닌가.

베조스는 먼저 여러 대의 서버를 물리적으로 구분하지 않고 모두

한 군데에 모아 하나의 거대한 가용자원으로 만들었다. 그 다음 '가상화' 기술을 활용해 다른 사업자가 필요로 하는 만큼의 서버 자원을 떼어내 빌려주면 된다는 계획을 세웠다. 여기에 아마존의 다양한 기술을 함께 제공하길 원했다. 막대한 트래픽을 분산 처리하는 기술, 사용자의 유입 경로 및 서비스 이용 패턴을 분석하는 기술, 대용량 이미지를 빠르게 저장하고 전송하는 기술, 방대한 판매 데이터를 분석/정리하는 기술 등… 이미 아마존 내부에는 아마존 홈페이지를 유지하고 개선하기 위해 유용한 기술이 많이 개발된 상태였다. 다만 성장에 맞춰 중구난방으로 개발하다 보니 서로 유기적으로 연결되어 있지 않았다. 베조스의 이메일은 바로 이러한 문제를 해결하라는 내용을 담은 것이다. 이메일을 보내고 4년 후, 마침내 시장에 아마존의 새로운 서비스가 등장한다. '아마존 웹 서비스(Amazon Web Service)', 줄여서 AWS라고 부르는 공용 클라우드 서비스(Public Cloud)를 시작했다. 이처럼 우리가 알고 있는 서비스를 아마존은 단계적으로 실행하여 운영해 왔다.

2. 애플의 스티브 잡스

2.1 애플의 스티브 잡스, 그가 남긴 것

애플의 스티브 잡스는 너무도 많이 알려진 인물로서 영화 "잡스"도 2013년 상영되었으며 2015년에 다시 "스티브 잡스"로 영화가 등장했다. 스티브 잡스의 이력을 보면, Steven Paul "Steve" Jobs(스티븐 폴 "스티브" 잡스)는 1955년 2월 24일에 태어난 미국의 기업인이었다. 애플의 전 CEO이자 공동 창립자이며 2011년 10월 5일 췌장암에 의해 사망했다.

이런 그에게 우리가 열광하는 이유는 따로 있다. 단순 기업인을 초월하여 그가 디지털 시대의 아이콘으로 평가받는 것은 그가 이끄는 애플이 단순 성능을 끌어올린 신제품을 만드는 것이 아니라 전혀 다른 새로운 영역에서 새로운 시도로 인류의 삶을 진일보시킨 창조적인 제품을 만든 것에 있다. 스티브 잡스는 제품 개발뿐만 아니라 광고전략, 프레젠테이션까지 지휘하면서 기존에 볼 수 없었던 독특한 마케팅 전략과 프레젠테이션 기술을 가장 효과적으로 성공시키면서 이른바 마케팅의 천재로도 많이 알려져 있다.

잡스의 사업가 인생은 고등학교 때 전자공학에 관심을 가지면서 시작되었다. 평범하게 살던 잡스는 전자공학에 관심을 가지고, HP사에서 방과 후 수업을 들었다. 그 후 1972년 고등학교를 졸업한 후 HP(휴렛 패커드)에 여름 인턴으로 채용되어 일하면서 애플을 같이 세운 동업자인 워즈니악을 만났다. 인턴이 끝나고 오리건 주 포틀랜드에 있는 리드 칼리지의 철학과에 입학했지만 한 학기를 다니고 대학생활을 중퇴했다. 스탠퍼드 대학에서의 졸업 연설에 의하면, 부모님의 저축을 몽땅 투자할 만큼 자신의 대학생활이 가치가 있다고 생각되지 않아서 그만 두었다고 했다. 대학을 중퇴 후 학교에서 생활하면서 많은 교양 수업을 청강을 하고 우연한 기회로 게임회사인 아타리에 게임 디자이너로 일을 했다. 그곳에서 퐁(Pong)과 같은 초기 비디오 게임을 좋아했고 이를 계기로 잡스는 컴퓨터에 큰 관심을 가지게 되었다. 그 시절 워즈니악은 아직 HP에서 일하고 있었으며 그가 운영하고 있던 '손수 컴퓨터 만들기 클럽'에 가입한 20살 잡스는 컴퓨터에 완전히 빠져들었고, 그 후 워즈니악과 잡스는 의기투합하여 직접 컴퓨터 제작에 착수했다. 1976년 애플 I이라는 PC 역사에 중요한 의미를 가지는 첫 번째 프로토타입을 제작했다. 비록 나무 케이스에 모니터조차 없는 투박한 플라스틱 기판과 실리콘칩 덩어리였지만, 꽤 큰 반향을 일으키며 그들에게 많은 돈을 안겨주었다.

[그림 4-4] 애플 1

창업 이후 잡스는 홈브루 컴퓨터 클럽이라는 이름의 클럽에서 스티브 워즈니악이 개발한 최초의 개인용 컴퓨터 애플1을 공개했다. 애플1은 모니터도 없고 디자인도 투박했으나 의외로 큰 반응을 보이며 판매에 성공했다. 그에 힘입어 1980년 주식을 공개했으며 1984년에는 IBM에 대항하여 그래픽 사용자 인터페이스를 탑재한 애플리사와 매켄토시를 시장에 제시했지만 가격 경쟁력과 응용소프트웨어에 대한 호환성이 떨어져 시장에서 인정을 받지 못했다. 이로 인해 그의 직설적인 경영능력이 대표인 존 스컬리와 충돌하면서 1985

년에 애플 경영 일선에서 물러났다.

애플을 떠난 뒤 넥스트 사를 세워 세계 최초의 객체 지향 운영 체제인 넥스트 스텝을 개발하였고 1986년 이혼 문제 때문에 자금이 필요했던 조지 루커스 감독의 컴퓨터 그래픽 회사를 인수하였다. 잡스는 회사 이름을 픽사로 바꾸고 10년간 6천만 달러를 투자하여 할리우드 애니메이션 회사로 성장시켰다. 픽사는 여러 번 단편 애니메이션 분야에서 오스카상을 받았으며 그 뒤로 최초의 장편 3D 애니메이션 "토이 스토리"로 큰 성공을 거두었고 이를 계기로 디즈니사에 합병되었다.

1997년 넥스트는 애플에 인수되었고 1997년 7월 애플의 최고 경영자로 복귀한 후, 1997년 10억 달러의 적자를 낸 애플을 한 해 만에 4억 달러에 가까운 흑자를 제공했다.

초기 창업의 성공이후 곤경과 실패로 인한 몰락을 경험했으나 이를 극복하고 화려하게 재기했다는 점에 있어서 본보기가 될 수 있다. 스티브 잡스는 단순히 능력있는 CEO를 넘어 IT계를 주도한 인물이었고 또한 실적이 부진하거나 제대로 빛을 보지 못한 회사들을 뛰어난 창의력과 적극성으로 기업 가치를 크게 끌어올리는 능력을 발휘하였다. 인간적이고 윤리적인 면에선 많은 아쉬움과 실망감이 주었으나 그의 존재감과 안목, 기획력과 실행력은 독보적이었다.

새로운 트렌드를 창조하고 애플 제품을 새로운 정점에 올려놓는 데에 성공함으로써 그의 탁월한 견해를 여러 번 증명하였으며 이런 경향은 시간이 흐를수록 더욱 두드러졌다. 그중 대표적인 것으로 2007년 등장한 아이폰은 그야말로 혁명이었다. 쉬운 인터페이스와 파격적인 디자인은 전 세계 휴대폰 사용자들을 매료시켰고, 이후 출시된 대부분의 스마트폰에 큰 영향을 미쳤다. 따라서 마우스, GUI(Graphic User Interface), 컴퓨터 그래픽스, MP3 플레이어와 앱 스토어, 터치 스크린 핸드폰, 태블릿 PC 등은 상용화와 보편화를 가속화시키고 인지도를 대폭 높이는 데에 잡스가 크고 작은 기여를 했다는 점은 분명하다.

그는 새로운 기기들의 단순함과 조작의 편리성을 강조하면서도 다른 한편으로는 기능적이고 참신한 디자인을 선보여, 출시된 제품들을 하나의 문화 아이콘으로 자리 잡게 하는 능력도 보여주었다. 또한 이미 경쟁이 치열한 분야에 후발 주자로 뛰어들어서 단시간 내에 강한 입지를 구축하고 선구적인 역할까지 수행하게 되었던 것을 보면 그의 사업 능력이 상당히 비범함을 알 수 있다. 애플이나 자기 자신의 이미지 관리와 활용에도 능숙했으며, 20세기와 21세기의 IT 시장 역사에 굵은 획을 그은 위대한 인물 중의 한명으로 인정되고 있다.

2.2 스티브와 조너선 아이브의 합작품, 아이팟

어떤 분야에서 유명인사가 된다는 것은 매우 어려운 일이다. 대량으로 생산되는 전자 제품 디자인은 대부분 팀 작업과 익명으로 이뤄지기 때문이다. 그 중에서도 제품 디자이너로서 유명인이 되기란 무척 힘들다. 그러나 조너선 아이브는 디자이너로서 유명인사가 된 대표적인 인물이다.

조너선 아이브는 스티브 잡스를 만나서 유명인사가 되었다. 영국인 조너선 아이브가 내놓은 혁신적인 디자인은 미국인 스티브 잡스를 만나지 못했다면 지금의 성공은 불가능했을 것이다. 누드 외관 트렌드를 일으킨 아이맥부터 아이팟 제작에 이르기까지 이 두 사람이 보여준 디자인은 '스티브와 조니(Jony) 쇼'(조니는 조너선 아이브의 애칭)라는 이름으로 불릴 만큼 21세기 디자인계 최고의 혁신적인 성공 사례로 인정받고 있다.

아이브는 잡스가 복귀하기 전 1996년부터 애플의 수석 디자이너로 일하고 있었으며 스티브 잡스가 애플로 복귀하면서 서로를 알게 되었다. 이 두 사람이 다른 동료와 함께 진행한 프로젝트인 아이맥은 1997년에 출시되었고, 같은 해 개봉된 영화 "타이타닉"과 함께 최고의 히트 상품이 되었다. 이로 인해 애플이 최고의 디자인 혁신기업이라는 이미지를 얻은 것이다. 그리고 또 다른 대표적인 성공사례로서 아이팟은 애플이 그동안 팔아온 컴퓨터 보다 더 많이 팔렸다.

그럼 과연 어떻게 해서 이런 디자인들이 탄생했을까? 그에 해답은 이들의 디자인에 대한 접근 방법이다. 우선 디자이너의 배경에 대해 알아보면, 조너선 아이브. 그는 런던의 중산층 가정 출신으로 어릴 때부터 물건이 어떻게 만들어지는지에 대한 강한 호기심을 갖고 성장했다. 대학에서 디자인을 전공할 때는 그의 관심은 단순한 외관이 아닌 작동되는 물건을 가능하게 하는 공학적인 설계였다. 그는 아이맥을 디자인할 때도 디자인의 핵심인 플라스틱의 자세한 제작과정을 이해하기 위해 팀원들과 함께 공장에서 살다시피 했다. 아이맥이 당시 작은 크기의 본체와 모니터 일체형으로 탄생될 수 있었던 것은 이렇듯 내부 기계와 생산공정에 대한 아이브의 이해를 바탕으로 한다.

아이브는 아이팟을 디자인할 때, 극단적인 단순함을 표현하려고 이음매나 나사 같은 부품이 전혀 보이지 않는 외관을 디자인했고, 이를 만들 수 있는 공장을 찾아 다녔다. 애플 디자이너들이 아시아의 엔지니어들과 같이 일한 과정은 공예의 작업으로 비유될 정도로 재료와 제작 과정에 대한 철저한 연구가 이어졌다. 그 결과 아이팟의 그 군더더기 없는 형태와 깊이 있는 색상은 다른 기업이 흉내 낼 수 없는 과학과 장인의 경지에 올랐다. 아이팟 디자인은 그 당시의 생각의 차원을 바꾸어 놓은 대단한 결과물 이었다.[19]

2001년 그는 아이팟을 세계 시장에 선보였는데, 이 MP3 플레이어는 아이튠즈와의 연동 작전이 크게 성공하면서 아이리버 등의 제품들을 제치고 그야말로 대히트를 치게 된다. 전반적인 기술력 자체는 아이리버가 뛰어났으나, 신선한 터치 기술과 함께 디자인 등의 새로움으로 승리했다. 아이튠즈는 아이팟에 넣을 수 있는 MP3 음원을 판매했다.

2.3 스마트폰 혁명을 가져온 아이폰

2007년 9월, 애플은 아이폰을 출시했다. 스티브 잡스 아이폰 키노트 영상스티브 잡스는 "오늘, 바로 오늘, 애플은 휴대폰을 재발명합니다." 아이폰의 소개를 시작한다. 이때 쓰인 프리젠테이션 기법이 유명한데, 스티브는 아이폰의 세 가지 핵심 컨셉을 애플 특유의 어플 모양의 아이콘들을 번갈아 보여주면서 하는 말이 "이것들은 분리된 세 가지 기기가 아닙니다. 이것들은 하나의 기기에요!"이었다.

19) 출처 : http://mdesign.designhouse.co.kr/article/article_view/103/40222?per_page=75&sch_txt=

아이폰이 우리가 가장 많이 쓰는 휴대폰, mp3플레이어, 인터넷을 하나로 합친 편리하고 혁신적인 제품이라는 것을 잘 보여주는 테크닉이었다.

"Today, today, Apple reinvents the phone.
iPhone is a Revolutionary Mobile Phone.
iPhone is a Widescreen iPod.
iPhone is a Breakthrough Internet Communications Device.
These are not three seperate devices. These are one device!"

스티브가 프리젠테이션을 이어가면서 비난한 것은 기존의 "스마트폰"들의 세 가지 점이었다. 첫 번째는 플라스틱 버튼을 탑재해 가지고는 한계가 있다. 즉 어플마다 조금씩 다른 UI가 필요한데 이를 충족시키지 못하는 점, 출시 이후 개선할 점이 생겨도 소비자를 일일이 찾아가 개선하지 못하는 점에서 벗어날 수 없다는 것이었다.

두 번째는 쓰는 방법을 익히기가 매우 어렵다는 점이고, 세 번째는 그것들이 "스마트"하지 않다, 즉 기능이 미약하다는 점이었다. 각각에 대해 스티브는 다음과 같은 해결책을 제시했고 이는 아이폰을 혁신적인 스마트폰으로 만들어버렸다.

첫 번째는 멀티터치 UI(User Interface) 기능이었다. 플라스틱 버튼이라고는 전면에 홈버튼 하나만 두고 모두 없앤 뒤 커다란 3.5인치짜리 디스플레이를 배치한다. 디스플레이에 터치패널을 장착해, 사용자가 디스플레이를 누름으로써 기기를 작동시킬 수 있게 되었다. 때로는 키보드를 디스플레이에 띄움으로써 플라스틱 쿼티 키보드를 완전히 대체해 버렸다. 어떻게 이런 발상을 할 수 있을까 그러나 실제로 스티브도 밝혔듯이 컴퓨터의 GUI(Graphic User Interface)를 휴대폰으로 가져오되 입력 장치를 마우스 대신 터치패널과 손가락으로 바꾼 것이다.

두 번째는 어플 중심의 직관적인 UI이다. "메뉴 → 목록 → 항목" 방식에 익숙했던 기존의 휴대폰 UI와는 다르게 애플은 아이폰에 계산기면 계산기 어플을, 시계면 시계 어플을 만들어서 PC처럼 직관적인 인터페이스를 구축했다.

세 번째는 OS를 아이폰에 도입한 것이다. 물론 모든 기능과 성능을 가져온 것은 아니고 휴대폰이라는 보다 제한된 사양에서 충분히 돌릴 수 있을 정도로 개량한 OS였다. 이것은 아이폰을 기존의 스마트폰들과 크게 차별화될 수 있게 하였다.

출시 이후 아이폰에 대한 대중들의 반응은 비싼 가격에도 불구하고 가히 폭발적이었다. 이후 아이폰은 스마트폰이라는 개념 자체를 바꾸었고 아이폰의 방식을 표방한 오픈소스 안드로이드의 등장으로 그 개념도 확산되었다. 지금 스마트폰이라고 나오는 대부분의 기기의 전반적인 컨셉은 아이폰을 따르고 있다.

3. 구글의 래리 페이지와 세르게이 브린

3.1 래리 페이지와 세르게이 브린의 혁신 DNA

오늘날 세계적인 예술가를 만들기 위해서는 3대의 노력이 있어야 한다. 우선 1세대가 돈을 많이 벌고, 2세대는 풍족한 환경에서 오직 예술을 탐구하고, 3세대는 예술적인 소양이 깊은 부모의 적극적인 관심 아래서 돈에 대한 걱정 없이 각종 교육을 받고 창작 활동에 매진해야만 위대한 예술가가 될 수 있다는 것이다.

IT 업계에서도 아이의 교육에 부모의 역할은 절대적이다. 특히 구글의 창업자인 세르게이 브린과 래리 페이지의 성공 신화는 그들의 부모를 빼놓고 이야기할 수 없다.

래리 페이지는 1973년 미국 미시간 주 랜싱에서 태어났다. 아버지는 미시간대학 컴퓨터과학 인공지능 교수, 어머니는 같은 대학에서 컴퓨터 프로그래밍 교사를 했다. 부모의 직업 덕에 집안에는 컴퓨터와 기술 관련 잡지가 늘 넘쳐났다. 그의 부모는 모두 컴퓨터 공학자로, 특히 미시간주립대 컴퓨터공학과 교수였던 아버지가 페이지에게 큰 영향을 미쳤다. 그는 일곱 살 때 아버지가 사다준 '엑시디 소서러(Exidy Sorcerer)' 컴퓨터를 갖고 놀았다. 아버지가 매일 가져오는 테크놀로지 잡지와 전기공학 리포트를 보며 공학도의 꿈을 키웠다.

래리 페이지는 어느 날엔가 발명가 니콜라 테슬라의 전기(Prodigal Genius : The Life of Nikola Tesla. 사진 아래)를 읽었다. 테슬라는 명석한 두뇌를 보유한 인물로 8개 국어는 물론 작시나 음악, 철학까지 능통했다. 하지만 사업에는 서툴렀다. 테슬라는 20세기를 대표하는 발명가 가운데 한 명인 토마스 에디슨의 회사에서 일했던 적도 있다. 테슬라와 에디슨에 얽힌 일화도 많다. "당신이 만든 모터와 발전기를 개선할 수 있다"는 테슬라의 말에 에디슨은 "만일 그렇게 한다면 5만 달러를 주겠다"고 답했다고 한다. 하지만 정작 테슬라가 모터와 발전기를 개선하자 에디슨은 농담이었다면서 10달러 임금 인상만 해줬다고 한다. 테슬라는 격노해 회사를 그만두고 자신의 사업을 시작했다. 하지만 평생 투자는 한 번도 실현되지 않았다. 1943년 이 위대한 발명가는 뉴욕에 있는 작은 호텔 방에서 숨을 거뒀다. 소년 래리 페이지는 테슬라의 전기를 읽고 눈물을 흘렸다. 그는 그 때 "큰 아이디어만 있어도 충분하지 않고 제품화가 필요하다"는 걸 알게 됐다. 토마스 에디슨 같은 인물에 이용되는 걸 주의하자는 것도 마음속에 새기게 됐다고 한다.

페이지의 영웅은 '돈과 명예를 얻지 못한 에디슨'이라 불리는 과학자 니콜라 테슬라였다. 놀라운 발명을 했음에도 궁핍하게 죽어간 테슬라를 보며, 페이지는 과학적 변화를 일으키려면 '사업'을 해야 한다는 생각을 갖게 됐다. 따라서 페이지는 기술이 아무리 세계 최고라고 해도, 그저 발명하는 것만으로는 큰 성과를 거둘 수 없다는 것과 테슬라가 조금이라도 사업이나 사람 다루는 데 재주가 있었다면, 훨씬 큰일을 해냈을 것이라는 것을 알고 있었다. 테슬라의 생애는 래리 페이지의 인생에 중요한 의미를 지니게 된 것이다.

세르게이 브린은 러시아의 모스크바에서 모스크바 대학을 졸업한 유대인 부부의 아들로 1973년에 태어났다. 유대인인 그의 부모는 모스크바대를 졸업한 수학자 엘리트였다. 그의 가족은 1979년 유대인 학대와 차별을 피해 미국에 정착했다. 유대인 단체의 도움으로 미국에 도착할 수 있었지만 아무런 기반도 없이 빈털터리로 처음부터 다시 시작해야 했다.

세르게이 브린의 아버지 마이클 브린(Michael Brin)은 메릴랜드 대학교의 수학과 교수가 되었고, 어머니 유지니아 브린(Eugenia Brin)은 나사에서 과학자로 일했다. 브린은 메릴랜드 대학에서 수학과 교수로 재직하게 되는 아버지 덕분에 수학에 많은 흥미를 보였으며, 이를 계기로 수학과 컴퓨터 과학을 전공하였다. 부모님의 재능을 그대로 물려받은 세르게이 브린은 어린 시절부터 수학에 천재적 재능을 보였다. 수학자인 할아버지와 아버지, 미 항공우주국(NASA) 연구원이었던 어머니의 영향 덕분에 브린은 어린 시절부터 '수학 신동'으로 통했다. 노벨물리학상을 받은 과학자 리처드 파인만이 그의 우상이었다.

세르게이 브린은 불과 19세의 나이에 메릴랜드 대학교를 우수한 성적으로 졸업하고, 국립과학재단으로부터 장학금을 받아서 자신의 부모처럼 박사가 되기 위해서 스탠퍼드 대학원에 진학했다. 부모님 뿐만 아니라 할아버지마저 수학자였을 정도로 세르게이 브린 집안은 학자 집안이었고 박사학위는 부모님의 영향으로 진학하였다. 이곳에서도 세르게이 브린의 뛰어난 재능은 단연 빛을 발하였다. 1학년 학생 가운데 유일하게 첫해에 모든 시험을 통과하였고, 덕분에 학생들 사이에서 천재라는 명성을 얻었다. 이후 그는 스탠퍼드 대학원에 입학하여 컴퓨터 과학을 전공하였다. "성공의 요인 중 부모님에게 물려받은 자질에 대해 브린은 과학과 학문을 사랑하는 것, 그리고 지금까지 수없이 실행해왔던 아름다운 수학적인 것들, 그게 제가 자라면서 얻은 것이다."라고 대답했다.

박사 2년차가 된 세르게이 브린은 새로 들어온 신입생들을 데리고 샌프란시스코를 안내하는 일을 하게 되었다. 신입생 무리 중에 래리 페이지라는 학생이 있었다. 처음에 래리 페이지와 세르게이 브린은 서로 마음에 들어하지 않았지만 대화를 나누면서 쉽게 친해졌다.

래리 페이지와 세르게이 브린을 연결시켜 주는 것은 바로 컴퓨터였다. 래리 페이지와 세르게이 브린은 둘다 부모님들이 컴퓨터와 관련된 직업을 가지고 있어서 일반가정에 컴퓨터가 보급되기 전에 이미 컴퓨터를 접할 수 있었다. 남들보다 빨리 컴퓨터를 접한 것은 래리 페이지와 세르게이 브린에게 많은 도움이 되었다. 그리고 둘은 컴퓨터를 처음 본 순간부터 컴퓨터와 사랑에 빠졌고 평생의 동지가 되었다. 세르게이 브린은 아홉 살 때 코모도어64라는 개인용 컴퓨터를 생일 선물로 받았고, 나중에 친구와 함께 인공지능 프로그램을 개발하기도 했다. 래리 페이지는 일곱 살이 되던 1978년에 처음으로 컴퓨터를 알게되었으며 그는 컴퓨터 사용을 통해 과제 등 많은 일들을 했다.

동화책을 일일이 타이핑해서 컴퓨터에 저장해 놓았고, 숙제도 컴퓨터로 작성한 후 프린터로 멋지게 인쇄를 해서 제출을 했다. 당시만 해도 컴퓨터 자체가 생소하던 시절이었기 때문에 과제물을 받은 선생님들은 깜짝 놀랄 수밖에 없었다. 고등학교 시절에는 직접 장난감 레고 블럭으로 잉크젯 프린터까지 만들었던 그가 대학에서 컴퓨터공학과를 전공하는 것은 너무나 당연한 선택이었다. 그렇게 컴퓨터공학과에 진학한 래리 페이지는 미시간 주립대학교의 컴퓨터 엔지니어 모임인 에타 카파 누(Eta Kappa Nu)의 회장으로 활동했다. 컴퓨터에 대한 열정으로 똘똘 뭉친 래리 페이지와 세르게이 브린이 스탠퍼드 대학원에서 만났다. 둘은 사람들이 래리 세르게이라고 부를 정도로 붙어 다니며 컴퓨터를 이용하여 많은 연구하는데 시간을 보냈다.

래리 페이지의 친부모는 그가 여덟 살 때 이혼했는데 아버지 칼

빅터 페이지는 같은 대학에서 컴퓨터 프로그래밍을 가르치던 동료와 재혼했다. 래리 페이지와 세르게이 브린의 집안은 과학적 사고를 중시하는 만큼 항상 질문하고 토론하는 가정환경에 있었다. 토론이야말로 래리 페이지와 세르게이 브린의 일상이었고, 실제로 둘은 격렬한 논쟁을 벌이면서 서로 이끌리게 되었다. 부모의 교육열 역시 비슷했는데 래리 페이지와 세르게이 브린은 둘다 놀이를 통해서 아이들의 잠재력을 극대화하는 스스로 학습 방식인 몬테소리 교육을 받았다. 부모님의 영향을 받아서 교수가 되려는 생각으로 스탠퍼드 대학원에 입학한 것까지 그들에게는 중요한 공통점이 있었다.

기존 미디어 시장을 뒤흔든 구글의 물결에는 세르게이 브린과 래리 페이지의 혁신 DNA가 녹아 있다. 브린은 스텐포드 대학원에서 그는 컴퓨터 과학 박사과정을 밟았으나, 도중에 래리 페이지를 만나 박사과정을 그만두고 1998년 친구의 차고에서 구글을 창립하였다. 애플로 따지면 스티브잡스에게 스티브 워즈니악이 있었던 것처럼 래리 페이지에게 세르게이 브린이라는 공동 설립자가 있었다.

사무실을 차린 곳은 1층에 자전거 가게가 있어서 밖에 노상 주차를 할 수 있는 그런 건물이었다. 동료이자 라이벌이기도 한 래리 페이지와 세르게이 브린은 하루 종일 논쟁했다. 래리 페이지는 세르게이 브린의 아이디어를 어리석다고, 반대로 세르게이 브린은 래리 페이지의 아이디어를 단순하다고 싸우기도 했지만 이들의 우정이 깨지는 일은 없었다.

이렇듯 구글의 '끝없는 혁신'의 중심에는 바로 동갑내기 공동창업자 세르게이 브린(Sergey Brin)과 래리 페이지(Larry Page)가 있다. 창의적이고 실험적인 두 창립자의 DNA는 그대로 회사 전체에 녹아들었다. 사용자가 세상의 모든 정보를 공짜로 유용하게 사용하도록 한다는 구글의 이상은 두 사람의 사상으로 실력자들과 창업자의 결합은 구글 신화의 신호탄이었다.

미국 스탠퍼드대 대학원생 2명이 만든 구글은 정말 무섭게 성장했다. 그뿐만 아니라, 스마트폰 운영체제(OS) '안드로이드'를 통해 모바일 제국 건설하고 있다. 세계 시장의 70%를 장악한 검색 엔진부터 모바일 세상을 아우르는 안드로이드 운영체제(OS), 구글 TV까지. 구글은 쉴 새 없이 신제품을 쏟아내며 그 영토를 확장했다. 또한 전세계 검색 시장의 70%를 장악하고 있다. 전 세계 모든 정보를 긁어모으는 힘'으로 광고, 신문, 방송(유튜브 인수), 도서(2000만권 무료 검색), 번역, 부동산, 지도 서비스 등에 걸쳐 사업 영역을 전 방위로 확대했다.

에릭 슈미트가 돈을 만들어 회사를 안정화하고 성장시키고 래리 페이지는 새로운 사업을 발굴하는 역할을 담당했다. 그가 구상한 것은 지구상 모든 사람들이 휴대용 컴퓨터를 통해 주머니에서 구글에 연결할 수 있도록 한다는 것이었다. 그는 이를 실현하기 위해 안드로이드를 에릭 슈미트에게 알리지 않은 채 인수했다. 당시 안드로이드의 CEO는 애플 임원 출신인 앤디 루빈이었다. 안드로이드는 구글에 인수됐지만 래리 페이지는 앤디 루빈의 능력을 인정해 거의 독립적인 회사로 운영했다. 건물도 구글과 따로 쓰고 일반 사원은 출입금지였다. 안드로이드를 인수하는 데에는 5,000만 달러가 들었지만 구글 입장에선 신경 쓸 정도의 액수도 아니었다. 이때 에릭 슈미트 역시 안드로이드의 존재를 묵인했다.

래리 페이지는 앤디 루빈과 많은 시간을 보냈고 안드로이드 개발에 전념했다. 앤디 루빈은 최첨단 기술을 이용한 모바일 운영체제인 안드로이드를 2008년 T모바일의 G1이라는 모델을 통해 공개했다. 이것은 안드로이드는 제조사 관계없이 어디나 자유롭게 설치할 수 있다는 장점을 지니고 있는 모델이었다. 2009년 2분기 안드로이드를 설치한 스마트폰은 전체 시장에서 1.8%에 불과했다. 하지만 안드로이드는 다음해 2분기에는 전 세계 시장에서 17.2%에 이르는 점유율을 기록하는 등 세계에서 가장 유명한 운영체제에 이름을 올리게 된다. 이를 기반으로 2010년 구글의 시가총액은 무려 1,800억 달러, 직원 수는 2만 4,000명에 달하게 된다.

3.2 구글의 CEO, 에릭슈미츠와 안드로이드 창업자 앤디루빈

실리콘밸리에 있는 투자자들은 초기에는 시장에 포화상태라고 여기던 검색 엔진을 구글이 진행한다고 비웃었다. 그러나 1999년 구글의 인기는 그야말로 폭발적이었다. 그 이후 서버와 직원 확보를 위해 추가 자본이 필요해졌다. 그러나 인기에 비해 구글은 수익성을 확보하지 못한 상태였다.

그래서 래리 페이지와 세르게이 브린은 새로운 투자자를 찾아야 했다. 구글이 폭발적인 성장세를 보이면서 가치를 인정하게 됐고 궁극적으로 실리콘밸리에서 가장 유명한 2개 회사로부터 2,500만 달러 투자를 받았다. 이때 래리 페이지의 나이가 26세이고 투자자들은 그가 이런 대기업을 이끄는게 너무 빠르다고 검토하여 투자 조건으로 좀 더 사회적 경험이 풍부한 있는 인물을 고용해야 한다는 조건을 제시했다. 구글은 자금을 필요로 하고 있었지만 자신의 인생을 누군가의 손에 맡기는 걸 좋아하지 않았던 래리 페이지는 이 조건이 마음에 들지 않았다. 또한 구글 역시 제3자의 도움이 필요하다고 생각하지 않았던 것이다. 그러나 투자가 절실했던 구글은 투자자들에게 "스티브잡스를 CEO로 고용하겠다"는 래리 페이지의 말에 다른 후보로 소개한 인물이 소프트웨어 개발사인 노벨(Novell)의 CEO를 맡고 있던 에릭 슈미트였다. 래리 페이지는 다른 CEO와 달리 프로그래머 출신이었던 에릭 슈미트에게 호감을 가지고 그를 대표로 고용하기로 결정했다.

래리 페이지는 그다지 사회성이 뛰어난 인물은 아니었지만 학창시절 이미 미래에 대한 전망이나 기술 같은 걸 통해 다른 사람들과 교류를 해왔다. 따라서 구글을 설립하고 몇 년 동안 수백만에 이르는 사람이 래리 페이지가 자랑하는 아이디어나 성과를 초점에 둔 상호협의를 중심으로 운영했다. 이때까지만 해도 전혀 문제가 없었다. 하지만 회사가 너무 커지자 래리 페이지의 의사소통 방법은 문제가 됐다. 예를 들어 내부에서 사용자가 마이크로소프트의 익스플로러를 이용하지 않고 검색할 수 있는 구글 툴바를 개발했다. 개발자는 툴바가 팝업 광고 차단기 역할을 갖게 하자는 아이디어를 더했다. 래리 페이지가 별다른 반응을 보이지 않자 개발자는 몰래 그의 컴퓨터에 툴바를 설치했다. 어느 날 래리 페이지는 사람들에게 팝업 광고를 볼 기회가 줄었다고 말하자 비로소 개발자가 툴바의 필요성을 설명했다. 이처럼 환경적으로 구글이 성장하기 위해 전문 경영인이 필요했다.

에릭 슈미트가 CEO로 취임한 이후 몇 년 동안 구글은 거대한 글로벌 기업으로 변모했다. 에릭 슈미트 체제 몇 년 동안 래리 페이지를 비롯한 수백 명에 이르는 구글 직원이 백만장자 혹은 억만장자가 되어갔다. 처음에는 새로운 계층에 대한 불만을 품었던 래리 페이지 역시 점점 에릭 슈미트의 힘을 인정하게 되었다.

래리 페이지의 목적은 어릴 때부터 일관되게 세계를 더 좋게 만드는 뭔가를 개발하고 이를 상품화하는 것이었다. 그는 구글 검색을 개발했지만 이런 비전을 자본화하고 회사로 만드는 데 큰 역할을 한 인물은 에릭 슈미트였다. 2011년 1월 20일 에릭 슈미트가 CEO를 사임하고 래리 페이지가 구글을 운영하게 되었다.

[그림 4-5] 타임지에 실린 구글 CEO

2003년 안드로이드를 창업한 앤디 루빈은 2005년 회사를 구글에 5,000 만달러에 매각했다. 2004년 루빈은 통신사들에게 그의 아이디어인 모바일 OS를 개발해 모바일 업계에 공짜로 공급하겠다는 의지로 안드로이드를 창업했다. 그리고 그는 다른 휴대폰 제조업체들에게도 아이디어를 팔기위해 아시아 지역을 방문했다. 이 시기에는 공짜로 OS를 제공하겠다는 것이었지만 쉬운 일은 아니었다. 왜냐하면 모바일업계는 이미 수익성이 좋은 비즈니스 모델을 가지고 있었고 그래서 혁신적이며 파괴적인 새로운 모델을 고려하는 것 자체를 싫어하는 상황이었다.

스티븐 리비의 구글에 대한 역작 'In The Plex'를 읽다보면 삼성에 대한 이야기가 나온다. 안드로이드의 아버지, 앤디 루빈이 2004년 한국의 삼성본사를 방문한 일화이다. 루빈 부사장은 2003년 10월 자신이 창업한 안드로이드사가 다음해 자본 유치를 위해 제일 먼저 찾은 곳은 구글이 아닌 삼성이었다. 그는 특히 삼성에 그의 아이디어를 제안하기 위해 한국에 "자기 돈으로" 방문했던 일을 선명하게 기억하고 있다.

그와 그의 동료 2명은 거대한 회의실에 들어갔다. 루빈은 청바지를 입고 있었지만 벽을 따라서 청색양복을 잘 차려입은 약 20명의 중역들이 도착해 있었다. 본부장(Division head)이 도착하자마자 마치 각본에 있는 것처럼 모두다 자리에 앉았다. 루빈이 프리젠테이션을 마치자 본부장은 크게 웃음을 터뜨리며 이렇게 말했다. "당신 회사에는 8명이 일하고 있구만.", "그런데 삼성은 (당신 OS만큼) 대단치도 않은 것에 2천명을 투입하고 있다오." 이것은 칭찬이 아니었다.

20명의 삼성 임원들에 둘러싸인 루빈 부사장은 안드로이드폰에 대해 제안했지만 삼성 임원들은 침묵으로 일관하며 회의적인 반응을 보였다. 이일은 구글이 안드로이드를 인수하기 바로 2주 전의 일이다.

앤디 루빈 구글 부사장의 말을 인용해 삼성이 2005년 구글보다 먼저 안드로이드를 살 수 있는 기회가 있었지만 삼성이 이 기회를

놓쳤다고 전했다. 이것에서 작은 실리콘밸리 스타트업과 삼성의 기업문화의 차이를 엿볼 수 있다

2005년 초 구글은 안드로이드사를 5,000만 달러에 인수했고, 루빈을 비롯한 8명의 안드로이드 기술자를 구글 본사로 영입했다. 루빈 부사장은 인터넷 검색과 인터넷 광고에 의존했던 구글의 사업 영역을 모바일의 세계로 확장하는데 역할을 했고, 안드로이드는 애플과 노키아를 제치고 스마트폰에서 가장 많이 사용되는 소프트웨어로 발전했다. 그 이후 안드로이드 OS는 구글의 핵심전략이 되어 이제는 아이폰의 시장점유율을 능가하는 최고의 모바일 OS로 성장했다.

결국 충성도 높은 서비스를 모바일에서 제공한 구글이 안드로이드 OS를 다른 제조사들에게 오픈해서 배포했기 때문에 지금의 안드로이드가 존재할 수 있었다. 안드로이드 덕분에 구글은 사용자의 검색 트랜드를 분석할 뿐만 아니라 그에 최적화된 검색결과와 광고를 보여 줄 수 있고 그에 따른 수익도 발생했다.

3.3 구글 이름의 탄생비화

구글의 젊은 창업자인 세르게이 브린(Sergey Brin)과 래리 페이지(Larry Page)가 스탠포드 대학에서 처음 만난 시기는 95년인데, 이들이 벤처 창업을 결심했을때 처음 정한 이름은 구골(Googol, 10의 100승)이었다. 수학을 전공한 사람은 잘 알겠지만, 이 단어는 미국의 수학자 에드워드 케스너(Edward Kasner)가 붙인 이름인데 케스너 역시 처음에 이 숫자를 어떻게 불러야 할지 고민하다가 당시 9살이던 어린 조카인

밀튼 실로타(Milton Silotta)에게 물었는데 그 조카는 "구골"이라고 대답했다. 이때가 1938년인데 1940년 동료 수학자인 제임스 뉴만(James Newman)과 함께 쓴 "수학과 상상(Mathematics and the Imagination)"이라는 책에서 이 말을 사용하였다.

세르게이 브린과 래리 페이지가 벤처 회사의 이름을 구골로 정한 이유는 인터넷에 무수히 많이 깔려 있는 웹 페이지를 모두 다 검색하겠다는 의지를 실어 회사 이름을 구골로 정한 것이다. "구글"이라는 명칭은 "구골"이라는 단어의 철자를 잘못 쓴데서 비롯되었다. 여기서 구골은 10의 100승(1 뒤에 0이 100개 붙는다)을 의미한다. 이 수의 학문적인 중요성은 그리 크지 않고, 다만 주로 수학 수업에서 주로 이용된다.

구골플렉스(googolplex)10의 구골 제곱이다.

1 googol = 10100

1 구골플렉스 = 10구골

구골플렉스에 대한 인연은 구글 사무실과 연관되어 있다. 1999년 3월, 구글은 팰러앨토 유니버시티 애비뉴 165번지로 사무실을 옮겼다. 이곳은 다른 실리콘 밸리 벤처기업들의 요람이라 말할 수 있을 만한 곳이었다. 여러곳을 옮겨 다니며 성장한 후, 1999년 구글은 마운틴 뷰 앰피시어터 파크웨이 1600번지에 있는 건물을 실리콘 그래픽스(SGI)로부터 임대하였다. 이 복합단지에는 구글플렉스(Googleplex)라는 이름을 사용하였다. 구골플렉스라는 단어를 연상하여 만든 이름이다. 2006년, 구글은 이곳을 실리콘 그래픽스로부터 3억 1,900만 달러에 사들였다.

그럼 어떤 연유로 구골(Googol)이 아무 뜻도 없는 구글(Google)로 바뀌었을까?

회사로서의 구글에 대한 최초의 펀딩은 앤디 벡톨샤임(Andy Bechtolsheim)으로 받았다. 1998년 8월 하순, 스탠퍼드 대학의 박사과정 학생이었던 세르게이 브린(Sergey Brin)과 래리 페이지(Larry Page)는 당시 구글이 가지고 있던 인덱스보다 더 큰 인덱스를 확보하려고 노력하고 있었다. 이를 위해 하드웨어가 필요했고, 장비를 구입할 자금이 필요했다. 모든 대학생 창업자들이 그러하듯 세르게이 브린과 래리 페이지에게는 기술과, 열정, 그리고 성공에의 야망은 있었지만 초기 창업자금이 없었다. 바로 이럴 때 실리콘밸리에서 혜성처럼 등장하는 인물들이 바로 엔젤(개인 벤처 투자가들)이다. 이 두 사람도 98년에 투자를 받기 위해 한 엔젤 투자가를 찾아갔다.

그 이름은 바로 앤디 벡톨샤임(Andy Bechtolsheim)이었으며, 썬마이크로시스템즈의 공동 창업자중 한 명이었다. 앤디 벡톨샤임은 세르게이 브린과 래리 페이지의 교수님의 친구였다. 두 사람이 실리콘밸리의 팔로알토에 있는 교수의 집에서 벡톨샤임을 만나 사업 설명을 했을 때 벡톨샤임은 세르게이 브린과 래리 페이지의 사업 계획에 대해 흥미를 크게 느꼈지만, 공교롭게도 다른 약속으로 시간이 급했다. 그때 벡톨샤임이 "좋습니다. 우리가 (비즈니스 플랜에 대한) 구체적인 것에 대해 논의하기보다는 그냥 제가 수표(check)를 드리면 어떨까요" 말했다. 실리콘밸리에서 자주 쓰는 용어로 엘리베이터 피치(투자가가

엘리베이터를 타고 있는 짧은 시간에 사업 계획을 간단하게 설명하는 것)에 성공한 것이다. 이 때 벡톨샤임이 10만 달러의 수표 앞에다 쓴 단어가 "Google Inc"이였다. 급한 나머지 벡톨샤임이 실수로 스펠링을 잘 못 쓴 것인지 고도의 계산이 깔려 있는 지는 잘 모르겠지만 10의 100승을 뜻하는 구골이 검색 서비스 회사인 구글로 바뀐 순간이었다.

이 10만 달러는 그 후에도 수주일 동안 래리 페이지의 책상 서랍에 잠겨 있었다. 법률적으로 구글이라는 이름의 회사가 없었기 때문에 check를 은행에 예금해 현금화할 방법이 전혀 없었기 때문이었다. 이렇게 시간이 흘러가면서 세르게이 브린과 래리 페이지는 친구, 친척들을 찾아다니며 나머지 창업자금을 투자 받아 모두 100만 달러를 만들었다.

이런 우여곡절을 거친 끝에 98년 9월 7일 세르게이 브린과 래리 페이지는 실리콘밸리의 멘로파크에서 회사를 창업할 수 있었다. 그 이후 구글을 사업에 성공했고 벡톨샤임은 10만 달러로 20억 달러 이상을 벌었다.

구글은 전 세계인이 이용하는 세계 최고의 브랜드 중 하나이다. 2006년, 일상생활에서의 구글 사용이 늘어나자, "구글하다(동사)"(google)가 메리엄 웹스터 사전 및 옥스퍼드 영어 사전에 등재되었다. "구글하다(동사)"는 "구글을 이용하여 인터넷의 정보를 검색하다" 라는 뜻으로 말이 통용될 정도로 구글은 일반 명사가 되었고, 이제 구골보다 더 유명한 단어가 되었다.

3.4 검색엔진

1996년 미국 스탠포드 대학 박사과정 재학중이던 레리 페이지와 세르게이 브린은 '검색 엔진'이라는 아이디어를 가지고 있었다. 물론 그 당시 검색엔진이 없었던 것은 아니었다. 그 당시 검색 엔진들은 특정 키워드가 웹페이지에 얼마나 많이 있는가에 따라 중요도 순위를 정했던 규칙과는 달리. 세르게이 브린 등은 특정 페이지로 들어오는 링크와 그 웹페이지가 클릭되는 횟수를 반영해 검색 순위를 결정했다. 이 아이디어 덕분에 구글 검색은 다른 검색엔진과 차별화를 이루었다.

구글은 스탠퍼드 수학과 박사 과정을 밟던 세르게이 브린과 래리 페이지가 박사 논문으로 제출한 '페이지 랭크' 이론에서 출발했다. 웹의 구조를 연구하던 래리 페이지가 인터넷 웹을 주제로 논문을 준비하게 된 것이 구글의 시작이 됐는데, 인터넷에 존재하는 웹 페이지를 다운로드해 각 웹 페이지간의 연결 구조인 링크를 분석한 것이다.

인용된 링크를 구조화하고 관계에 따른 가점방식을 통해 웹페이지의 순위를 측정한다는 개념이 바로 페이지 랭크였다. 단순하게 페이지 내에 기록 된 메타 데이트를 바탕으로 키워드의 자연어 연관도만 반영하려 했던 방식에서 한 단계 진일보한 것인데, 온라인 데이터의 가치를 처음으로 평가하려는 시도를 했다는 점에서 큰 의미를 갖는 사건이었다.

예를 들어 우리가 논문을 준비한다고 하자. 자신이 연구한 연구 데이터에 기초해서 수많은 가설들과 이론을 가진 타 논문에서 인용하거나 연구의 기초 데이터 활용 내용을 논문에 기재해 논문의 정당성을 입증한다. 따라서 자신이 만든 논문도 타인에게 얼마나 인용되고, 얼마나 많이 논의되었는지에 따라서 논문의 권위도 올라가는데, 온라인 웹페이지도 이런 인용에 따라서 페이지의 가치가 달라진다고 생각했던 것이다. 지금에야 유사한 개념들이 기술적으로 채용 되었지만, 온라인 웹페이지를 이렇게 평가한다는 개념 자체가 생소했는데, 실제 이를 바탕으로 만든 검색엔진의 결과물이 너무 훌륭해서 큰 인기를 얻게 된다.

다음은 구글을 바라보는 시각에 대해 래리 페이지의 견해를 볼 수 있다.

"구글 데스크탑 서치" 는 구글의 위력을 PC상의 개인정보 영역에까지 발휘할 것입니다. 여러분은 구글 검색사이트와 마찬가지로 자신의 문서나 이메일, 방문했던 사이트까지 즉시 검색할 수 있게 될 것입니다. –래리 페이지 –

전 세계 모든 정보를 검색하고 정리하는 일은 극히 중요한 임무이며 따라서 더욱 신뢰할 만하고 공익 가치를 중시하는 회사가 담당해야 합니다. 우리는 확신합니다. 순항하는 배와 같은 사회에서는 풍족함과 자유 속에서 공정한 절차를 통해 고품질의 정보를 취득할 수 있습니다. 그렇기 때문에 구글은 세상에 대한 책임을 주저 없이 짊어지는 것입니다. – 래리 페이지, 세르게이 브린 –

사람들은 가끔 구글의 중요성을 과대하게 포장합니다. 어떤 사람은 구글이 신이라고도 하며 또 어떤 사람은 구글이 사탄이라고도 하지요. 만약 구글의 역량이 과도하다고 생각하는 분이 있다면 잊지 말기 바랍니다. 검색엔진은 마우스를 클릭해야만 다음 단계로 넘어갈 수 있는 동작 원리를 갖고 있다는 사실을요. 즉 구글은 자원해서 시작되는 행위이지 절대로 강요한 것이 아니라는 사실입니다. – 세르게이 브린 –

구글 검색엔진은 지금도 전 세계 시장을 지배하고 있다. 구글은 또 모바일 플랫폼인 안드로이드, 동영상 플랫폼인 유튜브 등의 다른 사업도 활발히 벌이고 있다. 구글은 이미 알려진 것처럼 지난 1998년 래리 페이지와 세르게이 브린이 공동 설립했다. 래리 페이지는 지난 2001년 CEO 자리를 에릭 슈미트 회장에게 양보했지만 10년이 지난 2011년 CEO로 복귀하였다. 래리 페이지는 CEO 자리에 앉자 관리자 그룹을 재구성했다. 또 페이스북에 대항하는 소셜 서비스로 구글플러스(Google+)를 시작했고 2011년 모든 서비스를 일관된 형태로 다시 재설계하는 작업을 진행했다. 특허 확보를 위해 125억 달러를 들여 모토로라도 인수했다. 구글은 이어 크롬북과 구글 글라스 등을 잇달아 공개했다. 2012년 말에는 기존보다 100배에 이르는 속도로 인터넷을 즐길 수 있는 광섬유 케이블 서비스인 구글 파이버를 캔자스시티에서 시작했다. 그는 자신의 꿈을 빠른 속도로 현실화해 갔다. 주위 사람들도 뒤로 물러나 있던 래리 페이지가 얼마나 바뀌었는지 실감하게 된다.

래리 페이지와 구글은 구글 검색과 안드로이드라는 큰 기술 2가지를 개발했다. 안드로이드는 무료로 제공하는 것이어서 구글 입장에선 구글 검색 사업 확장을 위한 것으로 볼 수 있다. 구글 수익 중 90%는 광고, 이 중에서 다시 70%는 검색 광고에서 비롯된 것이다. 구글의 광고는 이미 잡지나 신문 광고를 합친 것보다 많다. 어느 시점엔가 구글 검색이 지구상의 거의 모든 광고비용을 삼켜버리는 날도 꿈만은 아니다.

래리 페이지는 미래에는 어디를 향해 구글이 뭘 만들어야 할지 꾸준히 자문한다. 자동운전 차량과 인공지능을 개발하고 건강과 인류의 행복을 개선하기 위한 생명공학 벤처기업인 칼리코(Calico)를 설립하거나 구글 파이버 제공을 시작한 것도 미래준비를 위한 것이다. 이런 다양한 사업을 보면 마치 구글이 임의로 이것저것 사업을 펼치는 것으로 보인다. 하지만 이들 사업의 배후에는 중요한 목적이 있다. 래리 페이지의 사업은 모든 인공지능을 가진 컴퓨터와 연결하고 인공지능은 우리가 스스로 필요한 걸 재빨리 인식한다 것을 실현하는 것이다. 그의 비전은 누군가 집안에서 춥다고 느낀다면 스마트워치가 이런 감정을 알아내 온도를 따뜻하게 해주는 것이다. 우유가 부족하다면 스마트 냉상고가 자동 운전 차량에 지시를 보내고 구글로봇이 운영하는 슈퍼마켓에서 쇼핑을 한다. 이 모든건 구글의 근간 기술인 검색엔진이 중심이다. 완벽한 검색엔진을 위해 다양한 분야에 진입하고 있다. 이를 실현하기 위해 필수적으로 사용하는 경제요소인 돈을 취급하는 업무에도 확장을 하고 있다. 인간의 편리성을 제공하는 전자금융의 일환으로 구글 페이를 통해 오프라인뿐만 아니라 온라인 자금결제 시장에 진입했다. 검색엔진이 기반이었으나 이제는 구글 없이는 살아가는데 불편한 환경에 처해있다.

구글의 검색엔진은 하나의 우리 삶을 편리하게 제공하는 방법인 것이다. 필자도 연구를 위해 수많은 자료를 찾아 볼 수 있어서 이를 용이하게 활용한다. 오래전에는 자료를 보기 위해 국회도서관을 방문하거나 각종 자료가 공유가 어려워 논문을 작성하는 데 상대적으로 많은 시간을 보냈다. 지금은 구글 검색을 통해 수많은 자료를 파일 형태로 쉽게 찾아볼 수 있으며 내 PC에 저장할 필요도 없다. 왜냐하면 언제든지 검색엔진을 통해 접근이 가능하기 때문이다.

래리 페이지는 지난해 "요즘 사람들이 오래 전 사냥과 농경을 주로 삼아 살았던 조상을 보면 지금 같으면 있을 수 없는 삶이라고 생각했던 것처럼 미래엔 지금의 우리 생활을 보고 같은 말을 할 것"이라고 했다. 래리 페이지가 그리는 세계가 무섭게 느껴지는 사람도 있을 수 있다. 하지만 그는 사람을 이용하기 위한 인공지능이 아니라 인류를 행복하게 만들 기술을 위한 유토피아를 가지고 있다.

4. 알리바바의 마윈

4.1 알리바바의 마윈, 못난이 영어교사

1964년 9월, 중국 호반의 도시 항저우에서 태어난 마윈은 항저우 경극 협회의 책임자인 아버지 덕택에 어린 시절부터 경극을 자연스럽게 접했다. 어린 시절부터 접해온 경극이 자신의 상상력과 현재의 마윈을 만들어준 원동력이었다고 한다. 예술적인 감각이 있지만 조용한 아이로 성장하길 바랐던 부모의 의지와는 달리 그는 어린 시절 억지부리며 고집 센, 타일러도 듣지 않고 장난이 심한 개구쟁이로 자랐다.

10살의 마윈은 항저우에 축제가 열리는 그 날 친구들과 수업을 빠지고 축제를 가기로 의견을 모았지만, 그 사실을 선생님에게 들키게 되었다. 그래서 마윈은 갑자기 가면을 쓰고 일어나 군인 연기를 하며 선생님을 설득했다. 의협심이 강했던 마윈은 이유 없는 폭력을 보면 참지 못했고, 평소에 친하지 않은 친구라 할지라도, 형들에게 맞고 있을 때는 성난 황소마냥 달려가 그 형들과 싸워서 부모님에게는 걱정을 주는 편이었다.

그렇게 주변 사람들에게 많은 걱정거리였던 마윈은 결국 많은 문제아들이 모인 특수중학교로 강제전학을 가게 되었다. 그 후에도 마윈은 학교 공부에 관심이 적었다. 하지만 그러한 마윈의 마음에 영어를 배우고자 하는 의욕을 불태우게 한 사람이 있었으니, 바로 마윈의 영어 선생님이었다. 새로 부임한 영어 선생님에게 한 눈에 빠진 마윈은 자신이 짝사랑하는 그녀에의 눈에 한번이라도 들고자 영어 공부를 시작했다.

마윈은 자신의 다짐을 굳게 하며 그 당시 외국인이 가장 많았던 서호에 매일 밤낮을 가리지 않으며 돌아다니며 지나가는 외국인들마다 인사를 건넸고, 후에 좀 더 성장했을 때는 가이드 아르바이트를 하며 외국인들에게 더욱 적극적으로 다가갔다. 그 결과 마윈은 영어 선생님의 눈에 들 정도의 실력을 갖게 되었다. 영어 선생님의 눈에 들고자 한 마윈은 열심히 노력한 끝에 영어 실력을 얻었지만,

그의 다른 성적들은 좋지 않았다. 수학 때문에 마윈은 진학하고 싶었던 고등학교도 가지 못했다. 마윈은 정말 터무니없는 성적이었지만, 베이징 대학에 원서를 넣었고, 수학 성적이 1점을 맞으며 떨어졌다. 마윈은 진학을 포기하고 사촌동생과 같이 일자리를 찾았다. 호텔의 입사시험을 보러 간 후 동생은 정규직으로 취직됐지만, 마윈은 임시직으로 일하게 되었고, 석달을 넘기지 못한채 마윈만 해고되었다. 그 이유는 너무 못생기고 작아서 보는 이에게 혐오감을 주기 때문이었다. 그렇게 낙동강 오리알 신세처럼 아무데도 갈 곳이 없었던 마윈은 사무보조원을 거쳐 짐꾼으로 일하게 되었다.

이 시기에 항저우 기차역에서 루야오의 소설 '인생'을 읽게 된다. '인생'의 주인공이 이상과 현실에서 겪어야 했던 스토리와 "시련을 겪지 않고 무지개를 보려 하는가"와 같은 글귀가 마윈의 마음에 큰 돌을 던졌고, 그로인해 일어난 파장은 마윈이 다시 한 번 대입을 준비하게 한다. 두 번째 대입은 수학 19점으로 대학에 탈락하고 삼수를 했다. 하지만 집안형편이 좋지 않았던 마윈은 낮에는 직장을 다니고 밤에는 야간학교를 다니고, 주말에는 누구보다 먼저 남들보다 빨리 일어나 도서관에 가는 열정을 보이며 공부했다. 마윈이 도전한 3번째 대입의 커트라인은 수학 80점, 하지만 마윈은 수학 79점을 맞으며 그 결과가 매우 위태롭게 됐다. 하지만 마윈은 도전하는 마음으로 항저우 사범대에 지원서를 넣었고, 그 해 당시 입시 지원자가 적었던 항저우 사범대는 마윈을 포함한 모든 지원자를 받아 들였다.

오랜 시간을 거쳐 대학교에 진학한 마윈은 영문학과에 진학해서 숨겨왔던 자신의 다재다능함을 펼쳐놓음과 동시에 자신의 생각에 확신을 가지고 다른 사람들을 설득시켜 움직이게 하고 그 끝에는 자신의 생각이 결실로 드러나도록 하는 능력이 탁월했다. 그렇게 자신의 능력을 뽐내던 마윈은 그 해 자신의 부인인 장잉을 만난다. 그리고 먼 옛날 서호에서 가이드 아르바이트를 하며 알게 된 호주에서 사는 부부의 초청으로 호주를 방문하고, 부부의 원조로 마윈은 대학생활을 하게 되었다.

4.2 마윈의 실패

1988년 화려한 항저우 사범대 대학을 졸업한 마윈, 그의 마음은 교편보다는 창업에 더 끌렸지만, 그의 주위 사람들은 지금은 다시없을 기회라며 마윈이 교편을 잡기를 설득했고, 그 설득 끝에 마윈은 교편을 잡았다. 하지만, 마윈은 다른 이들의 생각과는 다르게 중학교도 고등학교도 아닌 대학교를 선택했다. 그 당시 항저우 전자 공업대학에 기계, IT, 전자 분야의 교수는 많지만, 무역이나 외국어 등의 분야에는 교수가 적은 것을 보고 영어 교수이자, 국제무역 교수로 교단에 섰다. 이후 교수로 있으면서 많은 학생들을 만나며 인맥을 쌓았고, 또한 많은 경영인들의 강의를 총해 상인들의 마인드와 철학을 이해하는 시간을 갖게 되었다. 따라서 그가 대학 교수로 있던 6년의 시간은 창업의 기반을 다지는 시간이라고 할 수 있다.

1992년 덩샤오핑이 외국 자본에 중국시장을 개방한 여파로 영어와 무역에 능통한 인재가 높은 대우를 받았던 당시 중국의 상황에서 마윈은 창업할 기회를 포착했다. 자신의 은퇴한 동료 영어교사를 고용해서 전문 통번역 사업을 하고자 했던 것이다. 이는 은퇴 교수에게도 도움이 되고 자신의 역량을 활용할 수 있어 좋은 아이디어라고 생각하고 실행에 옮겼다. 그렇게 1992년 마윈은 엄청난 의지로 친구와 함께 전문 통역 기구인 하이보통역사를 설립하게 된다. 일반적으로는 아이디어가 떠올랐다고 바로 창업을 하지 않지만, 마윈은 '생각하기만 하면 절대 이룰 수 없다'라는 철학을 가지고 있었기 때문에 어떻게 보면 무모할 수도 있는 창업을 한 것이다.

그러나 아무것도 없이 시작한 창업이었기에 마윈은 주위의 동료들과 친구들에게 도움을 요청했고, 평소의 마윈을 잘 알고 그의 성격이나 실력을 잘 알고 있던 동료들과 친구들은 흔쾌히 그의 부탁을 듣고 하이보통역사에 들어왔다. 하지만 오랜 시간에 걸쳐 계획하지 않은 탓인지 아니면 첫 사업이라 익숙지 않았던 탓인지 기대만큼의 이윤을 달성하지 못하자, 마윈은 사업을 어떻게든 유지하고자 이리저리 뛰어다니며 물건을 팔았고, 당시 번역 회사의 가능성을 믿고 점점 나아질 것이라고 생각했지만, 기대와는 다르게 손전기, 내의, 공예품을 걸쳐 의료기기라도 팔아 유지하는 상황이 됐다. 하지만 하이보통역사의 수난은 그게 끝이 아니었다. 회계에 대한 부분을 전혀 몰랐던 마윈은 여직원에게 돈 관리를 맡겼지만, 중간 중간 돈을 빼돌리는 사건도 있었다. 그렇게 무모한 창업에 쓴맛을 본 마윈은 아무리 작은 회사라도 체계가 확실한 시스템이 있어야 한다는 교훈을 얻었다.

4.3 중국 전자상거래 시장의 알리바바

짝사랑하던 영어 선생님의 마음에 들기 위하여 기를 쓰고 배워 '항저우에서 영어를 제일 잘한다.'라는 얘기를 듣게 된 마윈의 소문을 들은 저장(浙江)성 교통청이 미국 기업과의 분쟁협상에서 통역업무를 요청하였고, 1995년 초에 미국 시애틀로 출장을 가게 되는데, 그 출장은 마윈의 인생을 바꿔놓는 엄청난 사건이 된다.

여러 가지 사건을 겪은 후, 친구가 있는 시애틀로 간 마윈은 친구의 작은 사업장에서 진짜 인터넷을 접하게 된다. 무엇이든 검색하면 나온다는 말을 들은 마윈은 맨 처음 생각나는 단어로 Beer를 검색했고, 다른 나라의 맥주와 여러 가지 내용들이 보여졌지만, 그 중에 중국 맥주가 없다는 것을 안 마윈은 중국을 세상에 알리기로 결심한다. 그 후 중국으로 다시 돌아온 마윈은 아내 장잉과, 여동생과 제부를 포함한 친척으로부터 2만 위안을 모아 '하이보네트워크(海博網絡)'라는 기업들의 인터넷 홈페이지를 만들어 주는 온라인 기업을 세웠다. 1995년 중국의 최초의 인터넷 기업을 세웠지만 실패로 끝났는데, 중국의 인터넷 인프라가 너무 형편없었기 때문이다. 당시에는 중국에 인터넷이라는 개념 자체가 없었기 때문에 사기꾼으로 생각하는 사람도 많았다.

그렇게 마윈은 다시 고배를 맛보았다. 그리고 다시 관광 가이드와 영어교사로 생계를 꾸려나갔다. 하지만 그에 굴하지 않고 1995년 자신을 뒤따라온 24명의 친구들, 제자들과 함께 홈페이지 서비스 사이트 '차이나옐로우페이지(中国黄页)'를 세웠다.

마윈표 인터넷 양탄자 '차이나옐로페이지'의 주요 사업은 중국기업들의 홈페이지를 제작해주는 것이었다. 3개월 후 상하이를 필두로 중국전역에 인터넷이 보급되기 전까지 의심 많은 중국인 대부분은 마윈을 허무맹랑한 사기꾼으로 취급했다. 초창기 차이나옐로페이지는 미국의 지인에게 연락을 하여 인터넷상의 해당내용을 인쇄하게 한 후 그것을 다시 중국으로 팩스로 보내달라고 해서 확인하는 방법을 이용했다.

1997년 중국 대외경제무역부에서 인터넷 네트워크 업무를 담당했다. 1997년 베이징으로 올라가 중국 대외경제무역부의 일을 진행했다 대외경제무역부의 공식 사이트 개설과 산하 무역업체간 인터넷 네트워크를 구축하는 업무를 수행했다. 이 업무를 통해 마윈은 제조업체와 무역업체들간의 전자상거래 필요성을 절감한다. 당시 마윈은 이메일도 제대로 못 보낼 정도의 '컴맹'이었으나 그는 인터넷 시장이 중국에서도 커진다고 예측하고 바로 사업을 시작했다.

1998년 마윈이 중국 대외경제무역합작부에 취직한 뒤 우연찮게 야후의 창업자 제이 양의 만리장성 가이드를 맡았다. 마윈은 제리 양에게 자신의 사업구상을 설명하여 마윈의 말에 흥미를 보인 제리 양은 2000년, 마윈이 알리바바를 설립한지 1년 후에 소프트뱅크의 손정의 회장을 소개했다.

놓치면 안 될 기회라고 여긴 마윈은 6분의 연설을 통해 손정의 회장의 마음을 움직였고, 그 결과로 마윈은 그에게서 "당신은 영웅이 될 것이다. 새로운 인터넷 비즈니스 모델을 창안했기 때문이다."라는 말을 듣고 2,000만 달러의 투자금을 얻어낼 수 있었다. 그러한 결과들을 통해 마윈은 중국인 최초로 포브스 잡지의 표지 모델이 되었다.

많은 나라의 사람들이 알고 있는 천일야화 중에는 '알리바바와 40인의 도둑'이라는 이야기가 있다. 이야기의 주인공인 알리바바는 착한 성품을 가진 인물로 묘사된다. 그 이야기에 따라 마윈은 1999년 인터넷 B2B 거래 기업인 알리바바를 설립했다. 알리바바 도메인은 캐나다 기업으로부터 1만 달러에 구입했다. 손정의로부터 투자를 받은 후 알리바바는 무서운 속도로 성장했고, 2003년 전자상거래 시장점유율이 80%대였던 이베이를 3년 만에 3%를 제쳤고, 결국 그 해 말 중국시장에서 철수하게 만들었다. 2007년 알리바바 그룹이 중국 전자상거래 시장점유율 80%를 달성하고 그 뒤로 7년간 단 한번도 1위에서 내려오지 않으며 알리바바 그룹의 위세를 보여줬다.

성장한 알리바바 그룹은 2012년 기준 전체 거래액은 중구 국내총생산(GDP)의 약 2% 수준에 이르게 된다. 몇 년 만에 알리바바 그룹을 끌어올린 원동력은 마윈의 빛나는 아이디어가 있기 때문이 아닐까 싶다. 그 대표적인 예시는 '광군제'다. 우리나라의 11월 11일은 커플과 좋아하는 이성에게 마음을 표현하기 위한 빼빼로 데이이지만, 중국의 11월 11일은 1이 네 번 겹치기 때문에 애인이 없는 '솔로'들을 위한 날이라고 한다. 그리고 마윈은 젊은이들이 이 날을 기념하는 데에 주목했다. 그리고 마윈은 2009년부터 매년 11월 11일마다 타오바오와 텐마오 등을 통해 솔로들을 위한 솔로들을 대상으로 할인 행사를 진행했다. 그런 마윈의 계획에 응답이라도 하듯이 국민들은 이 날을 대대적인 쇼핑일로 정했다. 그에 따른 결과는 11월 11일이 알리바바 그룹의 가장 수입이 많은 날이 되었다. 마윈의 계획은 매우 성공적이었고, 이 날을 기점으로 알리바바 그룹의 매출과 순이익은 가파르게 상승했다.

4.4 모바일 전자상거래와 알리바바의 주식상장

2003년 5월 설립된 온라인쇼핑몰인 '타오바오'에서 수수료를 없애고 무료광고를 허용하면서 '이베이'와 시장에서 경쟁했다. 이를 위해 마윈은 해마다 엄청난 돈을 투입했다. 타오바오는 빠른 속도로 성장하기 시작했다. 그리고 마윈은 자금 압박에 대응하기 위해 2005년 알리바바는 야후로부터 10억달러의 가치를 지닌 투자와 야후중국의 자산을 받아들인다. 마윈은 이를 위해 알리바바의 40% 지분을 내놓는다. 2005년 야후 차이나의 경영권을 인수하고, 야후로부터 10억달러의 투자금을 받았다. 이를 기반으로 2006년 경쟁자 eBay를 수수료 무료를 무기로 중국 시장에서 퇴출시키고 2007년 11월 홍콩 주식 시장에 상장했다. 이때의 시가총액은 한때 260억달러에 달했다. 이런 전자상거래를 활성화 기반에는 전자결제 시스템인 알리페이도 중요한 역할을 수행했다.

알리바바 그룹을 중국의 으뜸가는 기업으로 만든 마윈의 관심사는 서서히 모바일로 옮겨지기 시작했다. 알리바바 그룹은 경쟁자인 텐센트와 바이두보다 모바일 전환이 늦다는 평가를 받고, 약한 부분이 모바일 인터넷이라는 것을 깨달은 마윈은 서서히 모바일 인터넷으로 시선을 보내기 시작한 것이다. 그러한 마윈의 결심처럼 2013년 9월 중국의 메신저 프로그램인 '라이왕'을 스마트폰 버전으로 선보이며 모바일사업을 강화하고 있다. 그리고 모바일 사업을 강화하면서 공격적인 마케팅을 펼쳤던 마윈은 라이왕 출시 1개월 만에 사용자가 5백만명을 넘기며 성공했다. 또한 그 해에 모바일 관련 기업 6개를 연달아 인수하며, 전문가들에게 마윈이 모바일 환경에서도 소비자들이 알리바바 그룹의 전자상거래 서비스를 이용할 수 있도록 인프라를 구축하기 위해 공격적 이 방법을 선택했다. 더불어 알리바바 그룹은 전자결제기업인 알리페이를 자회사로 운영하고 있다. 따라서 알리바바 그룹은 전자상거래를 향해 차츰차츰 팔을 뻗어나가며 모바일 결제가 차지하는 비중을 증가시켰다.

이러한 이익에 그치지 않고 마윈은 또 다른 수익원으로 해외 전자상거래시장을 검토했다. 알리바바 그룹은 미국에 온라인 쇼핑몰 '11메인'을 선보였고, 다른 온라인 쇼핑몰 매장과의 차이점은 오직 초대장을 받은 사람만 들어갈 수 있는 비공개 쇼핑몰이라는 점이다. 하지만 그때 당시 초창기인 점을 봐서 미국 내 기업과 개인으로 이용이 제한되었다. 알리바바가 미국 뉴욕증시에 상장하여 2014년 구글에 이어 전 세계 IT기업 중 두 번째로 큰 규모의 기업이 되었다.

세계 대표 결제기업 알리페이, 성공비결은 알리페이의 거래액은 중국 제3자 결제시장의 48%에 달한다. 모바일 결제시장에서는 78%의 점유율을 뽐낸다. 페이팔은 190개국 이용자들에게 결제환경을 제공하고 있다. 이들 기업이 오히려 모회사인 알리바바와 이베이를 키운다고 할 정도다.

알리페이와 페이팔이 세계 결제시장을 장악할 수 있는 것은 시장 흐름을 잘 읽고 소비자들이 원하는 서비스를 내놓았기 때문이다. 특히 알리페이가 중국에서 성공한 핵심은 '저신용' 사회에서도 안전한 결제시스템을 만든 것이다. 실제 알리페이가 등장 이전 만해도 중국은 전사상거래의 불모지였다. 물품을 발송하고도 대금을 못 받거나, 대금을 지급하고도 물품을 받지 못하는 일이 많았다. 이런 상황에서 알리페이 등장은 혁명이나 다름없었다.

송금 서비스도 사람들을 움직였다. 은행 자동입출금기 앞에서 줄을 서고 기다리다 새치기 시비가 붙는 일이 아예 없어졌다. 지난 2월 춘절 연휴에는 휴대폰을 통해 2억위안(370억원)이 송금됐다.

한국과 달리 제도적 규제도 없었던 것도 알리페이와 페이팔을 키운 요인으로 꼽힌다. 특히 중국은 자산운용사를 통해 수익을 내는 금융서비스까지 가능하다. 알리페이는 은행 정기예금의 2배에 달하는 7% 이자를 내걸고 올초 8000만명이 넘는 사용자를 모집했다. 올 상반기 현재는 사용자수가 1억명으로 늘었다. 보안 · 결제 사고에 대비한 보험료 징수가 자유로운 것도 알리페이 급성장의 발판이다.

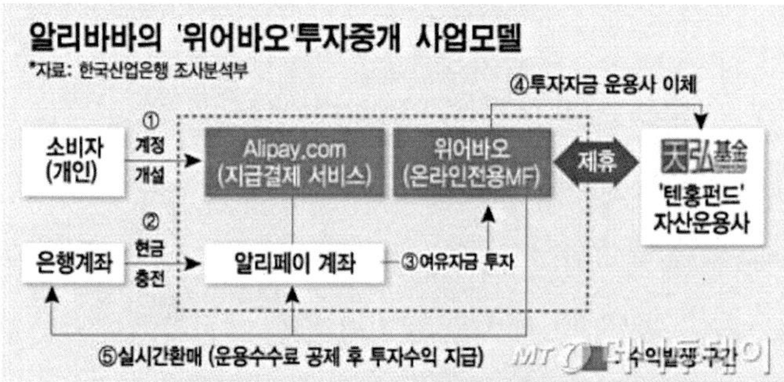

[그림 4-6] 알리바바의 위어바오 투자 중개모델

5. 카카오톡의 김범수

1998년 한게임, 2010년 카카오톡의 두 번의 성공을 통해 김범수는 우리나라에서 가장 성공한 인터넷 벤처 기업가로 평가받는다. 가난한 유년 시절을 딛고 일어선 자수성가한 1세대 기업가이자 1조 클럽의 회원, 포브스가 인정한 신흥 억만장자, 우리나라 IT 역사와 함께하며 인터넷과 모바일 시장을 평정한 게임 벤처 1세대 등 이처럼 성공에 대한 수식어가 따라 다닌다.

그럼 그가 어떤 이력을 가지고 있을까 궁금해질 수밖에 없다. 카카오톡을 만들어 성공한 김범수에 대한 이력은 다음과 같다. 어린 시절에 경제적으로 여유가 없는 집안의 장남이며 1966년 생으로 1990년 서울대학교 산업공학 학사, 1992년 서울대학교 대학원 산업공학 석사과정을 수료했다.

초기 PC 통신 시절 인터넷에 관심을 가졌고, PC통신 관련 논문으로 석사 학위를 받았다. 이후 근무했던 삼성 SDS에서 퇴사하고 한게임을 만들었다. 2000년 삼성 SDS 동기 이해진이 이끄는 네이버와 합병하고 NHN 공동대표를 맡았으며, 2004년 NHN 단독대표를 거친 이후 해외사업을 총괄하는 대표를 맡았다. 2007년 8월 대표직을 그만두고 가족들과 3년을 보낸 후 카카오톡을 만들어 성공시켰다.

창업하여 성공적인 것만 제외하고는 이런 이력은 흔히 우리 주변에서 볼 수 있다. 즉 서울대 졸업 후 대기업에 취업하여 경험을 쌓은 뒤 창업을 하고 이 기반으로 관련 기업의 대표로서 재직하는 것이다. 남다른 점은 시대의 흐름과 기술의 발달을 알고 이를 기반으로 많은 도전을 통한 두 차례나 성공적인 기업을 이끌어 낸 것이다.

[그림 4-8] 카카오톡

5.1 김범수-이재웅-이해진의 '인연'

김범수 카카오 이사회 의장, 이재웅 다음커뮤니케이션 창업자, 이해진 네이버 이사회 의장은 서로 특별한 인연이 있다. 김범수와 네이버의 창업자인 이해진은 대학동창이며 삼성 SDS 동료였다. 김범수가 1966년생으로 한 살 많지만, 재수를 해서 둘은 서울대 시절을 함께 보냈다. 김범수는 산업공학과, 이 해찬은 컴퓨터공학과에 1986년 같이 입학해 1990년 함께 졸업했다. 그 이후 김범수는 서울대에서, 이해찬은 카이스트에서 석사과정을 마쳤다. 이 두 사람은 다시 1992년 삼성 SDS에서 만났고 김범수는 1998년 게임포털 '한게임'으로 먼저 창업을 선택했고, 1년 뒤인 1999년 이해진도 검색포털 '네이버'로 창업을 했다.

2000년도 다음커뮤니케이션이 한메일 덕택으로 크게 성장하고 있었으며 상대적으로 네이버는 창업 초기여서 많은 어려움을 겪고 있었다. 두 사람은 2000년 한게임과 네이버를 합병해 엔에이치엔(NHN)으로 운영했다. 이 시기에 '신의 한수'라 불리는 이 합병으로 네이버는 당시 포털 검색 시장 1위인 다음커뮤니케이션을 앞서가는 계기를 마련했다. 그 이후 김범수는 2006년에는 미국 지점 대표로 있다가 2007년 NHN를 그만두었다.

그는 미국에서 새로운 서비스를 발굴하기 위해 여러 가지를 시도했지만 결과는 그리 좋지 않았다. 그러던 중 2010년에 Wha's App 서비스를 알게 되고 바로 카카오라는 기업을 창업하여 이와 비슷한 서비스를 국내에 도입하기 위해 개발한 게 바로 카카오톡이었다. 2009년 6월, 왓츠앱이 처음 선보였다. 왓츠앱은 종전의 이동통신사가 문자 전용 SMS 서버를 이용해서 문자를 주고받게끔 했다면, 데이터 커넥션을 통한 무료 문자 메시지 서비스를 가능하게 한 메신저 앱이다.

2010년 초기에는 모바일 메신저 서비스인 카카오톡을 통신사가 문자 메시지(SMS : Shot Message Service) 사업을 대체할 것으로 우려하여 시장진입을 막았으나 지속적인 설득을 통해 LGU+가 연결을 시작으로 KT, SKT도 참여했다.

카카오톡이 서비스를 시작했을 때만 해도, 이통신사들은 SMS(문자 서비스)는 이용료가 부과되는 유료 서비스였다. 당시는 국내 아이폰 3G 출시로 스마트폰에 대한 관심이 급증하고, 아이폰을 중심으로 빠르게 스마트폰 사용자가 불어나가고 있는 시기였다. 왓츠앱이 우리나라에서도 사용자 수를 불려가고 있다고는 하나, 아직까지 대다수는 SMS를 이용하던 시기이기도 했다. 그때, 왓츠앱보다 단순하고 쓰기 편하면서도 이동통신사의 유료 SMS와 달리 무료 서비스인 카카오톡에 대한 시장의 반응은 어마어마했다. 출시하자마자 앱스토어 다운로드 순위 1위를 기록했고, 같은 해 8월 24일에 안드로이드 버전이 출시된 것에 힘입어 9월에는 이용자 수가 100만 명을 돌파했다.

이처럼 카카오톡이 급성장하면서 이른바 '국민앱'으로 자리 잡은 데에는 기존 이동통신사가 소비자에게 주지 못했던 '무료 메시지 서비스'라는 이점과 더불어 '사용의 편의성'이 중요한 역할을 했다. 지금은 당연한 일이지만 카카오톡은 회원가입과 로그인의 과정이 없이도 해당 앱을 내려 받아 스마트폰에 설치만 하면 이용이 가능하도록 지원했다. 번거로운 절차를 거치지 않아도 상대방 전화번호만 있으면 얼마든지 메시지를 보내고, 간단한 문서나 이미지, 짧은 동영상을 전송할 수 있다.

2012년, 카카오톡과 연동된 모바일 게임 '애니팡'이 첫 선을 보였다. 동물 모양 퍼즐을 맞추는 이 간단한 게임은 전국에 '애니팡 열풍'을 불러일으키며 2012년 10대 인기상품 2위에 등극하는 기염을 토했다. 이 애니팡을 시작으로 카카오톡에 등록된 친구들이 함께 모바일 게임을 즐기는 문화가 널리 확산되었다. 카카오톡과 연동된 모바일 게임은 언제 어디서나 손쉽게 즐길 수 있을 뿐더러, 혼자가 아니라 친구들과 함께 경쟁하고 소통한다는 점에서 젊은 층만이 아니라 중 · 장년층까지 끌어들일 수 있었다. 이로써 기존 PC 게임이 주도하던 국내 게임시장은 카카오톡 플랫폼을 기반으로 모바일 게임의 성공에 힘입어 모바일 시장으로 중심이 옮겨졌다. 모바일 메신저 '카카오톡'은 선풍적인 열풍을 일으키며 성공했으며 이를 기반으로 카카오는 사회관계망서비스(SNS) '카카오스토리'와 게임 등으로 사업 영역을 확대했다.

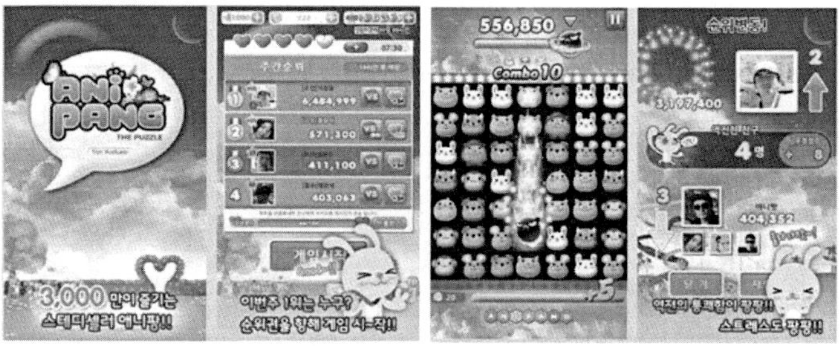

[그림 4-9] 애니팡 모바일 게임

네이버에서 카카오톡 같은 모바일 메신저 서비스인 라인을 출시했지만 이미 국내 시장을 선점한 카카오톡에 밀려 시장 확보를 실패했다. 따라서 카카오는 네이버에서 보면, 서로가 경쟁적인 관계가 형성되었으며 결국 네이버는 국내 시장보다는 해외시장에 눈을 돌려 일본, 대만 등 아시아 시장에 모바일 메신저 서비스를 출시하여 성공적으로 운영하게 되었다. 또한 네이버는 밴드 서비스를 시장에 출시하여 김범수와 이해진은 NHN 시절 동반자에서 서로가 경쟁하는 관계가 형성되었다.

김범수와 다음커뮤니케이션의 이재웅의 인연을 보면, 2000년 초반에 한게임이 네이버와 합병하면서 포털시장의 주도권을 네이버에게 안겨준 당사자가 김범수였다. 그러나 세월을 흘러 2014년 카카오가 다음커뮤니케이션과 합병하면서 서로가 동반자가 되었다. 카카오톡 입장에서는 지속적인 서비스 확장을 위해서는 콘텐츠가 필요했으며 이를 확보할 수 있는 방안으로 이미 경쟁관계가 되어버린 네이버가 아닌 다음커뮤니케이션과 합병을 했다. 다음커뮤니케이션의 경우도 PC 시장에서 모바일 시장으로 옮겨가고 있어 모바일 기반으로 사업을 확대하기 위해 마이피플이라는 메신저 앱으로 부활을 노렸지만 결과는 성공적이지 못했다. 따라서 카카오와의 합병이 모바일 기반의 시장 확대에 반드시 필요했던 것이다.

이재웅은 1995년에 설립하고 한때는 '한메일'로 한때 대한민국 대표 포털 강자로 자리 매김한 다음커뮤니케이션을 벤처기업인 카카오와 합병하여 새로운 기업인 다음카카오를 탄생시켰다. 이는 기업은 시대의 흐름에 따라 변화하지 못하면 생존이 어렵다는 것을 알려주고 있다. 다음 지분 13.7%를 가진 이재웅 창업자의 합병회사 지분은 4.1%로 줄어, 최대주주에서 5대주주가 되었으며 이재웅은 새로운 기업 발굴에 관심을 가지고 활동하고 있다. 아마도 제 2의 카카오 같은 기업의 탄생이 일어날 수도 있다. 이게 바로 기업의 현실이다. 이재웅 창업자가 투자한 벤처기업에서 제2의 카카오나 네이버가 나오지 말란 법도 없다. 여전히 세 사람 사이 인연의 여전히 진행중인 셈이다.

5.2 도전이 주는 의미

김범수는 2010년 분당 정자역 인근에 아이위랩을 설립하여 두번째 창업에 나섰지만 결과는 번번히 실패였다. 100억원이 넘는 개인 자금을 날린 후 5번째 서비스인 카카오톡 서비스가 시장에서 반응했다. 김범수는 카카오톡이 성공기미를 보이자 매달렸고, 네이버에서 같이 일했던 핵심인력이 참여했다. 카카오가 출범할 때부터 순조로웠던 것은 아니다. 우선 초기에는 수익모델이 없었고 망 중립성[20] 문제로 이동통신사와 갈등으로 성장이 지연되었다. 이런 문제를 LGU+가 카카오톡 연동을 시작으로 시장에 진입하고 이후 게임 사업을 끌어들여 플랫폼을 구축하는데 성공했다.

카카오의 창업자 김범수의 대한 이야기를 요약하면 3가지로 정리된다. 첫째, 첫 직장인 삼성 SDS 시절, 김범수는 유능한 프로그래머 동료들 사이에서 개발능력 부족으로 적응이 쉽지 않았다. 그래서 이제 막 시장에 나오기 시작하는 윈도우를 공부했다. 새롭게 등장하는

20) 망중립성(Net neutrality)은 모든 네트워크 사업자와 정부들은 인터넷에 존재하는 모든 데이터를 동등하게 취급하고, 사용자, 내용, 플랫폼, 장비, 전송방식에 따른 어떠한 차별도 하지 않아야 한다는 뜻이다. 이 용어는 2003년에 콜롬비아 대학교의 미디어 법 교수인 팀 우(Tim Wu)가 만들었다. 비차별, 상호접속, 접근성 등 3가지 원칙이 동일하게 적용되어야 하는 것이 조건이다.

서비스를 먼저 배우면 상대적으로 전문성을 인정받을 수 있기 때문이다. 얼마 시간이 지나지 않아 삼성 SDS의 프로젝트가 윈도우 기반으로 바뀌었고 김범수가 담당했던 국내 최초의 윈도 환경 PC통신인 '유니텔' 이었고, 시장에서 폭발적으로 성공적인 모델이 되었다.

두 번째, 모든 직장인들이 꿈꾸는 나만의 사업을 해보는 것이었고 김범수도 1988년에 "한게임"을 창업했다. 그 당시에 특이한 점은 PC설치 없이 웹사이트에서 바로 게임을 즐기는 것으로 당시에는 새로운 모델이었으며 또한 유료 정액제가 아닌 아이템 구매방식으로 운영했다. 결국에는 한게임은 출시 3개월 만에 100만 회원, 1년 반 만에 1,000만 회원이란 대박을 치며 네이버에 인수되었다.

셋째, 휴식 시간을 통해 재충전하는 것으로 이는 모든 직장을 다니는 일반인들이 바라는 것이다. 2007년 NHN을 그만두고 여러 사업을 구상하며 가족과 함께 보낸 것이다.

위에서 언급한 3가지 요소는 특이한 것은 아니고 일반인들이 쉽게 하지 못하는 것으로 동경의 대상이 되어 부풀려진 것 같다.

우리는 항상 도전을 하고 싶은 생각은 있지만 제대로 실행에 옮기지 못하고 있다. 이는 실패에 대한 두려움과 실제로 성공한 사람보다 실패를 통해 힘들어 하는 이를 많이 보기 때문이다. 필자도 남편이 또래의 친구들처럼 직장을 그만두고 사업을 하겠다고 나서지 않는 게 얼마나 고마운 일인지 모른다. 이는 나뿐만 아니라 많은 일반인들이 느끼는 것이다. 따라서 안정감을 버리고 새로운 것을 위해 도전하는 것은 결코 쉬운 일이 아니다.

1998년 김범수는 '온라인에서 즐기는 새로운 세상'이라는 큰 꿈을 갖고 한게임을 차렸지만 현실은 어려웠다. 당시는 IMF 직후였고, 그가 가진건 500만원의 마이너스 통장뿐이었다. 그래서 그는 당장 먹고 살 길을 마련하기 위해 왕십리에 초대형 PC방을 운영하고 낮에는 PC방 사장님으로, 밤에는 PC방에서 한게임 서비스를 만들었다고 한다. 그러나 그는 단지 PC방 사장님에만 머무르지 않고 PC방 관리 프로그램을 개발해서 팔았다. 요금과 사용현황을 한 눈에 알게 해주는 프로그램이었다. 그럴듯한 관리 프로그램이 없던 것에 답답함을 느껴온 전국의 PC방 업주들은 김범수가 만든 프로그램을 서둘러 설치했다.

김범수는 PC방 관리 프로그램을 판매하는데 그치지 않고 이를 자신의 유통망으로 활용했다. 한게임을 시작하면서 그는 PC방 컴퓨터 첫 화면을 한게임으로 설정하면, 무료로 관리 프로그램을 주는 프로모션을 진행했다. 이 결과 최고의 홍보 마케팅 방법이 되었다. 김범수는 PC방 업주들의 문제점을 해결해 주었고, 전국의 PC방은 첫 화면에서 한게임을 광고해줘 든든한 유통망이 되어 주었다. 이런 거래로 한게임이 3개월 만에 100만 회원 신화가 가능했었다고 전해진다.

우리의 인생은 원하지 않던 상황에 놓일 때가 많다. 필자도 돈을 벌수 있는 안정적인 직장으로 대학교수가 되기 위해 박사 학위가 필요했지 무언가 새로운 것을 발견하기 위해 공부한 것은 아니었다. 박사 학위가 없어도 돈을 빠른 길로 벌수 있다는 것을 깨달았을 때 박사학위를 중간에 그만두면서 대학교수가 된다는 목표를 포기해 버렸다. 그러나 직장을 다니면서 새로운 것을 발견한다는 것이 얼마나 필자에게 중요한 일이며 그 방법이 대학교수가 되는 것이라는 것을 알고서 결국에는 대학교수로 일하고 있다.

김범수도 PC방 사장이라는 것은 처음에 목표했던 것은 아니었지만 이를 통해 원하는 방향이 새롭게 등장할 수 있고 가던 길에서 생겨난 새로운 길을 개척해 볼 수 있는 기회도 될 수 있다. 따라서 모든 일에 마음가짐과 도전 의식이 중요한 것이다.

5.3 카카오톡 플랫폼 기반으로 사업 영역 확대

카카오톡은 생활 전반에 변화를 가져왔다. 콜택시 이용 서비스 카카오택시, 송금 서비스 뱅크월렛 카카오(뱅카), 인기 있는 뉴스 공유 서비스 카카오토픽, 모바일 결제 서비스 카카오 페이, 오픈형 콘텐츠 마켓 카카오 페이지, 한국형 인스타그램 카카오스토리, 모바일 패션 콘텐츠 & 쇼핑 서비스 카카오스타일 등이 있다.

이제 우리는 카카오톡 아이디를 가지고 카카오택시로 콜택시를 부를 수도 있고, 카카오스타일에서 쇼핑을 할 수도 있으며, 카카오토픽에서 뉴스를 친구와 공유할 수 있고, 카카오페이로 신용카드 없이도 편리하게 결제할 수 있는데다 뱅카로 카카오톡상에서 친구들과 회비를 나눠 내거나 축의금 등을 간편하게 송금할 수 있다. 또한, 카카오페이지를 통해 만화, 소설, 동영상 등 콘텐츠 판매를 할 수 있다. 이처럼 카카오톡은 누구에게나 열려 있는 소통형 모바일 플랫폼으로서 금융, 쇼핑, 게임, 콘텐츠 유통, 생활 서비스 전반에 혁신을 일으키고 있다.

이처럼 다음카카오는 카카오톡을 기반으로 한 게임 플랫폼에 이어 페이, 카카오택시, 카카오대리운전, 그리고 주목받고 있는 농업과 연계한 O2O(Offline to Online) 서비스, 인터넷 은행까지 무서운 속도로 시장을 확대하고 있다. 특히 카카오가 사업권을 거머쥔 인터넷은행은 향후 모바일 영역에서 파급력이 기대되기 때문에 인터넷은행 사업은 카카오가 새로운 영역을 확대하는데 결정적 역할을 할 것이란 관측이 지배적이다.

제 5 장

[인프라] 지구를 도와주는 전자금융에 숨겨진 도우미들

제5장 [인프라]

지구를 도와주는 전자금융에 숨겨진 도우미들

1. 생산 : 원하는 것을 언제 어디서나 직접 만들 수 있을 수 있는 3D 프린터

전자금융은 온라인에서 상거래가 발생함에 따라 이를 지불할 수 있는 환경 제공에 따라 많은 발달을 해왔다. 즉 전자상거래의 발달이 전자금융의 성장에 커다란 역할을 하고 있다. 상거래는 생산, 주문, 결제 그리고 배송의 단계를 거치고 있으며 이 모든 프로세스를 수행한 결과는 데이터 형태 정보로 재가공되어 소비자의 요구사항을 파악할 수 있는 자료로 이용되고 있다. 이런 전자상거래를 지원하는 숨겨진 도우미로 생산을 도와주는 3D 프린터, 주문으로 손쉽게 제공하는 아마존의 대시 시리즈, 저가의 물류배송을 지원하는 드론과 이와 관한 사물간의 네트워크와 정보를 교환하고 통합 지원하는 IOT 서비스가 있다.

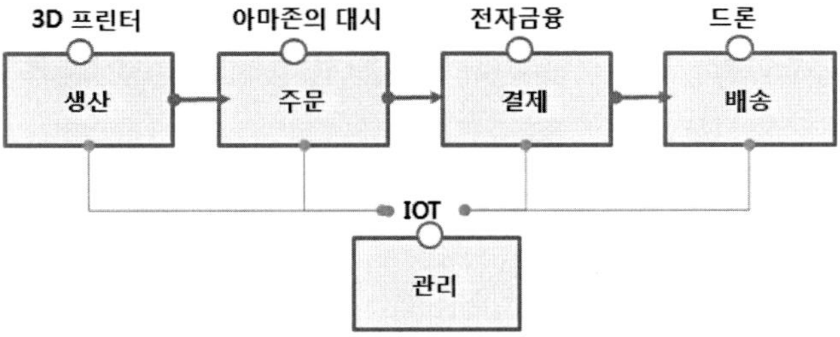

[그림 5-1] 전자상거래 서비스 종류

지속적인 기술 발달은 생산을 기존의 공장에서 전문화된 설비를 이용하여 기존의 대량생산 시장을 소비자의 요구사항에 맞는 소량생산 시장으로 전환하고 소비자가 직접 생산하여 소비자가 공급자 역할도 할 수 있는 환경을 만들었다. 이제는 대형화되고 전문화된 시설이 없어도 3D 프린터를 사용하여 소비자가 손쉽게 원하는 물건을 생산할 수 있다. 3D프린터는 전자상거래를 활성화하는데 기여를 하고 있다.

주문의 경우는 기존의 PC 기반의 주문환경에서 스마트폰 등장으로 이동중에도 쇼핑을 할 수 있다. 전자상거래 기업들은 소비자의 주문 시간을 단축하고 손쉽게 주문하기 위한 연구를 하고 있으며, 아마존에서 제공하고 있는 대시 시리즈가 대표적인 사례이다. 컴퓨터나 스마트폰 접속하여 원하는 물건을 찾는 시간을 줄이기 위해 현재 사용하고 있는 제품의 바코드를 쉽게 인식하고 음성으로 제품을 주문할 수 있도록 지원하는 대시 또는 대시버튼 클릭 한 번으로 물건을 주문할 수 있다. 전자상거래에서 전자결제는 전자금융의 가장 중요한 요소로서 전자상거래 시장의 확대로 인해 전자결제 및 금융 업무의 대중화가 이루어졌다.

전자상거래를 운영하는 기업들이 가장 많이 고민하는 분야는 소비자에게 직접 배송하는 물류 시스템이다. 많은 비용이 요구되고 있는 배송문제를 해결하기 위한 방안으로 드론을 활용하는 방안을 도입하고 있다. 이처럼 우리 주변에는 전자금융을 위한 기술과 환경들이 계속 진화한다.

우리가 물건을 구매하기 위해 시장이나 마트를 방문하는 경우에 소비하는 시간과 노력이 절약되고 차량 사용이 감소함에 따라 이산

화탄소 배출 감소효과도 등장한다. 또한 전자상거래는 우리에게 더 많은 중요한 일들을 할 수 있는 시간들을 제공한다.

1.1 3차원 인쇄기, 3D 프린터

3차원 인쇄 기술은 제 3의 산업혁명으로 불리며, 산업 전반에 걸쳐 제조 기술의 큰 변화를 가져오고 있다. 3차원 인쇄(영어: 3D printing)는 연속적인 계층의 물질을 뿌리면서 3차원 물체를 만들어내는 제조 기술로, 1984년에 개발되었다. '3D 프린터'라는 용어는 본래 이 회사의 고유 상표였는데, 크럼프가 1999년 공용어로 쓰는 걸 허락하면서 이제는 일반명사가 됐다.

1983년, 스테레오리소그라피(SLA : Stereolithography) 방식의 3D 프린터의 탄생은 다음과 같이 이루어졌다. 액체 표면에 레이저를 쐈다. 액체가 얇은 동전 모양으로 굳었다. 딱딱히 굳은 층을 1mm 아래로 내린 뒤, 또 다시 액체를 채우고 레이저를 쐈다. 이번엔 조금 더 큰 원형으로 굳혔다. 이 과정을 수십 번 반복한 끝에 그는 작은 푸른색 컵을 만드는 데 성공했으며 이는 3D 프린터로 만든 세계 최초의 물건이었다. 이 물건의 제작자는 미국의 발명가이자 오늘날 세계 최대 3D프린터 업체인 '3D시스템즈'사 창업자인 '척 헐'이다. 그는 자외선을 이용해 광폴리머를 안정적으로 굳혀 표면 코팅제를 만드는 실험을 하던 중 아이디어를 얻었다. 그로부터 5년 뒤, 전혀 다른 방식의 3D 프린터가 개발됐다.

요즘 우리에게도 익숙한, 뜨거운 열로 녹인 플라스틱 재료를 치약처럼 짜내 층층이 쌓는 방식(FDM : Fused Deposition Modeling)이다. 이 기술은 미국의 발명가 스캇 크럼프가 어느 날 딸을 위해 글루건(고형 접착제를 녹여 짜내는 기계)으로 장난감 개구리를 만들다가 아이디어를 얻었다.

3차원 프린터는 밀링 또는 절삭이 아닌, 기존 잉크젯 프린터에서 쓰이는 것과 유사한 적층 방식으로 입체물로 제작하는 장치를 말하며, 컴퓨터로 제어되기 때문에 만들 수 있는 형태가 다양하고 다른 제조 기술에 비해 사용하기 쉽다. 단점으로는 현재 기술로는 제작 속도가 매우 느리다는 점과, 적층 구조로 인해 표면이 매끄럽지 못하다는 점 등이 있다.

일반적으로 가공방식은 크게 두 가지로 나뉜다. 적층가공(additive manufacturing)은 가루나 액체 형태의 재료를 굳혀가며 한 층씩 쌓는 방식이다. 비교적 복잡한 모양을 만들 수 있고, 제작과 채색을 동시에 진행할 수 있다는 장점도 있다. 다만 완성품의 표면이 매끄럽지 못하여 품질이 상대적으로 떨어진다.

절삭가공(subtractive manufacturing)은 재료를 공구로 깎아가며 모양을 만드는 방식으로, 비교적 매끄럽게 인쇄할 수 있지만 컵 같은 모양은 날이 들어가지 않아 만들기 어렵다. 3차원 인쇄인 3D 프린팅은 적층가공 방식에 속한다.

3D 프린터의 보급이 제3의 산업혁명으로 불리는 이유는, 기계 절삭 및 성형 등 기존의 생산 방식을 탈피하여 일괄된 방식으로 어떤 형태의 제품도 만들어낼 수 있기 때문이다. 치과 등의 의료 분야는 물론, 각종 가정용품을 비롯해 자동차나 비행기 등에 쓰이는 기계장치도 3D 프린터에 의한 생산이 가능하다. 이미 자동차 업계에서는 엔진 등 핵심 부품을 3D 프린터로 만들어내는 공정을 연구하고 있다.

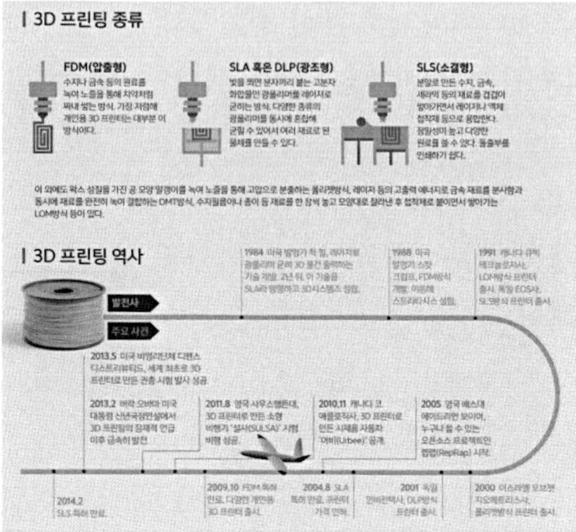

[그림 5-2] 3D프린터의 종류와 역사

출처 : 동아사이언스 제공

3D 프린터는 이론상 어떠한 물건도 만들어낼 수 있기 때문에, 각종 살상용 무기도 만들 수 있으며, 따라서 총기 등의 규제가 무력화될 수 있다는 우려를 낳고 있다. 그러하기에 정부차원에서 개인용 3d 프린터에 관한 안전지침을 만들어 알리는 것이 중요하다. 2013년 5월 4일 미국에서는 디펜스 디스트리뷰티드라는 회사가 세계 최초로 3D 프린터로 제작한 권총의 시험 발사를 성공시켜 주목받았다. 이 회사는 3D 프린터 권총의 설계도면을 온라인에 공개했고, 이것이 논란이 되자 미국 국무부는 설계도면의 공개를 금지했다. 그러나 이미 다운로드 횟수는 10만 건을 돌파한 후였다. 2014년 일본에서는 3D 프린터로 찍어낸 권총을 5정 제조하여 소지하고 있던 대학 직원이 경찰에 체포되는 사건이 있었다. 일본은 총기 소유가 불법이기 때문에 사회에 미친 충격은 더 컸다.

1.2 3D 프린터가 주는 의미

개인들이 생산 도구를 소유한다는 것은, 생산과 판매를 독점하는 소수의 권력이 개인들에게 나누어진다는 것을 의미한다. 최근 10여 년 동안 미디어는 소수의 미디어가 어떤 주제에 대한 이야기를 독점하지 않고, 개인이 모두 스스로 미디어가 되어, 모두 함께 이야기할 수 있는 장이 만들어진 것. 즉, 소수의 미디어의 권력이 개인들에게 나누어 졌다.

3D 프린터의 영향 중의 하나는 환경에 좋은 영향을 준다는 의견으로 3D 프린터의 보급을 통해, 생산수단이 개인들에게 나누어지면서, 유통 과정이 필요 없어진다는 점을 바탕으로 하고 있다. 필요한 사람이 직접 생산하기 때문에 유통 과정이 필요 없어지고, 따라서 불필요한 에너지 사용이 없어진다.

3D 프린터가 꼭 기존 공작/사출기계에 비해 전력 소비량이 낮은 것은 아니고, 3D 프린터 방식에 따라, 또는 얼마나 생산 방법이나 재료들이 공유되느냐에 따라 전력 소비량이 더 높을 수도 있다. 따라서 이들은, 결국 친환경적인 소재의 개발과 친환경적인 생산 도구(예를 들면, 3D 프린팅 노하우, 쓰레기 배출량이 적은 도면 등)의 공유가 매우 중요한 요소이다.

3D 프린터의 보급은 개인이 생산 도구를 직접 소유할 수 있게 하고, "소비" 만큼이나 "생산"이 쉽고 간편한 행위가 된다는 것을 의미하고 있어서 지금의 우리들이 "과소비"를 하듯, 개인의 "과생산" 가능성도 제기되고 있다.

또 다른 측면인 3D프린터를 기업의 측면에서 바라보면, 제조 비즈니스에서 진입 장벽이 붕괴되고 있어서 한두명이 제조 비즈니스에 뛰어들어 일을 한번 내볼 수 있는 길이 등장했다는 것이다.

아이디어만 있으면, 적은 비용으로도 시제품과 제품 생산을 가능하게 하는 3D 프린터 보급이 확대되고, 이것이 킥스타터 같은 소셜 플랫폼과 맞물리면서, 제조 스타트업들의 혁신으로 이어지고 있는 것이다. 해외에는 못 미치지만 한국에서도 3D 프린터를 활용한 제조 창업 사례가 하나둘 생기기 시작했다. 바야흐로 IT업계는 지금 새로운 제조업의 시대로 진입했다.

나이키의 경우도 3D 프린터를 통해 신발 시제품을 저렴하게 제작한다. 예전에는 시제품을 만드는데, 수천달러가 들어가고, 기간도 몇 주나 걸렸지만 지금은 몇 백 달러만으로 시제품 제작이 가능해졌다. 3D 프린터 확산으로 관련 서비스를 제공하는 업체들도 늘었다. 필립스 출신들이 만든 쉐이프웨이즈는 일반인들이 편리하게 2D 이미지를 3D 도면으로 전환할 수 있게 해주는 서비스를 제공한다. 헤드버블은 10만원이면 고객의 머리를 3D 프린터로 얼굴을 만들어주는 서비스로 주목받고 있다.

3D 프린터의 앞날이 핑크빛 전망만은 아니다. 걸림돌도 있다. 우선 기술적으로 악용될 가능성이다. 무기류 같은 3D 도면에 유출될 경우 사회 안전망에 위협이 될 수도 있고, 3D 디자인에 대한 저작권 이슈도 불거질 가능성이 높다.

그럼에도 분명한 3D 프린터의 확산이 대기업들의 전유물이었던 제조업 분야에 신선한 충격을 던졌다는 것이다. 기존 제조 산업 판세를 뒤집지는 못하겠지만 일정 부분 균열이 일어나고 있는 것은 분명하다. 소비자들을 사로잡는 제조 스타트업들의 등장이 이를 상징

한다. 충격의 강도는 앞으로 더욱 거세질 것으로 전망된다. 3D 프린터와 이를 활용한 스타트업들의 등장과 함께 굴뚝 냄새가 물씬 풍기던 제조업은 다시 혁신의 기반이 되고 있다.

2. 주문 : 재고관리가 필요없게 만드는 아미존의 대시

2.1 아마존 대시

지금의 마트 시장은 전통적인 시장과 규모를 가지고 논쟁하고 있지만 얼마 안 되어서 현재의 마트 시장은 이런 온라인 마트 시장과 경쟁을 하고 생존을 고민할 것이다. 왜냐하면 온라인 구매에 익숙한 세대들이 등장했으며 이 세대들이 나이 들어가면서 마트에 가는 인구는 점점 고령화된 인구만 사용하게 될 것이다. 이 고령화된 세대들의 쇼핑하는 형태를 보면, 집에 어떤 물건이 떨어지면 메모를 해두었다가 특정일에 차를 몰고 마트에서 주차 후 카트를 이용하여 원하는 물품을 구매 후 계산대에 줄을 서서 계산하고 무겁게 포장하여 차에 실어서 집에 오는 것이다. 이때 소요되는 시간, 노력, 주유비용 등을 계산하면 엄청난 것이다. 온라인을 통해 주문하게 되면 마트보다 저렴한 가격으로 차로 움직일 필요도 없고 이틀 안에 집으로 배송해준다. 온라인으로 주문하기 위해 PC 또는 모바일을 통해 물건을 검색하고 주문하는 이 시간마저도 줄이려는 대안이 시장에 등장하고 있다. 그 대표적인 것이 아마존의 대시이다. 아마존의 대시를 사용하게 되면 이 모든 과정이 없어진다. 아마존 대시는 우리가 집에서 항상 필요로 하는 각종 제품들을 손쉽게 구매할 수 있어 zero effort shopping으로 불리운다. A부터 Z까지 모든 것을 파는 세계 최대 규모의 온라인 쇼핑몰 아마존이 최근 대시라는 바코드 스캔 기기를 공개했다. 집에 있는 캐첩이나 화장지 등 자주 쓰는 물건이 떨어질 때 대쉬를 이용해서 바코드를 찍거나 음성으로 제품명을 말하면 자동으로 아마존의 온라인 장바구니에 접수가 되도록 하는 것이 기기이다. 기존의 PC나 휴대전화를 통한 쇼핑 후 구매보다 더 편리한 방식을 제공하려는 시도이다. 이는 온라인 구매고객의 편리성을 증대하여 온라인 구매 시장을 확대하는 데 기여하고 있다.

[그림 5-3] 아마존 대시

아마존은 이 대시를 통해 미국 전역에서의 배송을 익일체제로 만들겠다고 선언하고 주문 다음날에 배송한다. 당일 배송국가인 우리의 입장에선 그게 대단한 것 같지 않아 보이지만 광활한 규모의 미국 땅에서 이 시도는 그야말로 혁신이었다.

2.2 웹 바깥으로 나온 아마존 간편결제, '대시버튼'

아마존은 미국 시장에서 30분 배송체계를 갖추겠다는 야심을 내보이고 있다. 이를 지원하기 위해 아마존 '원클릭'의 오프라인 형태인 대시버튼을 제공했다. 아마존은 웹사이트에서 '원클릭'으로 단박에 물건을 주문하듯 각종 소모품을 단추 하나만 누르면 구매할 수 있도록 했다. 대시버튼이 원클릭으로 물건을 구매해줄 수 있는 이유는 아마존이 DRS(대시보충 서비스 : Dash Replenishment Service)도 함께 시작했기 때문이다. DRS는 아마존프라임 가입자가 소모품을 간편하게 주문하고 받아보도록 하는 서비스다.

PC나 스마트폰에서도 주문을 하려면 로그인을 하고, 제품을 찾아서 주문버튼을 눌러야 한다. 대시버튼은 이러한 일련의 과정을 버튼 한번으로 진행한다. 특히, 재구매가 빈번한 일상 소비재들만을 대상으로 현재 서비스를 하고 있는 부분은 아마존이 작은 버튼 하나로 온라인과 오프라인의 경계를 보다 쉽게 해결한다.

대시 버튼은 손가락 크기 정도의 단말기로 생활가전이나 벽에 간편하게 부착할 수 있는 형태다. 스마트폰과 연결한 후 버튼을 누르면 자동으로 해당 제품이 배송되기 때문에 무척 편리하다. 예컨대 세제가 떨어졌을 때 대시 버튼을 누르면 아마존에 주문이 이뤄지고 결제와 배송이 한 번에 이뤄진다. 간편결제를 오프라인 환경에 구체화했다는 점에서 의미가 있다. 실수로 버튼을 눌렀을 때의 대책도 마련되어 있다. 한 번에 하나의 주문만 이뤄지도록 했으며 주문을 진행한 이후 취소가 가능하도록 이메일이 전송되는 정책이다. 대시단추 사용법은 간단하다. 아마존 응용프로그램(앱)을 열고 주문하는 번거로운 과정은 필요 없다. 단추만 누르면 된다. 아마존이 사용자가 미리 입력해둔 주소지와 결제 정보를 이용해 주문과 결제를 알아서 처리한다. 사용자는 2~3일 안에 배달된 소모품을 받아보면 된다. 일단 주문이 들어가면 배송이 끝날 때까지는 다시 주문할 수 없다. 주문하고 30분 동안은 취소가 가능하다. 물리적 '원클릭' 기능을 쓰고 싶다면 기기 제조사가 직접 세탁기나 커피머신에 주문 단추를 달거나 아마존이 내놓은 대시버튼을 사용하면 된다. 아마존은 코드 10여줄만 넣으면 기존에 달린 단추를 DRS 단추로 쓸 수 있다고 설명했다.

대시버튼을 사용하기 위해서는 스마트폰에 아마존 애플리케이션이 설치되어 있어야 하고 프라임 회원이어야 한다. 맨 처음 아마존 대시버튼을 쓸 때는 아마존 모바일 앱에 접속해 대시버튼으로 주문할 물품을 지정해줘야 한다. 아마존 앱에서 본인계정 메뉴로 들어가면 Dash Devices라는 세부 메뉴가 있고 이 메뉴에서 대시버튼을 관리하고, 새로운 대시버튼을 등록 할 수 있다. 한 번 설정해두면 다음부터는 단추 한 번만 눌러서 물건을 주문할 수 있다. 설정이 끝난 대시버튼은 아마존 클라우드 서버를 통해 주문 정보를 아마존에 보낸다. 주문 취소나 대시버튼 재설정도 아마존 앱으로 한다.

구매하는 요령은 기존의 구매했던 제품의 바코드를 대시로 스캔하면 그 물품들이 아마존 닷컴의 장바구니에 자동 등록된다. 그리고 구매를 원하는 제품의 바코드가 없는 경우는 아마존 사이트에 가서 대시를 마이크처럼 이용하여 해당물품을 말하면 관련 제품이 사이트에서 검색되어 내가 원하는 제품을 골라서 온라인 장바구니 사이트에 이동하면 된다. 물론 배송요청을 하면 자동으로 배송이 이루어진다.

아마존에서 대시버튼 3종을 주문(가장 많이 사용할 것으로 예상되는 세제(Tide), 휴지(Cottonelle), 키친타월(Bounty)으로 선택)했다. 대시버튼은 간

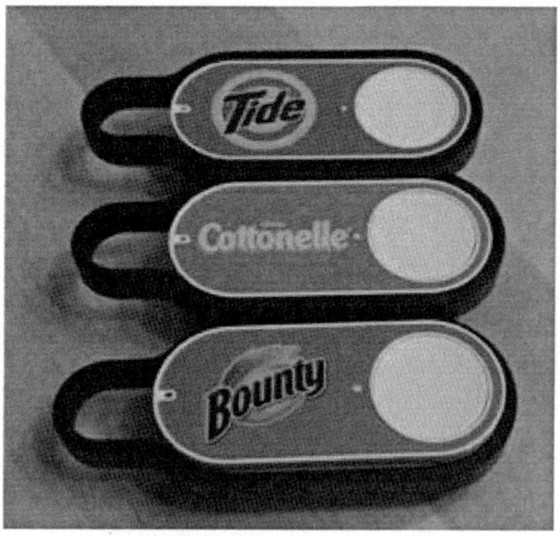

[그림 5-4] 아마존 대시버튼

단한 종이 패키징에 들어있고, 본체와 심플한 사용설명서가 들어 있었다. 대시버튼은 사진과 같이 고리가 있어 벽에 걸 수도 있고, 뒷면에 접착식 스티커가 붙어 있기 때문에 벽에다 바로 부착도 가능하며 물론 고리는 분리와 결합이 손쉽게 가능하다.

아마존은 그간 대시버튼에 대한 반응을 살피면서 브랜드와 품목의 추가에 집중해 왔다. 마침내 2016년에 11종의 새로운 브랜드가 추가되면서 총 29종, 500여개 이상의 제품을 대시버튼을 통해 주문을 할 수 있게 되었다. 또한, 아마존은 기존에 초청장을 보유한 아마존 프라임 회원만 대상으로 서비스를 진행했지만, 이번 출시에 맞춰 대시버튼 1개당 $4.99 가격으로 판매를 시작했다. 그러나 대시버튼을 수령한 후 대시버튼을 통해 주문을 할 경우 첫 주문 제품에서 판매가격인 $4.99를 제외할 수 있도록 해 사실상 무료로 배포하는 것이다.

2.3 관심에 시간의 축을 더하다

아마존 대시는 여기에 시간의 축을 하나 더 추가한 개념의 서비스다. 책을 구매한다고 가정했을 경우 구매자가 언제 다시 책을 구매할지는 아무도 모른다. 하지만 집에서 사용하는 생활품의 경우는 다르다. 케첩, 커피, 과일, 생리대 등 우리가 가정 생활에서 구매하는 물건들은 사용자가 특정 브랜드에 대한 선호가 확실할 뿐만 아니라 무엇보다도 '구매 주기'를 가진다는 특징이 있기 때문이다. 그래서 대시로 '케첩'이라고 말하면 불특정 다수의 브랜드가 아니라 그가 늘 사용하는 케첩 제품을 구매하고자 하는 것임을 바로 알아낼 수가 있고 아무런 추가적인 절차 없이 바로 제품을 구매할 수가 있게 되는 것이다. 마찬가지로 고객이 관심을 가지는 해당 상품에 대한 프로모션이 있을 경우 특별할인을 제안하여 구매를 유도하는 것이다. 무엇보다 이런 관찰을 바탕으로 사용자가 다음에 언제 그 물건을 주문할지 시점을 예측하는 부분은 대시 서비스에 숨겨진 가장 핵심적인 특징이다. 이를 통해 아마존은 사용자가 상품들을 주문하기도 전에 미리 주문을 해놓고 그가 사는 거주 지역 근처로 배송을 준비해 두는 것이다.

그러나 우리가 주목할 것은 아마존의 해당 서비스 자체가 아니다. 우리가 앞으로 목격할 미래 경제의 핵심은 아마존을 위시로 하는 관심연결 경제에 관한 것이다. 바야흐로 불특정 다수를 상대로 하는 매력적인 제품과 서비스의 시대에서, 내가 중심이며 나를 위한 무언가를 찾고자 하는 Me 경제시대로 접어들었다. 그리고 또 하나의 새로운 시대가 열리고 있다. 이제는 그 각자의 관심들이 서로 발견되

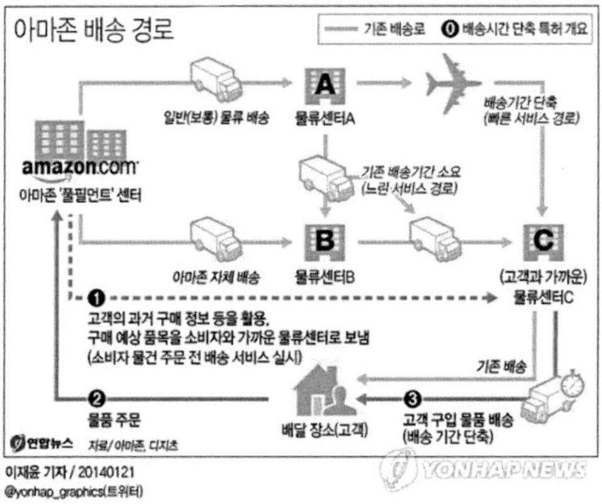

[그림 5-5] 아마존의 예측 배송 시스템

고 그 속에서의 가치가 만들어지는 장(場)을 이용하는 관심연결경제 시대로 접어들었다. 나도 몰랐던 나의 기호를 나와 비슷한 행동 패턴을 가진 사람들 속에서 찾아내고 그들을 위한 특별한 서비스를 제공하는 것이 비즈니스 가치의 핵심으로 떠오른 것이다. 결국 '관심'이 에너지인 것이다. 내가 아니라 그들이 중요하고, 그들이 나를 바라보게 하는 대신 그들이 그들 스스로를 발견하게 만드는 것, 그리고 그것을 더 가속화하는 방향으로의 혁신을 하겠다는 것, 관심을 엮고 그 관심이 더 빠르게 실현되도록 만드는 것, 그것이 창조경제의 핵심일 것이다. 창조경제란 이러한 관심들이 서로 엮이고 들끓고 넘치게 만드는 것이다.

아마존 서비스의 핵심은 크게 두 가지로 단 한번의 클릭만으로 제품 구매가 완료되는 원클릭시스템이다. 구매의 시간을 극단적으로 줄여줌으로써 구매가 상대적으로 쉽게 일어나도록 만드는 것이다. 그러나 진짜 중요한 핵심은 고객 본인도 몰랐던 고객의 욕구를 놀랍도록 정확하게 예측한다는 점이다. 아마존을 이용해 본 사람들의 다수가 혀를 내두르면서 하는 말은 '어떻게 아마존은 나의 취향을 이렇게 잘 아는 걸까?'이다. 아마존은 특정 사용자가 무엇을 구매했는지보다 그 사용자가 어떤 것들에 관심을 가지고 있는지의 패턴을 주목한다. 그리고 그와 비슷한 관심을 가진 고객들을 찾아낸다. 이 상태에서 그 유사 패턴의 사람이 특정 물건을 구매하면 나도 역시 마찬가지로 관심이 있을 것이라고 추측하는 것이다. 그래서 아마존의 프로모션은 이달의 신제품, 이달의 할인상품 등 불특정 고객에게 제공하는 일반적인 상품을 소개하는 대신 '이 책이 새로 나왔는데 당신도 관심이 있지? 지금 사면 할인해 줄께'라는 방식으로 특정 고객에 특화된 상품을 추천하거나 할인혜택을 제공하는 방식이다. 관심 연결경제의 상징이 바로 아마존 서비스인 것이다.

2.4 대시버튼의 현재와 미래

아마존은 소비자가 필요한 물품을 소비자보다 더 빨리 인지하고 예상해 소비자의 아마존에 대한 편의성을 극대화시키는 데 많은 연구를 하고 있다. 아마존은 프라임나우와 같은 당일배송 서비스를 통해 신속한 배송을 지원하면서, 동시에 대시버튼과 아마존 에코(Amazon Echo)와 같은 사물인터넷(IoT)을 통해 온·오프라인을 통합한 서비스를 제공하고 있다.

아마존은 강력한 원클릭 결제 시스템을 갖추고 있다. 한국과는 다르게 한번 설정해둔 배송주소와 결제방법으로 손쉽게 주문이 가능한데, 아마존은 왜 대시버튼을 개발해서 무상으로 배포하는 것일까?

아마존은 대시버튼을 통해 소비자의 패턴에 대한 데이터를 더욱 더 충분히 축적하고자 하는 의도가 있다. 아마존 홈페이지에 로그인을 하고 메인화면을 보면, 소비자가 검색했거나 구매한 적이 있는 물품들로 채워져 있다. 소비자의 구매패턴을 분석해서 추천 상품을 보여주는 방식인데, 대시버튼의 경우 현재 주기적으로 혹은 빈번하게 구매할 수 있는 제품들로 서비스가 이루어지고 있다.

대시버튼을 클릭하면 구매와 관련한 정보가 아마존 서버로 전송되는데, 아마존은 대시버튼 사용이력을 통해 소비자의 반복적인 소비재의 구매에 대한 추가적인 패턴을 분석하려는 것이다. 이러한 정보는 다음과 같은 경우까지 예상할 수 있다.

벨이 울리고 집 앞에 배송업체 직원이 놓고 간 아마존 프라임 배송 박스가 있다. 나는 아무것도 주문한 적이 없는데? 박스를 열어보니 하기스 기저귀가 들어있다. 마침 아이가 울기 시작해서 서둘러 기저귀를 갈려고 하니 남은 기저귀가 하나도 없다. 기저귀를 주문했어야 하는데 이번 달은 깜박한 것이다. 아, 방금 배달된 아마존이 나를 위해 내가 한 달에 한 번씩 기저귀를 주문한 것을 알고 보내줬구나. 실제로 아마존의 특허 리스트에는 고객의 언제 주문할 것인지 먼저 예측하여 주문-배송할 수 있는 특허도 포함되어 있다.

아마존 대시 리플레니시먼트 프로그램은 스마트 가전에만 적용되는 건 아니다. 아마존은 저렴한 대시 버튼도 판매한다. 아마존 대시 버튼은 자동으로 물건을 주문하도록 프로그래밍될 수 있다. 종이타월, 세탁세제, 커피캡슐, 치약 브랜드 등 각 상품별로 대시버튼이 제공되고 고객들은 이 버튼을 누르면 즉각 아마존에서 상품 재 주문을 할 수 있다. 예컨대 커피머신 옆에 커피캡슐 주문용 대시버튼을 붙여 놓으면 캡슐이 다 떨어졌을 때 버튼을 눌러 바로 주문할 수 있는 식이다.

대시 버튼은 사물인터넷(IoT)과 O2O(Online to Offline 온·오프라인 통합) 서비스를 결합한 것으로 단말기 버튼을 누르면 자동으로 해당 제품을 배송해주는 역할을 한다. 아마존 '에코(Echo)'와의 연결성도 주목할 만하다. 에코는 일종의 인공지능 스피커로 인터넷과의 연결을 통해 각종 명령을 수행하는 역할을 한다. 스마트폰, 태블릿을 뒤적이지 않더라도 각종 정보를 알려주지만 빙산의 일각일 뿐이고 스마트홈 허브로써 중심을 잡아줄 것으로 기대된다. 대시 버튼과 연결될 경우 음성으로 "휴지를 다 썼으니 주문해줘 알렉사(에코를 부르는 이름, 아마존으로 설정할 수도 있다)"라고 말하면 굳이 버튼을 누르지 않더라도 일련의 과정이 손쉽게 이뤄진다.

대시 버튼은 그 자체로 보면 특별한 기능이 있다고 보기 어렵다. 하지만 소비자에게 저렴한 가격으로 피부에 와닿는 혜택을 줄 수 있다는 점이 중요하다. 지금도 스마트홈 환경을 구축하기 위해서는, 그러니까 구글 네스트와 같은 기기를 구입하기 위해서는 적어도 몇 만원은 필요하다. 문, 가스, 전기 등에 부착하는 센서와 이를 통합하는 허브 가격이 만만치 않다. 대시 버튼은 5000원대 가격에 스마트폰만 있으면 곧바로 구축이 가능하다는 점에서 아마존의 영향력을 높일 수 있는 강력한 무기로 작용할 것으로 보인다. 2015년 기준 KT경제경영연구소에 따르면 국내 O2O(Onlie to Offline) 시장 규모는 15조원으로 향후 300조원 규모로 성장할 전망이다.

대시버튼 자체로, Product Commerce를 혁신적으로 진화시키기에는 한계가 있겠지만, 아마존의 O2O 커머스를 백업하는 IoT 기기들과의 결합을 통해 다양한 커머스 씬(Scene)을 연출할 수 있는 개연성은 충분히 있다. 일례로, 아마존 에코와의 결합을 고려해 볼 수 있다. 아마존 에코의 경우 현재는 음성으로 스마트 콘센트 위모와 필립스의 조명기기인 휴(hue)를 제어하는 기능이 있는데, 대시버튼과 연동될 경우 전구가 수명이 다하기 전 자동적으로 전구가 주문이 될 수 있도록 설정하는 사용자 씬이 얼마든지 가능하다. 또한, 아마존이 가전제품 제조사들과 추가적으로 협력할 경우 대시버튼이 탑재된 가전제품의 출시도 가능하리라 여겨진다. 예를 들면, 세탁기에 Tide의 대시버튼 탑재로 빨래량과 세제 소비량을 분석해 자동적으로 세제가 주문되는 경우를 들 수 있다.

아마존은 단순히 소비자의 정보를 수집하고 패턴을 분석하기 위해서 대시버튼을 출시한 것이 아니라, 이러한 데이터를 기반으로 소비자에게 독특하고, 편리하며 개개인에게 맞는 서비스를 만들어 내기 위해 대시버튼을 내놓은 것이라고 예측된다. 대시버튼은 단순히 하나의 버튼으로 편리하게 상품을 주문하는 기기가 아니라 아마존이 구현하고자 하는 사물인터넷(IoT)과 O2O(Offline to Online) 전략에 있어서 첨병 혹은 중추적인 역할을 하는 기기로 발전해 나갈 가능성도 열려있는 셈이다. 기억해야 할 것은 아마존은 지구상에서 가장 많은 커머스와 관련된 다양한 실험을 하고 있는 사업자라는 점이다. 그것이 설령 실패로 끝난다 하더라도 끊임없이 고객이 제품, 더 나아가 서비스를 구매할 때 무엇이 더 편리한지, 오프라인 리테일러에 발품을 팔고 가지 않아도 소비자 자신보다 더 똑똑하게 무엇이든지 구매가 가능하도록 실험하고 있다는 점이다. 아마도 이런 혁신적인 실험정신 때문에 매년 영업이익률이 1~2%에 지나지 않아도 시장에서의 주가는 계속해서 오르고 있는 유일한 기업이 아닐까 싶다.

3. 배송 : 무인택배 배달부, 드론

3.1 무인비행기, 드론(Drone)

드론(Drone)은 동사로는 꿀벌이 내는 것 같은 웅웅거리는 소리를 내는 행위 또는 그런 웅웅거리는 소리를 연상하게 하는 지루하고 길게 늘어지는 이야기를 하는 행위를 가리킨다. 또한 단조로운 작업을 계속한다는 의미이며 드론은 조종사가 탑승하지 않고 원격으로 조정할 수 있는 비행기인 무인기를 지칭하는 단어로도 사용된다. 무인기를 드론이라 부르게 된 계기는 명확치는 않다. 영국에서 1935년에 사람이 타는 훈련용 복엽기인 '타이거 모스(Tiger moth)'를 원격조종 무인 비행기로 개조하면서 여왕벌(Queen Bee)이라는 별명을 붙였는데, 이것에서 수벌을 뜻하는 드론이란 단어가 무인기를 지칭하는 말로 나왔을 것이라는 추정이 있다. 그리고 1936년 경 미국에서 나온 원격조종 비행기에 대한 연구 자료에는 처음으로 드론이란 명칭이 등장했다.

초기에는 드론은 군사용으로 활용되던 비행기였으며 이는 드론이 더 이상 군사용만이 아니라 민간용, 상업용으로도 활용범위가 넓어지고 있다. 장쯔이의 연인 중국 록가수 왕펑은 장쯔이의 마음을 얻기 위해 9.1캐럿의 다이아몬드반지를 드론을 통해 전달한 것이 화재가 되었다. 또한 인터넷으로 물건을 주문하면 드론이 30분 내에 집 앞까지 배달해주는 서비스로서 미국 최대 인터넷 쇼핑몰 아마존에서 상용화를 한 무인택배 서비스 '프라임 에어'가 대표적으로 드론을 이용한 사례이다. 그리고 2013년에는 영국 도미노피자에서 도미콥터에 대한 영상에서 피자를 드론을 통해 배달하는 것을 보여주었다. 이처럼 무인 헬기 드론은 현재 취미 생활을 넘어 다양한 산업 분야에서 활용되고 있으며 상업적 활용가치가 부각되면서 여러 업체들이 드론 사업에 뛰어들고 있다.

[그림 5-6] 아마존 드론 '프라임 에어'

드론은 특히 물류사업의 혁신을 일으킬 주역으로 지목된다. 드론을 활용할 경우 적은 비용으로 안전하게 배송할 수 있기 때문이다. 일반도로가 아닌 '하늘 길'을 이용하므로 교통체증을 걱정할 필요없이 신속하게 물건을 배달하게 된다. 드론을 놓고 가장 치열한 경쟁을 벌이는 기업이 바로 아마존과 구글이다. 아마존과 구글은 드론을 미래의 '택배직원'으로 꼽고 먼저 배송서비스에 적용하기 위해 노력하고 있다. 중량이 가벼운 서류나 부피가 작은 물건인 경우 미국식 주택처럼 정원이나 마당이 있는 형태의 집이면 충분히 현 수준으로도 가능하다. 10분 정도의 비행시간만 확보된다면 시속 80km기준으로 5분 안에 2km는 왕복이 가능하다. 게다가 기술 발전이 빠르게 되고 있고 동일 부피의 리튬-이온 배터리 용량의 3~4배를 자랑하는 수소배터리가 곧 준상용화가 진행되고 있어 배터리 문제는 조만간 해결될 것으로 보이고 장애물 회피 기술도 현재 실용화 단계 이전까지 다가와 있으므로 향후에는 도심지에서도 드론 택배가 가능할 수 있을 것이다.

드론은 원래 공군기나 고사포의 사격 연습용 표적으로 사용됐던 것인데 농약살포를 위한 농업용, 항공사진 촬영을 위한 장비 등으로도 이용된다. 미국 정부는 석유탐사에 드론을 사용할 수 있도록 허가했다. 드론을 활용한 또 다른 사례로 2014 브라질 월드컵을 들 수 있다. '2014 브라질 월드컵'은 첨단 IT 기술을 가장 많이 적용한 대회로 카메라와 센서가 달린 '드론'이 월드컵 경기마다 불거지는 오심 논란을 해소하는 데 도움이 되었다. 브라질 월드컵 E조 1차전 프랑스와 온두라스의 경기에서는 프랑스의 카림 벤제마 선수가 넣은 골이 아슬아슬하게 골라인을 넘었다. 맨 눈으로는 골 여부를 판별하기 어려운 상황이었지만 심판은 경기에 사용된 '골라인 테크놀로지'의 도움을 받았다. 벤제마의 골을 인정한 독일의 골 판독기 '골컨트롤-4D'는 14개의 고속카메라를 사용해 골의 미세한 움직임과 동선을 잡아낸다. 카메라는 초당 500장의 이미지를 촬영할 수 있으며 골 추적 알고리즘을 활용해 골 라인 근처 5mm까지 측정할 수 있다. 골이 들어간 장면을 자동으로 포착한 카메라는 1초 이내 심판이 차고 있는 시계로 '골'이라는 판독결과를 전달한다.

재난에 드론을 이용하는 것도 많은 논의가 이루어지고 있다. 거친 폭풍우로 뱃길이 끊긴 섬마을이나 산사태, 폭설 등으로 인해 고립된 지역에 민간업체가 운영하는 무인항공기(드론)로 의약품이나 간편식 등을 전달할 수 있기 때문이다.

3.2 아마존의 드론을 이용한 택배 배송 의지

물건을 주문하고 1시간 이내에 받아볼 수 있는 획기적인 변화, 택배기사 없이도 물건을 받을 수 있는 것이 현실이 될 수 있다. 배송의 스피드, 접근성, 효율성이 경쟁력이 되고 있는 시대에 살고 있으며 드론이 그 새로운 대안이 될 것이라고 확신하기 때문에 글로벌 선두 업체들이 많은 관심을 보이고 있다. 그 변화를 시작한 선두 기업은 아마존의 프라임 에어(Prime air), 구글 익스프레스의 '프로젝트 윙', DHL의 '파슬콥터(Parcel, 소포 + helicopter 헬리콥터의 합성어), 도미노 피자의 '도미노콥'이다. 그리고 중국의 알리바바 역시 드론을 통한 시험 택배 배송에 성공했고, 아랍에미리트는 정부 문서를 드론을 통해 배송한 경험을 가지고 있다.

드론을 활용한 무인 배송시스템을 적극적으로 선보인 것이 아마존이다. 제프 베조스 아마존 CEO는 2014년 드론을 활용한 배송서비스를 추진했다. 베조스는 "우리는 드론을 통해 물건을 신속하고 효율적으로 배달하는 서비스를 수년 동안 연구해 왔다"며 "주문 후 30분 안에 소비자 집 앞마당까지 배송하는 것이 우리의 목표"라고 말했다. 베조스가 '아마존 프라임 에어'라고 소개한 이 서비스는 프로펠러가 8개 달린 '옥토콥터'라는 드론이다. 소비자가 아마존에서 상품을 주문하면 물류센터에서 대기하고 있던 옥토콥터가 노란색 상자에 실린 물건을 배송지까지 자동으로 배달한다. 아마존에 따르면 옥토콥터는 최대 5파운드(2.36kg)의 물건을 물류창고로부터 반경 16km 이내의 지점까지 배달할 수 있다. 아마존의 경우 드론을 활용하여 아마존 전체 택배 물량의 86%를 차지하는 5파운드 미만 화물들을 처리하는 것을 보고 있다.

아마존과 구글이 드론 개발에 뛰어든 이유는 무엇보다 현재 벌이고 있는 배송경쟁에서 우위를 선점하기 위함이다. 아마존은 최근 당일배송 서비스인 '아마존 프라임' 적용지역을 확대하고 있다. 2015년에 워싱턴 DC와 뉴욕시, 필라델피아, 볼티모어, 댈러스, 인디애나폴리스 등 6곳을 당일배송 서비스 가능지역에 추가했다. 이에 따라 아마존 당일배송이 적용되는 미국 내 도시는 로스앤젤레스와 샌프란시스코, 시애틀, 피닉스 등 기존 4곳에서 10곳으로 늘어나게 됐다. 여기에 식품배달 서비스인 '아마존 프레시'에도 당일배송을 적용하고 있다. 아마존 프레시는 아마존에서 50만여 가지 신선식품을 배달해주는 서비스다. 매일 오전 10시 이전에 총 35달러 이상을 주문한 고객은 주문당일 물건을 받아볼 수 있다.

아마존과 구글이 드론을 배송에 적용하면서 기대하는 또 하나의 효과는 비용절감이다. 루이스는 아마존이 드론 배송을 본격적으로 시작할 경우 배송비용을 크게 줄일 수 있다고 지적한다. 그는 "현재 아마존의 건당 배송비용은 약 2~8달러로 추정된다"며 "드론을 활용할 경우 배송비용은 최저 수준인 2달러까지 떨어지게 될 것"이라고 내다봤다. 그러나 2016년 기술로는 드론 택배가 기존의 택배기사들이 하던 일을 모두 대체할 수 있는 단계는 아니다. 모든 기술의 혁신이 그러하듯 드론택배 역시 장거리 비행의 어려움, 안전상의 문제, 정부규제 등 극복해야 할 내용이 존재한다.

3.3 구글의 프로젝트 윙

미국에서 아마존에 맞서 택배전쟁을 벌이고 있는 구글도 드론을 통한 무인기 배송서비스에 대해 연구하고 있다. 구글은 '프로젝트 윙'으로 주 퀸즐랜드의 한 농장에서 드론을 띄워 물과 의약품, 애견사료 등을 목적지에 배송하는 실험영상을 공개했다. 구글은 2015년 8월 동영상 공유 사이트인 유튜브를 통해 호 구글은 이를 '프로젝트 윙'이라고 이름 붙였다. 구글이 공개한 드론은 날개 길이가 약 1.5m이고 무게가 8.5kg이다. 이 드론에 4개의 프로펠러가 장착되어 있는데 이를 이용해 헬기처럼 별도의 활주로 없이 이착륙할 수 있다. 구글은 비밀연구소인 '구글X'를 통해 지난 2012년부터 프로젝트 윙을 추진해 왔다. 구글은 "드론을 활용한 물건배달은 기존방식보다 훨씬 저렴하고 속도는 빠르며 환경 친화적"이라며 "드론은 배송 서비스의 새로운 장을 열 것"이라고 말했다. 구글은 드론을 통해 의약품 등 긴급구호물자를 필요한 곳에 신속히 배달하는 것을 주된 목적으로 계획하고 있다.

당일배송 경쟁에서 핵심은 속도다. 누가 더 신속하게 상품을 소비자에게 배송하느냐에 따라 택배전쟁의 승리자가 결정된다. 문제는 트럭 등 차량을 활용한 기존 배송방식만으로는 당일배송을 확대하는 데 한계가 있다는 점이다. 특히 미국처럼 땅이 넓은 국가의 경우

육로로 모든 물건을 주문당일 배달하기란 거의 불가능에 가깝다. 그러나 드론은 교통체증 같은 도로환경에 구애받지 않고 정해진 시간에 정확하게 물건을 배송할 수 있다. 또한 도로가 없어 사람이 직접 가기 어려운 오지에도 쉽게 접근할 수 있다.

4. 관리 : 모든 정보가 수집되는 IOT 세상

4.1 사물인터넷(Internet of things), 넌 대체 누구?

자고 있는 아기의 체온이 38도를 넘고 있다. 아이를 재우고 다른 일을 보고 있는 엄마의 휴대전화에 바로 메시지가 뜬다. "아기가 고열이니 확인하세요." 이런 일이 가능한 것은 아이 옷에 부착되어 있는 센서가 아이의 체온을 항시 확인하고 있어서 가능한 일이다. 70대 할아버지가 빙판길에 넘어져 일어서지 못하고 있지만 넘어진 장소는 GPS 센서를 통해 지인과 병원에 알려 준다.

하이패스를 장착한 자동차가 톨게이트를 지나가면 하이패스 단말기와 톨게이트 단말기가 알아서 통신, 통행료를 지불한다. 이것은 단순한 사물인터넷 방식이다. 이처럼 사물인터넷은 피부로 느끼지만 못할 뿐 지금도 우리 곁에 꽤 가까이 존재한다.

그럼 사물인터넷이 얼마나 대단하기에 세계 굴지의 기업 사장이 사물인터넷을 두고 "인류가 직면한 문제 해결에 기여할 수 있다"고 자신 있게 말하는 걸까? 사물인터넷이 신 같은 존재라도 된다는 얘길까? 도대체 사물인터넷이 뭐 길래 이렇게 많은 관심을 끌고 있는 것일까? 궁금증은 커져만 간다. 사물인터넷, 대체 넌 누구냐 ?

"사물인터넷(Internet of Things, IoT)은 인류가 직면한 문제들을 해결하는 데 기여할 것이다" – 윤부근 삼성전자 대표, '2015 CES' 개막 기조연설 중 –

사람의 개입 없이 사람을 연결시켜주는 네트워크를 우리는 사물인터넷(Internet of things) 이라고 부른다. 즉 사물인터넷이란 인터넷으로 연결된 모든 사물들이 인간의 직접적인 개입이나 지시 없이 내장된 센서, 소프트웨어, 통신기능으로 네트워킹, 정보처리, 센싱을 하는 사물들이 연결된 망을 말한다. 따라서 일반적으로 사물인터넷은 '사람, 사물, 장소 등 세상에 존재하는 모든 유·무형의 것들(things)이 서로 연결돼 사람들이 생활하거나 일하는 방식을 편리하게 해주는 일종의 패러다임 전환'으로 설명된다. 지금껏 사람이 정보를 주고 사물이 받기만 했다면 사물인터넷 시대엔 사람의 판단이 개입하지 않아도 사물끼리 정보를 주고받을 수 있다. 핵심은 연결이다. 통신망이 발달하면서 사람과 사람, 사람과 사물 간 연결에서 사물과 사물 간 연결로 진화한 것이다. 즉 사물끼리 정보를 주고받으며 정보를 처리하는 것이다. 사람과의 연결은 한계가 뚜렷하지만 사물과의 연결은 무한하다.

시장조사기관 IDC에 따르면, 지난해 약 2000조 원이었던 사물인터넷 시장 규모는 오는 2020년 7700조 원까시 증가할 전망이다. 사람에게 달라붙는 센서도 크게 늘어 일본 경제 주간지 닛케이 베리타스는 "10년 후 사람에게 붙는 센서는 132개에 이를 것으로 예상된다"고 보도했다.

사물인터넷의 개념이 처음 등장한 건 지난 1999년이며, 이때 글로벌기업 피앤지(P&G)에서 브랜드 매니저로 근무하던 캐빈 애쉬튼(Kevin Ashton)은 통신 기술이 크게 변화하고 있다는 점에 주목했다. "모든 사물에 컴퓨터가 내재되어 인간 도움 없이 스스로 알고 판단한다면 고장 · 교체 · 유통기한 등을 고민하지 않아도 될 것이며, 이 같은 사물인터넷은 인터넷의 업적 이상으로 세상을 바꿀 것이다."라고 주장했다. 오늘날 최대 화두인 사물인터넷이 탄생하는 순간이었다.

[그림 5-7] 연결

1969년 인터넷이 탄생한 이후부터 다양한 것들을 인터넷에 연결하려는 시도가 지속되어 왔다. 그런데 이제 와서 사물인터넷이 본격적으로 주목받는 이유는 무엇일까? 흔히 언급되듯 반도체 기술 발전에 따른 디바이스의 소형화와 저전력화, 표준화, 그리고 가격 하락 때문일 수도 있다. 하지만 이런 이유만으로는 설명되지 않는 부분이 존재한다. 바로 '자연스러운 사용자 경험(UX, User eXperience)'이다.

사용자 경험은 사용자가 특정 제품이나 시스템, 혹은 서비스를 이용하면서 세상과 소통하고 관계를 맺어가는 일련의 방식을 통칭하는 말이다. 컴퓨터를 예로 든다면 사용자가 소기의 목적을 이루기 위해

[그림 5-8] 스마트워치

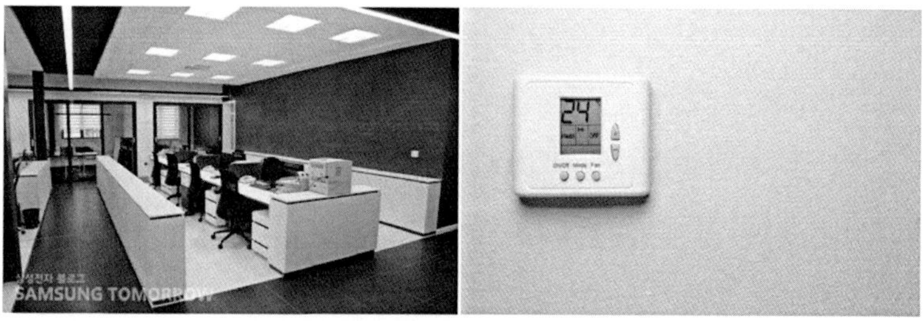

[그림 5-9] 사무실 온도조절

키보드로 명령을 입력하거나 마우스를 클릭하고 모니터로 그 결과를 확인하는 일련의 행위를 일컫는다. 그런데 2010년 국내에 스마트폰이 등장하면서 사람들이 세상과 소통하는 방식은 크게 달라지기 시작했다. 스마트폰이나 인터넷과 연결되는 다양한 기기에 사람들과 관련된 각종 데이터를 수집하는 센서들이 탑재되기 시작했기 때문이다. 이 같은 기기를 '스마트 커넥티드 디바이스(Smart Connected Device)'라고 부른다. 갤럭시 기어와 같은 스마트 시계, 핏빗(FitBit)이나 미스핏(MisFit) 등의 스마트 밴드, 구글 글래스 같은 스마트 안경 등이 대표적 예다. 이 같은 웨어러블 디바이스들은 착용자의 의지와 상관없이 항상 그들의 움직임이나 건강상태를 관찰할 수 있다.

온도 · 습도 · 밝기 · 중력 등과 같은 주변 환경 정보를 실시간으로 파악하는 일도 가능하다. 이렇게 측정된 데이터를 바탕으로 웨어러블 디바이스는 착용자를 대신해 주변 사물들에게 사용자에게 도움이 되는 서비스를 요청한다. 말 그대로 사물들끼리 서로 소통하면서 자연스러운 사용자 경험을 제공하게 되는 것이다.

예를 들면, 사무실 내 온도가 너무 낮다고 판단하면 스마트 시계는 온풍기 가동을 요청하게 된다. 만약 오후 12시가 되면서 사무실 안에 있던 모든 사람이 점심을 먹으러 나가면 온풍기를 비롯한 조명이나 사용되지 않는 전원들을 자동으로 차단해 에너지를 절약할 수도 있다. 이처럼 다양한 사물이 서로 소통하면서 사람들에게 편리를 제공하는 일련의 과정을 사물인터넷이라고 한다. 이러한 개념을 가정에 적용한 형태가 스마트홈, 자동차에 적용한 형태가 스마트카이다. 즉, 스마트 홈이나 스마트카는 단순히 고성능 가전제품이나 최고급 자동차들을 단순히 연결해 놓은 형태와 다르다. 사용자가 바랄지도 모르는 서비스를 알아서 제공해주는 '센스 있는' 가전제품이나 자동차 기반 서비스를 의미하는 것이다.

사물인터넷은 분명 인간의 삶을 건강하고 풍요롭게 만드는 데 일정 부분 기여한다. 기업에게는 새로운 수익을 창출해줄 것이다. 윤부근 삼성전자 대표의 말처럼 '인류가 직면한 문제 해결'에 기여할 분야이기도 하다. 하지만 사물인터넷을 맹신하며 신처럼 떠받든다면 적지 않은 마찰에 직면하게 될 것이다. 그러므로 사물인터넷은

[그림 5-10] 스마트홈

'내 어려움을 도와줄 수 있는 친구'로 대하는 게 바람직하다. 그렇게 될 때 사물인터넷은 비로소 '진정한 인류의 친구'로 자리매김할 것이다.

4.2 사물 스스로 정보를 수집하고 해석하고 행동할 세상이 다가오고 있다.

문명화된 모든 건축물은 지도상의 위치정보를 표시하는 주소를 가지고 있다. 이는 GPS(Global Positioning System)라고 한다. 인터넷 세상에서도 이와 마찬가지로 주소가 존재한다. 즉 다른 컴퓨터와 정보를 주고받기 위해서는 주소가 필요한 것이다. 지구상의 수없이 많은 컴퓨터와 구별되는 네트워크상의 유일한 주소, IP(Internet Protocol)이며 인터넷 세상에서 다른 컴퓨터로 데이터를 보내는데 사용되는 전송규약(주소)이다. 이 주소는 전 세계 70억 인구 중에서 30억의 사람들을 연결할 수 있도록 하고 있다. 처음 인터넷이 사용될 당시 이 주소는 사물이 아닌 사람과 사람을 연결하기 위한 방법으로 이용되었다. 이제는 사물인터넷을 통해 이 원리를 사람이 아닌 사물과 사물을 연결 하려는 목적으로 이용되고 있다.

각 단계별 인간의 개입 없이 정해진 알고리즘에 의해 인간을 위해 일하는 사물들의 연결망이 주는 의미는 무엇일까? 이를 알아보기 위해 지나온 역사를 보면, 1990년은 PC통신과 채팅시대에 진입하여 진정한 비대면의 실시간 의사소통이 가능했다. 2000년에 진입하여 초고속 인터넷의 보급과 포탈 사이트의 활용으로 정보교환의 속도가 빠르게 증가했다. 2010년에는 무선인터넷과 SNS(소셜네트워크)가 등장했으며 이 모든 처리 과정에서 인간이 직접적으로 개입을 하고 있던 역사이다.

일부 학자들은 2020년은 지난시간의 개념을 달리하는 초연결(Hyper-connectivity) 사회인 사물인터넷 시대가 도래한다고 예측하고 있다. 그럼 이런 사회는 과연 어떤 사회일까? 살짝 예측해 본다.

맛있는 음식을 먹기 위해 사용하는 포크 또는 젓가락은 나의 식습관을 파악하고 손목에 장착하고 있는 시계이자 통신기기는 나의 운동 상황을 맥박, 운동거리 등을 통해 파악한다. 내가 거주하고 있는 집에 부착되어 있는 각종 센서들은 나의 삶의 패턴을 분석한다. 또 다른 경우는 나이 드신 부모님 집의 냉장고에 센서가 부착되어 일부 정보가 필요시 자녀에게 알려 준다. 예를 들면, "지난 주말에 부모님 냉장고 문이 한 번도 열리지 않았으니 연락을 해보시기 바랍니다." 따라서 부모의 상태를 자녀에게 알려주는 부분이다.

고도화된 센싱 기술로 얻은 데이터는 가전에 탑재된 인터넷으로 연결되어 여러 주변기기와 공유되며, 사람의 개입없이 스스로 적절한 결정까지 내릴 수 있게 된다. IoT 센서는 온도 · 습도 · 열 · 가스 · 조도 · 초음파 등 전통적 센서에부터 원격 감지, 레이더, 위치, 모션, 영상 센서 등 유형 사물과 주위 환경에서 정보를 얻을 수 있는 물리적 센서를 거쳐 물리적 센서에 응용성을 강화하기 위해 표준화된 인터페이스와 정보처리 능력을 내장시킨 스마트 센서에 이르기까지 모든 세대의 센싱 기술이 동원되고 있다. 센싱 기술엔 무형 사물, 즉 이미 센싱한 데이터에서 특정 정보를 추출하는 가상 센싱 기능도 포함된다. 이 같은 가상 센싱 기술이 실제 사물인터넷 서비스 인터페이스에 구현되는 것이다.

이와 관련된 사례로 구글(Google) 온도조절기를 들 수 있다. 구글은 2013년 초 벤처기업 네스트랩스(Nest Labs, 이하 '네스트')를 32억 달러(약 3조3600억 원)의 거금에 인수하면서, 구글의 스마트홈 사업인 '안드로이드@홈'을 적용할 주요 기기로 온도조절기를 선택했다. 네스트는 사물인터넷 기술을 활용해 온도조절기와 화재경보기를 만드는 회사. 네스트 온도조절기는 움직임을 감지하는 센서와 무선인터넷을 내장하고 있어 사용자의 원격제어와 인공지능을 통해 집안 온도를 관리한다. 집안 곳곳에 설치된 센서가 실내에 사람이 존재하는지 여부와 주변 온도 등을 분석, 클라우드 서버에 저장된 데이터를 기반으로 그간 비슷한 환경에서 설정됐던 온도를 알아내 자동으로 설정해주는 기술이다. 이 기기를 통해 집안 온도를 관리하면 연간 약 21만 원의 요금이 절약된다고 한다. 이렇듯 IoT 산업에서 가치를 창출하고 혁신을 주도해나가려면 진일보한 '센싱 기술'이 반드시 필요하다. IT 업체들도 이 필요성을 인식하고 있기 때문에 보다 스마트한 센서를 개발하는 데 집중하고 있다.

사물인터넷은 산업을 변화시키고 있다. 농장 곳곳에 설치된 센서들은 토양의 상태와 수분 등을 관리하여 농작물관리를 지원한다. 산업용 공장에 설치된 센서는 공장업무의 효율성을 증대한다. 정부의 관리에도 변화를 가져온다. 독거노인 등 소외계층에 있는 가구에 달려 있는 센서는 그들의 움직임을 수시로 정부 담당 공무원에게 알려준다. 이를 통해 고독사 같은 문제점을 해결해준다. 사물들 간 수많은 연결로 우리의 삶을 편리하게 지원하는 IOT의 세상이 오고 있다.

4.3 사물인터넷과 전자금융

사물인터넷의 미래 전망은 어떨까? 미국 리서치 기관인 가트너의 발표에 따르면, 2020년 사물인터넷 시장의 가치는 1조 9,000억 달러로 전세계 GDP의 2.1%를 차지할 전망이라고 한다. 아울러 사물인터넷이 향후 제조업, 헬스케어, 보험, 은행, 소매판매 부문에서 가장 많이 활용될 것으로 예측되고 있다. 특히, 은행과 보험의 비중을 합치면 전체 시장의 1/5을 차지할 것으로 예상되어 금융업에 주는 영향도 매우 크다. PC가 인터넷에 연결된 이후 모바일에 인터넷이 연결되기까지 20년이 걸렸다. 하지만 모바일이 인터넷에 연결된 후 TV가 인터넷에 연결되기까지 1년 정도 걸렸으며, 앞으로 각종 제품과 서비스가 인터넷에 연결되는 시간은 더욱 단축될 것이다. 따라서 우리가 살고 있는 세상은 등장하는 기술로 인해 빠르게 변화하고 있다. 글로벌 기업 CISCO는 "앞으로 인터넷 연결 사물이 폭발적으로 증가하여 2020년까지 약 500억 개의 사물이 인터넷으로 연결될 것"으로 전망하고 있다.

사람과 사람, 사람과 사물 간 연결에서 사물과 사물 간의 연결로 향하고 있는 오늘날, 사물인터넷 시대는 우리에게 어떤 영향을 줄까? IT기술 접목을 통해 새로운 금융서비스(핀테크, Fintech)를 창출하려고 하고 있는 금융권도 IoT에 뜨거운 눈길을 보내고 있다. 특히 금융권에선 IoT를 통한 오프라인 영업점 혁신에 관심을 가지고 있다. 지금까지는 스마트폰 뱅킹이 IT를 활용한 주요 서비스 개발이 주요 관심사였지만 금융사들이 지속적으로 고민하고 있는 것은 오프라인 상에서 금융고객 경험을 어떻게 혁신하는가에 대한 문제를 고민하고 있다.

현재 대다수 금융거래의 축이 온라인, 모바일로 옮겨가고 있으며 대면 영업에서도 스마트폰과 같은 고객 편의성 확보가 중요해지고 있는 것이다. 그러나 대면 영업에서 IT를 어떻게 활용할 것인지는 풀리지 않는 숙제다. 많은 은행들이 지능형 순번시스템과 같은 오프라인 금융 환경 개선을 위한 서비스를 제공하고 있지만 금융고객들이 느끼는 편의성의 정도는 개인마다 차이가 있다는 점이 문제다. 따라서 금융사들은 모든 오프라인 지점 방문고객에게 동일하고 편리한 서비스를 제공하기 위해 노력하고 있다. IoT는 이러한 점에서 주목받고 있다. 특히 은행권에선 스마트과 IoT를 결합해 영업점과 개인 고객을 이어주는 매개로 활용하고자 하는 움직임이 강하다. 스마트폰의 경우 그 자체로 온라인 뱅킹을 가능하게 하는 수단이다. 하지만 스마트폰을 보유한 고객을 어떻게 오프라인 지점의 영업과 결합시키느냐가 금융업계의 주요 화두이기도 하다.

보험업계에서도 IoT에 대한 관심이 높다. 보험업계의 IoT 활용

방안은 고객의 행동을 분석해 최적의 보험상품을 제시하는 것에 초점이 맞춰져 있다. 실제로 해외에서는 자동차 보험사들이 고객의 운행정보를 분석해 보험료를 책정하려는 시도를 진행하고 있다. 이탈리아 보험사 게네랄리 세구로(Geneali Seguros)는 사물인터넷을 통해 고객 운행 정보를 분석해 보험료 추가 할인을 제공하며, 일본 손해보험 재팬사도 닛산의 전기차 '리프'의 주행기록을 토대로 보험료를 차등 적용하고 있다.

대면 채널 혁신에 IoT 기술 접목이 빠르게 이뤄질 것으로 보이지만 스마트폰 뱅킹 등 은행 비대면 채널 혁신에 있어서도 IoT는 큰 역할을 할 것으로 기대된다.

은행 비대면 채널 서비스 품질 서비스 제고와 새로운 모바일 결제 서비스 개발 등의 분야에서도 IoT 기술 활용성이 높을 것으로 예상되고 있는 상황이다.

사물인터넷은 전자금융 분야에 이전에도 생각하지 못했던 새로운 금융서비스 들을 제공하고 있다. 예를 들면 부동산이 아닌 동산을 담보로 대출을 하는 서비스, 테이터 분석을 통한 보험요율을 적용하는 것 또는 ATM 기기를 유선 네트워크없이 설치할 수 있는 것을 들 수 있다.

이전에는 부동산과 달리 분실이나 훼손 가능성이 큰 움직이는 물건은 관리가 힘들어 기존에는 담보로 인정받지 못했다. 사물인터넷 기술을 통해 주택이나 토지같이 일반적인 부동산(움직이지 않는) 담보 형태에서 벗어나 기계나 운송장비, 심지어 살아있는 동물같이 '움직이는 것'들도 담보 가치를 인정받아 대출 서비스에 이용할 수 있다.

담보 물건에 무선 통신과 GPS 센서가 탑재된 IoT 단말기를 부착하여 관리하는 '애셋 매니지먼트 담보 관리' 시스템 개발을 통해 보다 다양한 물건들을 담보로 대출을 제공한다. 이와 관련된 상품으로 KT와 우리은행이 사물인터넷을 활용한 '애셋 매니지먼트(동산 담보 대출 위치 추적) 담보대출 관리 시스템'이 소개되었다.

텔레매틱스란, 통신(Telecommunication)과 정보과학(Informatics)의 합성어로 기기에 장착된 통신 단말기를 통해 데이터를 수집, 분석하여 실시간으로 정보서비스를 제공하는 시스템을 말한다. 이를 이용하여 미국과 유럽을 중심으로 텔레매틱스 보험 서비스가 출시되었다. 우리나라 손해 보험사들도 텔레매틱스 보험 서비스를 제공하기 위해 준비하고 있으며 SK텔레콤과 협약을 맺은 동부화재를 필두로, KT와 메리츠화재, KT와 흥국화재 등 많은 손보사들이 통신사와 손을 잡고 새로운 보험을 출시하려고 한다.

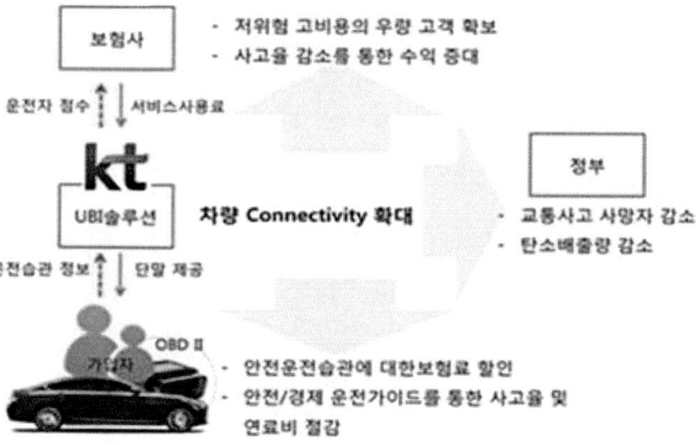

[그림 5-11] KT

텔레매틱스 보험이 정확히 무엇이기에 이렇게 많은 회사들이 관심을 갖는 것일까? 운전습관연계보험(UBI, Usage-Based Insurance)라고도 불리는 텔레매틱스 보험은 블랙박스, 내비게이션, 스마트폰 등을 활용하여 자동차 보험요율을 산정하는 것이다. 전통적인 자동차보험 요율 산정은 가입자의 연령, 사고경력, 자동차 모델 등에 따라 요율이 달라지는 방식으로 이루어지고 있다. 특정 운전자 그룹의 위험성향을 평균 내어 보험료율을 책정하기 때문에 가입자 개인의 특징을 반영하지 못한다는 단점이 있다. 반면, PHYD(Pay-How-You-Drive) 프로그램으로도 불리는 UBI 프로그램은 차량 내 기기에 부착된 통신 단말기를 이용하여 주행거리, 운전 습관(급가속, 급제동 등), 주행 시간대, 주행 도로처럼 전반적인 운전 행태를 파악하는 자동차운행 기록 데이터를 수집하고 이를 바탕으로 보험요율을 책정하는 방식을 이용한다. 따라서 UBI를 이용한 보험은 가입자 개인의 실제 위험성향을 직접 반영할 수 있어 보험료 산정의 정확도가 상승하고 안전운전을 하는 운전자를 유치할 수 있는 장점이 있다.

2015년 11월 미국 퀄컴과 KT는 'LTE 기반 IoT 보안 게이트웨이 솔루션'을 공동 개발함으로써, 한국전자금융의 IoT 현금입출금기에 이 기술을 적용한다고 제시했다. IoT 게이트웨이는 LTE를 비롯해 와이파이, 블루투스, 지그비 등 다양한 무선네트워크 환경에서 금융거래를 할 수 있을 정도로 보안성을 강화하는데 노력했다고 한다. 기존 ATM기는 유선네트워크를 사용하여 설치하는 방식이었기 때문에, ATM기를 설치하려면 유선 네트워킹이 되는 곳이어야 해서 불편한 점이 있었다. 하지만 IoT 기술을 이용하면 유선 네트워크가 없어 ATM기를 설치하기 어려웠던 장소에도 무선 설치를 할 수 있는 장점이 있다. 뿐만 아니라 사물인터넷 서비스를 이용해 통합관제와 단말제어 기능도 제공한다. 해킹이나 카드 스키밍(Skimming)[21] 등으로 ATM기기를 이용하는 고객들이 입을 수 있는 금융피해를 IoT 보안 솔루션을 통해 안전을 보장하는 효과를 기대할 수 있다.

4.4 자율주행차와 결제

주말이나 연휴에 꽉 막힌 도로에 갇혀 시간을 소비할 때, 장거리 이동 시 몸이 피곤하고 잠이 올 때, 회식 후 음주로 인해 운전하지 못할 때, 초보 운전이라 주차를 못해 당황할 때, 대신 운전을 부탁할 사람이 없다면 차가 알아서 운전해 주었으면 하는 상상을 해본 경험이 한 번쯤은 있을 것이다. 이런 요구 사항이 실현되고 있다.

자동차 관련 기업들이 운전자의 개입을 최소화하는 형태인 자율주행 자동차 출시에 많은 투자를 하고 있다. 자율주행 자동차(Autonomous Vehicle)란 운전자의 개입 없이 주변 환경을 인식하고 주행 상황을 판단해 차량을 제어함으로써 스스로 주어진 목적지까지 주행하는 자동차를 말한다. 일반적으로 자율주행 자동차와 무인자동차(Unmanned Vehicle, Driverless Car)의 용어가 혼재되어 사용되지만, 자율주행 자동차는 운전자 탑승 여부보다는 차량이 완전히 독립적으로 판단하고 주행하는 자율주행 기술에 초점을 맞춘 용어로 사용되고 있다.

---

21) 스키밍(Skimming)이란 신용카드의 마그네틱 정보나 IC카드의 RFID 정보, 또는 전자여권의 생체정보를 불법으로 읽어 들이는 범죄행위를 뜻한다. 스키머(Skimmer)라는 마그네틱 정보 또는 개인정보를 읽어내는 장치를 이용해서 이루어진다.

[그림 5-13] 자율 주행자 내부

출처 : http://techholic.co.kr/archives/49692

교통 공학자들을 비롯한 전문가들은 자율주행의 시대가 오면 정체 현상, 교통 사고, 심지어는 신호 등이 사라지게 될 것이라고 예측한다. 교통현상은 불확정적인 사람이 만들어내는 불규칙한 심리현상이기 때문에, 네트워크를 통해 통신 정보를 주고 받는 자율주행 자동차는 정체현상을 해소시키고 사고 발생률을 90%까지 줄일 수 있을 것이라 전망하고 있다.

이렇게 미래의 교통수단으로 주목 받고 있는 자율주행 자동차 시대의 도래 시점을 보면, 현재 자율주행 자동차를 개발하는 기업들은 대부분 2020년까지 완전 자율주행 자동차를 출시할 계획이며, 2035년 상용화를 목표로 현재 기술을 개발하고 있다.

이런 자율자동차가 우리 삶속에 연결되면 과연 우리는 어떤 변화를 경험할 수 있을까? 현재 우리의 삶속에는 기계와 연결하는 매개체가 휴대전화인 스마트폰이 사용되고 있다. 물건을 구매하고 결제

시에도 휴대전화기반에서 이루어지고 있다. 가까운 미래는 자율주행차로 이동하면서 자동차에 내장된 시스템을 통해 제공되는 정보를 기반으로 다양한 구매 행위를 할 것이다.

최근에 필자는 도로교통연구원에 방문할 기회가 있었다, 처음 가는 초행길이라 약속시간 보다 1시간 정도 일찍 도착했다. 그 곳은 아직 만들어지고 있는 신도시 형태여서 인근에 기다리고 차를 마실만한 장소가 없고 주변에서 건물들이 지어지고 있는 허허벌판이라 당황한 적이 있다. 그래서 차로 다시 15분 정도 움직여서 시내 중심가 커피숍을 찾아간 경험이 있다.

만약 그 상황에 자율주행차를 운전하고 있다면 우리는 자연스럽게 근처에 차를 마실 수 있는 커피숍이 어디 있는지? 커피숍에 갔다 오는데 얼마나 걸리는지? 그리고 자동차에게 내가 커피숍에 도착하기 전에 선주문을 하도록 할 것이다. 그래서 내가 그 커피숍에 도착했을 때 이미 내가 원하는 커피를 만들어 준비하고 있을 것이다.

현재 우리는 자율주행차로 가는 단계에서 이 모든 활동을 직접 휴대전화를 통해서 찾아내고 있다. 그러나 자율주행차의 경우는 운전자가 차와 대화로 이런 문제를 해결하고 처리하고 있을 것이다. 즉 음성인식 기술은 음성만으로 운전 중 모든 기능을 작동시킬 수 있어 음성명령을 통해 운전자가 직접 디스플레이를 조작하는 것보다 주위분산을 낮춰 주행 중 사고 위험 또한 줄일 수 있다. 여기에 인공지능(AI)이 결합되면 시동을 켜거나 끌 수 있고, 각 운전자에 상황에 맞게 주행 정보를 전달하는 등 편의성을 높인 기능도 가능하다.

물건을 구매 시 우리가 지갑에 들고 다니는 플라스틱 카드는 사용하지 않을 뿐만 아니라 자율주행차에 타는 순간 휴대전화는 차의 모든 시스템과 연동되어 자동으로 처리하고 이용자는 자동차와 대화로 모든 것을 해결 할 것이다.

우리가 알고 있는 금융거래들이 현재는 휴대전화 기반으로 제공되고 있지만 멀지 않은 미래에는 자동차에 내장된 데이터를 이용하여 자동차와 연결된 모든 시스템을 통해 처리하고 인간은 음성으로 주문하고 필요시 휴대전화로 그 결과를 확인하는 세상이 오고 있다.

미래에는 자동차에 내장된 결제 시스템이 자동차와 같이 있는 시간에 이용자의 구매를 담당하고 있을 것이다. 이것은 전문가들이 인정하고 있는 시나리오이며 단지 얼마나 빨리 우리들 곁에 다가오느냐는 시간문제로 남아 있을 뿐이다.

우리의 삶은 지금 보다 더 훨씬 빠르고 신속하게 변화되고 직접 우리가 기억해야할 내용들을 자율주행차가 기억하여 우리에게 알려줄 것이다.

4.5 정작 사람의 할 일이 줄어드는 세상

사물인터넷 시대엔 센서와 빅데이터가 일을 하는 주체이므로 정작 사람의 할 일은 줄어든다. 실제로 한국도로공사는 "오는 2020년까지 하이패스 보급률을 80% 이상으로 끌어올린 후 유인 요금소를 폐지하겠다"는 계획을 제시했다. 사물인터넷 시대가 본격화하면 이전까지 사람이 해 왔던 일을 센서나 컴퓨터가 수행하기 때문에 일자리 부족 사태가 발생할 수 있다. 이런 측면에서 볼 때 사물인터넷의 경쟁자는 어쩌면 '인간'이 될 수 있다. 조만간 택시기사들이 (무인택시

개발에 나선) 구글 건물 앞에서 시위를 벌이게 될지도 모를 일이다.

문제는 일자리 감소 뿐만 아니라 개인정보 유출이다. 주민등록번호가 인당 10원에 팔린다는 사실은 슬프고도 섬뜩한 현실이다. 향후 기업은 '사물인터넷을 통해 얻은 개인정보를 완벽하게 지킬 자신이 있다'는 사실을 소비자에게 증명해 보여야 할 것이다. 사물인터넷이 보편화되면 개인정보는 주민등록번호가 헐값에 매매되듯 도매금으로 취급돼 마구잡이로 팔려나갈 것이다. 당연히 범죄 도구로 악용될 수도 있다. 우리 정부 역시 "사물인터넷으로 인한 디도스 공격이 연내 현실화될 것"이라며 보안에 신경을 쓰고 있다.

[그림 5-12] 온라인 보안

법과 규제 문제도 선결되어야 할 과제 중 하나다. 구글 무인자동차는 미국 사막을 누비고 있다. 구글 무인자동차가 국내에 들어오는 경우 그 차는 한 발짝도 움직일 수 없다. 무인자동차에 관한 국내법이 전무하기 때문이다. 앞서 예로 든 음주 센서도 마찬가지다. 사용자의 신체 정보를 전달받은 의사가 처방을 내린다면 이는 '원격진료'

에 해당할 수 있다. 현재 국내에선 특수한 경우를 제외하고 원격진료가 금지되어 있다.

사물인터넷에 정통한 전문가들은 사물인터넷을 '기술진보'가 아니라 '사회학'으로 정의한다. 아닌 게 아니라 보수적인 법과 제도, 그리고 진보적인 사물인터넷 간 마찰이 가시화될 것이다.

소외감 문제도 무시할 수 없다. 사물인터넷 시대에선 오감 정보를 습득하는 센서와 그 센서를 통해 쌓이는 빅데이터가 사용자에게 최적의 솔루션을 제공하게 된다. 이 같은 역할은 과거 가족이나 친구, 직장 동료의 몫이었다. "너 어디 아픈 것 같은데?" "응, 고민이 있어서 스트레스를 받고 있어" 이 같은 형태로 진행되던 대화는 사물인터넷 시대가 되면 "맥박이 평소보다 빠르고 스트레스 지수가 높아졌으니 즉시 일을 멈추고 휴식을 취하십시오" 같은 스마트기기 속 기계음으로 대체될 것이다. 그때가 되면 사람들은 누구와 대화하고 어떤 삶을 살고 있을까?

4.6 향후 미래 방향 제시

단 몇 초 만에 치료법을 제시하는 인공지능 의사에서부터 최고의 셰프와 똑같은 요리 실력을 갖춘 로봇 요리사, 사람의 개입없이도 스스로 운전하는 자율주행 차에 이르기까지 SF 영화 속에서나 등장하던 장면들이 현실로 나타나고 있다.

인류의 삶을 뒤바꿔 놓을 4차 산업혁명 시대에 진입했다. 인류의 모든 것을 뒤바꿔놓을 만큼 거대한 파급력을 가진 4차 산업혁명이 무서운 속도로 진행되고 있다. 사물인터넷, 3D프린터, 빅데이터 등 기존의 기술들이 융합하면서 불러올 변화는 지금까지 인류가 경험하지 못한 놀라운 속도와 파급력을 가질 것으로 예상하고 있다.

인류는 기술 발달의 혜택을 누리게 될 것으로 보이지만, 한편으로 기계에 일자리를 빼앗기면서 4차 산업혁명에서 인간이 소외될 수 있다는 우려가 나오고 있다.

최고의 바둑기사를 이긴 알파고와 같이 인공지능은 학습 능력과 자율적 판단능력을 갖출 만큼 놀랍도록 진화해왔으며, 이런 뛰어난 지능을 갖춘 기계들은 4차 산업혁명과 맞물려 그동안 인간만의 고유한 영역으로 여겨지던 부분까지 침투하고 있다. 정교한 손기술이 필요하던 근로자 대신 로봇팔로, 은행 업무를 담당하던 직원들 대신 슈퍼컴퓨터로 대체되고 있다.

세계경제 포럼(WEF)은 앞으로 5년 안에 5백만 개의 직업이 사라질 것으로 전망하는가 하면, 상당수 전문가가 4차 산업혁명과 동시에 발생할 대량 실업을 우려하고 있다.

"기업의 이면에는 직원이 있다는 사실을 잊어서는 안 됩니다."

(독일의 메르켈 수상)

기계가 인간의 일자리를 대체 할 수 있다는 점에서 4차 산업혁명에 대해 먼저 고민한 나라는 독일이었다. 2011년부터 국가 전략인 '인더스트리 4.0'을 통해 4차 산업혁명을 선도하고 있는 독일 정부는 '플랫폼 4.0'을 만들어 대기업과 중소기업뿐 아니라 근로자들의 의견을 대변할 수 있는 노동조합까지 핵심 주체에 포함하여 운영하였다. 그 결과 어떤 직업보다 로봇으로 전환될 가능성이 높은 제조업 계통인 보쉬, 지멘스와 같은 기업에서 직원들의 재교육을 통해 업무 능력을 높여 인력 감축이 일어나지 않고 기업의 경쟁력은 강화되고 있다.

창의적 인재를 창출해내는 혁신 교육이 답이다! "오늘의 DIY가 내일의 메이드 인 아메리카를 만듭니다." (오바마 미국 전대통령)

미국에서는 메이커(MAKER), 즉 손쉬워진 기술을 이용해 무언가를 만들어내는 1인 제작자들이 늘고 있다. 즉, 과학자나 엔지니어가 만들어내던 로봇과 자동차를 누구든지 만들 수 있는 세상이 된 것이다. 4차 산업혁명이 시작되면서 기존에는 쉽게 살 수 없었던 부품을 3D 프린터를 이용해 만들어 내거나 온라인을 통해 손쉽게 살 수 있게 되면서 가능해진 일이다.

미국 정부는 메이커들이 4차 산업혁명의 기폭제 역할을 할 수 있도록 적극적인 지원을 펼치고 있으며 또한, 초등학교에서는 창의적 인재가 요구되는 시대에 발맞춰 메이커 스페이스를 만들거나 창의성과 문제 해결 능력을 높이는 과학, 기술, 공학, 수학을 융합한 이른바 STEM(science, technology, engineering, and mathematics)에 힘을 싣는 등 교육혁신을 진행하고 있다.

이처럼 기술의 발달은 환경을 바꾸고 우리 삶도 변화시키고 있다. 따라서 교육을 통해 변화하는 기술과 역사적 배경을 이해하고 이를 활용하여 더 나은 우리의 생활을 할 수 있는 방법으로 나아가야 한다.

정가 17,000원

전자금융 – 도대체 넌 누구?

2017년 7월 20일 초판 인쇄
2017년 7월 28일 초판 발행
저　자 : 유순덕
발행자 : 우명찬·송　준
발행처 : 홍릉과학출판사
주　소 : 서울시 강북구 인수봉로 50길 10
01093
등　록 : 1976년 10월 21일 제5-66호
전　화 : (02) 999-2274~5, 903-7037
팩　스 : (02) 905-6729
e-mail: hongpub@hongpub.co.kr
http://www.hongpub.co.kr
ISBN: 979-11-5600-532-2

저자와의
협의하에
인지생략